學的脊梁

臺大校長遴選事件與管中閔心情記事

楊渡
管中閔 著

目錄

004 推薦序——也是「傷痕文學」／王德威
012 序——挺直脊梁，做一個真正的「人」／楊渡
019 傳鐘為誰敲響——臺大校長遴選事件／楊渡
361 只留清氣滿乾坤——心情記事／管中閔

451 附錄
484 臺灣大學校長遴選大事記：二〇一七至二〇二〇年
495 註釋及參考資料

我們貢獻這所大學
于宇宙的精神

傅斯年校長

推薦序

也是「傷痕文學」／王德威

（臺大校友，美國哈佛大學東亞系暨比較文學系
Edward C. Henderson 講座教授）

二〇一八年一月五日，臺大選出財金系管中閔教授委以第十二任校長，但教育部以程序瑕疵為由拒發聘書，隨即引發大學自治，遴選瑕疵以及學術自主的爭議。這場爭議迅速成為臺灣政爭的新焦點，牽涉之廣泛，攻防之慘烈，為大學教育史所僅見。以後三百五十四天，三位教育部長因此下台，無數政界、學界人物捲入是非，再經由傳媒催化，「拔管」、「挺管」甚至被擴大為臺灣之命運的取決點。同年十二月二十四日，教育部長葉俊榮宣布對臺大校長遴選委員會決議「勉予同意」。二〇一九年一月八日，臺大終於迎來新任校長。

臺大校長遴選風暴對臺灣高教自治理想帶來巨大打擊。當風暴由校內擴散到校外，對公民社

會信念的斲傷尤其難以想像。然而風暴中心的當事人管中閔校長始終未曾對外界完整說明個人想法。他是如何應付校內、校外各種壓力，如何思考個人榮辱和大學價值？二〇二三年一月七日管中閔四年校長任期結束，終於等來恰當時機一抒己見，於是有了《大學的脊梁》一書。本書內容分為兩個部分：較長的紀實部分〈傅鐘為誰敲響〉由新聞工作者楊渡敘述事件來龍去脈，較短的記事部分〈只留清氣滿乾坤〉則由管中閔親自執筆寫下心路歷程。

這一事件其實還有一位隱形當事人，但以其任事風格，應該不會留下任何記錄。一切必須好好封存。然而歷史還是留下線索。二〇二二年夏末，臺大爆發國發所論文抄襲案，朝野嘩然，唯有國家領袖挺身要求全黨團結，相信抄襲者清白。假作真時真亦假。對照四年前「拔管」案的莫測高深，我們恍然大悟兩者之間若有似無的邏輯——馬基維利式的邏輯。至於母校的尊嚴，大學自治的理想，社會民主的功能，還有學術真理的信念，不過就是文青話術吧？

楊渡先生對管案的敘述鉅細靡遺，讀者可以自行判斷。令人印象深刻的是，將近一年的紛擾過程裡，政府各部門涉入之深。打擊的力量來自總統府，行政、立法、監察、司法四院；來自教育部及周邊的法務部、內政部、文化部、科技部、國發會、經濟部、財政部、境管局、陸委會等。不僅如此，媒體操作從電視新聞、名嘴談話到報紙、雜誌，再到網路新聞、論壇、社交平臺、臉書、Youtube、網紅，下至ＰＴＴ、ＩＧ，無所不用其極。管中閔的個資暴露無遺，抹黑造謠不在話下。最大的諷刺是，儘管「卡管」動機明白來自藍綠意識形態惡鬥，但從總統到政客、公知、覺青的口徑卻一致定調為奉法治、真理之名。法理詞窮處，則繼之以泛道德化控訴，並且無限上綱。但試問，如果校長「選對了人」，還會有這番周折麼？

當此之際，管中閔個人的反應值得注意。在三萬五千字的敘述裡，他說明如何無心插柳參與校長遴選，意外當選，又如何立刻遭到鋪天蓋地的攻擊。攻擊者以遴選程序，兼職資格，學術倫理等各種理由輪番圍剿，來自國會的影武者乾脆放話威脅。這一切當然和管的顏色背景、還有「爺們」的形象有關。彷彿這位校長上任，即將動搖國本。我們所不知道的是，雖然管中閔表面故作鎮定，種種汙衊和羞辱卻帶給他極大痛苦，嚴重損壞身心健康。當時他罹患眼疾，久久不癒，竟然有了隱喻意義：現實的壓力真讓他看不清未來方向了。在夜不成寐的焦慮中，他聆聽中共黨史以為排遣，整風、公審、清算、鬥爭……。遙遠的歷史，竟是如此感同身受。

二〇一八年「卡管」行動高潮期間，有心人已經將其與文化大革命做類比。但這畢竟只是類比，不是事實。文革是現代歷史浩劫，一輩知識分子摧殘殆盡，只留下血跡斑斑的傷痕文學。臺灣何其有幸，即使在拔管案高潮，社會輿論依然發生相當制衡作用，臺大校方也堅守最後防線。文攻尚未惡化為武鬥，主政者也知難而退。遴選委員會主席陳維昭校長力挽狂瀾，令人敬佩，更重要的，管中閔自己挺了過來，保持了起碼的自尊。話雖如此，他個人所經歷的創痛何曾遞減一分？他寫下這段經歷，不僅意在維護個人尊嚴，更為見證臺灣學界一次危機。《大學的脊梁》是本痛定思痛之書，也是一種傷痕文學。但它的意義不應侷限為對某黨某派的控訴，而是提醒任何政權，任何為政者在權力與知識的場域上都可能面臨的考驗。身處其中的知識分子從教授到學生如何因應，尤為關鍵。以下觀察或可作為我們思考的起點。

學術與政治的拉鋸，歷史上其來有自。有鑒於此，現代大學制度的目標首在維護校園空間內的「獨立之精神，自由之思想」（陳寅恪語）。《大學法》開宗明義：「大學以研究學術，培育人才，提升文化，服務社會，促進國家發展為宗旨。大學應受學術自由之保障，並在法律規定範圍內，享有自治權。」論者有謂強調校園自治權者忽略外在監督條件，以及適法效應的詮釋維度。究竟拔管案是政治勢力進入大學，還是校園自治扭曲民主機制，攻防者各執一詞。這樣的辯論雙方立場都應該予以尊重。

然而有心人士的「拔管」動機又豈僅是依法論法？一旦全案發展成為明目張膽的政治操作，解決之道也只能是政治決定，衍生各種「例外狀態」。葉俊榮部長「勉予同意」管中閔擔任校長，隨即掛冠，卻留下「本於法律良心完整論述大學自治，並一肩承擔所有爭議」，「對臺大及遴選委員會有所期待」的弦外之音，正道出其間之兩難。

其次，臺大作為臺灣高教最高象徵，其實走過不少校園民主風暴。最令人矚目的包括一九四九年的四六事件，一九六六年的殷海光被迫離職事件，一九七二年的哲學系事件等，無一不觸及校園之內學術獨立、思想自由的尺度。國民黨政權為這些事件的始作俑者，日後也為此付出巨大代價。八十年代起校園民主運動在臺大首開其端，校內學生自治團體成為特定政治立場人才養成所，有其因由。曾幾何時，校長聘任案操盤者改為民進黨政權，寧不令人感歎時光倒流？此案最終緊急煞車，代表校園內外制衡力量浮現，避免重蹈當年白色恐怖覆轍。但回看「拔管」全面啟動式的操作，不能不說「權力的毛細管作用」的無孔不入，今勝於昔。校園裡的師生不論捍衛什麼理想，也絕不應昧於現實判斷：學術象牙塔何其精緻，卻隨時可變成卡夫卡的城堡。

第三，拔管案另一特徵是泛道德化言論的濫用。人格汙衊其實是政治操作最古老、也最有效的伎倆，也是管本人最不能釋懷之處。然而此處還有一層弔詭。根據本書揭露的始末，讀者驚覺政治、媒體勢力的干預方式令人發思古之幽情，有如《中國文化基本教材》最佳負面版本。深文周納，指鹿為馬，請君入甕，羅織構陷，三人成虎，為虎作倀，沆瀣一氣，狼狽為奸，首鼠兩端，還有——欲加之罪，何患無辭……，老中國醬缸裡的糟粕居然被新臺灣人活學活用，而且玩得風生水起。我們不禁莞爾，拔管者哪裡反中？他們是對岸清算鬥爭傳統最誠實的抄襲者。

漢娜・鄂蘭（Hannah Arendt）論教育的真諦無他，就是日新又新，不斷突破現有知識體系和環境，讓受教者得以創造無限新的可能，並付諸行動。＊臺灣校園民主運動者過去四十年來的貢獻，正在於投射、實踐了新的政治及社會進步憧憬，也因此贏得青年學生的支持。這種求新求變的憧憬不應當退化為二元對立的窠臼，或敵我矛盾的公式。失去了新意的政治，只能是開歷史的倒車。有關大學自治的維度值得繼續對話辯論，但在校園裡普及政治醬缸的那一套，可以休矣。

最重要的，管中閔聘任案的爭端凸顯當下臺灣公民社會的挑戰：一方面大鳴大放，無所忌憚，一方面又虛應故事，且戰且走。儘管如此，拔管案結局終究勉強算得上是遲來的正義。我們對臺灣民主基礎仍無須妄自菲薄。所可反省者，當權者掌握天時地利，其實可以放寬心胸，以更大自信面對教育作為百年大計，大學作為公民社會基礎的意義——這正是臺灣價值之所在。然而拔管案所教給我們的，不是對學術及法理的尊重，甚至不是意識形態的辯難，而是無所為也無所不可為的虛無主義。一旦對公共事務的最終價值失去敬畏之心，再多的機關算盡，再多的柔軟謙卑，也都無足輕重了。

---

* 漢娜．鄂蘭，〈教育危機〉，《過去與未來之間：政治思考的八場習練》，李雨鍾、李威撰、黃雯君譯（臺北：商周，二〇二一），第五章。

杜斯妥也夫斯基（Fyodor Dostoevsky）的《群魔》（*The Possessed*，一八七一）**寫盡十九世紀末俄國大改變前夕、知識分子和政客的焦躁和虛偽。他們空有大志，卻是說一套，做一套。主人翁斯塔夫洛金以救世主般姿態出現，眾望所歸，他理性，聰明，孤獨，自以為是卻又搖擺不定，他「信仰上帝，他又不相信他信仰上帝。如果他不信仰上帝，他又不相信他不信仰上帝」。他終於屈服於惡魔般的蠱惑，逃避真理、真相。《群魔》的一干角色未必是惡人，但祭起各種說法行徑，卻是心裡有鬼，不知伊于胡底。且看拔管案中的官僚、法匠、黨工、政客所作所為，何嘗不令人聯想群魔亂舞？

二〇二三年初，管中閔完成校長任期，淡然下臺，既未動搖國本，也沒有辱沒任何名器。與此同時，臺灣政局依舊熙熙攘攘，撕心裂肺的抗議喧囂早已經複製轉貼到下一場紛爭中。過去五年的紛擾可望告一段落，但怨念和戾氣揮之不去。而我們，尤其是學生們、教授們，又能從中學到什麼？二〇二八年臺大即將迎來百年校慶，或許真心關心臺大未來者更應該藉此刻重新思考校訓——「敦品，勵學，愛國，愛人」——的要義。挺起「大學的脊梁」談何容易，我們唯有勉力前行。

＊＊《群魔》，臧仲倫譯，（南京：譯林出版社，二〇〇二），頁七五七。

序

挺直脊梁，做一個真正的「人」／楊渡

二〇二一年深秋，管中閔談及想寫作臺大校長遴選事件時，我心中明白「不容青史盡成灰」，這一段歷史應該留下。不僅是臺大校史，它更是臺灣知識分子集體與當權者奮戰，也是自由民主的理念與擴張權力的獨裁之間的對抗。

這一場對抗，持續了近一年。當權者動用行政、立法、司法、監察四大院的無上權柄，動用各部會的資源，甚至以國家機器的力量，動員電視、電臺、媒體、網軍、名嘴、輿論等，就為了封殺一個臺大校長，一個合法遴選出來的大學校長。硬生生不讓他就任。

為了一個大學校長，這一仗，教育部賠上了三任部長，臺大拖延五百多天沒有校長，臺灣知識分子第一次見識到權力的傲慢可以橫行到什麼程度，也見識到昔日自由主義的學人、召喚大學自主的教授，如何在選出的校長不合己意之際，甘願「再次為奴」，函請教育部不發聘書給校長，收回大學自主的權力。

這一仗，曾經被視為「進步」的學人成為意識形態的囚徒，召喚總統蔡英文出面停止臺大校長的合法就任。

這一仗，也激發出知識分子的風骨，許多大學校長、海內外的學人、公私立學校教師，乃至於公車司機、市井民眾，無數人站了出來，向管爺喊「加油」，向權力說「不」。

時間未遠，歷史之鏡是如此清晰。我們還能逐一記憶，為臺灣大學，為臺灣知識分子，為一段那麼珍貴的「人間風骨」，留下鮮活的見證。

書寫，是記憶，也是反抗。

特別是隨著冷戰的回潮、世界對抗的加劇，權力者不斷使用金權政治，收買、掌握宣傳機器，擴大話語權，甚至改寫歷史。我因此特別建議，作為當事人，管中閔應該自己來書寫，留下真實的記憶，以免歷史真相遭到扭曲。這是非常有可能的。

然而，中閔兄堅持由我來寫作。他希望用第三者的角度，客觀書寫這段歷史。若由我來寫，當以報導文學的角度，記錄那一段事件。好處是可以多採訪一些當事人，讓歷史的角度較為全面。但它和當事人的真實歷史見證，畢竟是不同的性質。當事者的見證，終究是最珍貴的。在中閔兄自謙的堅持下，我接受他的想法，而他也願意作為當事人，寫下當時的心情記事，以為歷史的見證。這便是構成這本書的因緣。

出乎我意料之外的是：隨著訪談的逐步深入，我才知道，在這個過程中，他所受到的傷害與苦難，是外界難以想像的。他是一條漢子，怎麼也不輕易服輸認慫。但在那府、院、黨全面獵殺，綠色媒體全面人格抹黑的「至暗時刻」，在那常人無法想像的驚懼、圍獵、扼殺、窒息的氣氛下，一個堂堂的臺大校長當選人，竟是有家歸不得、有苦說不出、真相無處訴。

那壓力大到甚至讓他瀕臨崩潰邊緣，無法躺下睡覺。一躺下就氣血逆流，胸口翻江倒海，幾欲窒息而死，只能坐起來假寐。一夜復一夜，無法入睡，只能坐起來喘息。心理醫生後來判斷，那已是憂鬱症的初期了。

一夜復一夜，他就那樣苦苦撐持著。

即使在那樣的時刻，他總是在臉書寫下「I AM FINE」，並宣告天下「我們必將贏回大學自治」。然而，那劇烈的、全面圍殺的傷害，終於造成他的心臟受損、視網膜破裂，必須開刀住院。他只能趴伏在臺大醫院的病床上，等待眼睛復原。視力開刀，讓他什麼也不能看，被迫遠離一切外界訊息，也隔開了所有迫害的毒箭。天知道，視力受損反而救了他。

那是什麼樣的傷害呢？

管爺真的太「爺們」了。這一條漢子，在我訪談時，甚至不願多說一句苦痛，是他的妻子陳達敏有時參與談話，才真正透露那受迫害時刻的悲抑、冤屈、痛苦。妻子既然說了，他才慢慢說出內在的傷痕。

在權力獨裁之下，這種從國家機器「中央廚房」發動的凶狠圍殺，自管中閔始，繼之以對付所有政敵，也包括民進黨的賴清德，更不必說文化界、知識人了。然而未曾有人說出那傷害之深重，對人性的扭曲，對人格的破壞，對名譽的毀損，乃至於身體、心理健康的傷害，豈是一般人可以承受！管中閔的見證，說明這個時代的「至暗時刻」，是如何鏤刻在人心、人性的至深處。

我也訪談了臺大前校長陳維昭，他正是那一次校長遴選委員會的召集人。在事件發生當下，他遭受到來自各方的壓力絕對比誰都大，甚至蔡英文還找他去官邸直接會談，希望說服他「解決困難」。可以想見，那是多麼大的壓力。然而他不僅挺住了，還反過來希望說服蔡英文，幫忙解決臺大校長就任的困難。他溫文儒雅、沉穩內斂的氣度，使得他未曾說出一句傷人的話，卻以最堅定的態度，維持一個時代知識分子堅強、柔韌、永不屈服的風骨。

我最欣賞他的一句話是：如果我屈服了，那以後怎麼做人？

人啊人，這個字，那麼簡單兩筆畫，卻是頂天立地、挺立不屈的原型。

我也訪談了幾位臺大教授，特別是遴選委員會的委員、臺大自主聯盟的學者，以及曾參與的老師、教職員。我想在此向他們致上敬意，當年如果不是他們的堅定不移、氣節自持，恐怕為否定校長遴選而發動的兩次校務會議，早就把合法的校長選舉制度給否定了，大學自治也就崩潰。

隨著訪談的深入，我漸漸明白，自己所寫的不只是一本報導文學之書，而是一段珍貴的歷史紀錄。記錄著一個時代的知識分子，如何用僅有的信念與風骨，對抗無所不用其極的政治暴力，對抗來自四面八方的抹黑、圍獵、人格謀殺；用好不容易建立起來的自由民主理念，對抗極權的擴張、權力的淩辱、獨裁的邪惡。這是一本時代知識分子風骨的記憶之書。

是的。它不僅是管中閔和臺大的見證，也是一個時代不能遺忘的記憶。我們要記憶善良與義行，也要記下那些邪行之人、邪惡之事、邪道之害。如果我們對邪惡沉默，那些邪惡就會反過來將我們淹沒。

一切的書寫，最終仍是為了見證，再壞的時代，仍有人為維護作為人應有的氣節與尊嚴，挺直了脊梁，做一個真正的「人」。

這風骨，不僅是「人」的脊梁，也是大學的脊梁。

補記：本書內容的相關資料引用，為避免以後網路所留資訊，被取消、變造、改寫（這是掌權者最喜歡做的事），有關事件文字記載部分，特別是關鍵處，盡量存其真實原貌，若文字稍長，敬請讀者見諒。

傳鐘為誰敲響

——臺大校長遴選事件

楊渡

1 意外的通知

二〇一八年一月五日。黃昏的時候，管中閔拿下他的眼罩，準備赴一個約會。兩天前的白內障開刀雖然是小手術，但傷口還不能讓太陽光直射，所以一直戴著眼罩。

當晚有一個過去內閣閣員的聚會，相約在龍應台的家聚餐。雖然已離開一段時光，但聚會總像同學會，歡歡喜喜，合照留念，他怕戴個眼罩像獨眼龍，實在不好看，便決定拿下來。還好，晚上的光線較暗，不戴也沒什麼關係。

因為眼睛不適，拍完照，晚餐他也沒有參加，七點多就回到家。吃完一碗麵，他感覺雙眼有點酸澀不適，便躺在沙發上，闔眼假寐。

他心想，今天是臺大校長遴選委員會開會的日子，新校長會在今天選出來，自己雖是校長候選人，在遴選委員的面試治校理念發表會中，所談的想法也頗受好評，但他並不熱衷拉票運作，實在不抱太大的希望。今晚如果有事，最多就是問他對新校長人選的看法，但落選的人對新校長不應該指東道西，沒什麼可說，所以他乾脆告訴妻子陳達敏，如果有記者打電話來，不必叫他，讓他先睡一下。

沒多久，一通電話打了進來。陳達敏接起。

「是陳維昭校長。」她走過來悄聲說。

「啊？」管中閔驚訝地接過電話，還沒來得及反應，陳維昭在電話的一頭說：「恭喜你，遴選委員會今天開會，經過投票，選出了你，接任臺大的校長。」

陳維昭的聲音平和如常，是那種當了一輩子醫生的習慣，永遠溫柔敦厚、沒有大悲大喜的語調，但現在他的聲調帶一點歡喜恭賀的口吻，管中閔可以想見他臉上微笑的神情。

但他還沒回過神來，心還在「啊？怎麼可能？」的問號裡懸著，陳維昭仍以一種長者的善意，提醒道：「這裡有很多記者，他們在等我們的遴選結果，你是新選出來的校長，等一下可能會有記者打電話來訪問，你要準備一下喔。」

此時陳維昭在臺大遴選委員會的開會現場，當著二十一位遴選委員和許多臺大工作人員的面，以一種公開的方式，用手機打這通電話給他。這群遴選委員包括教育部派來參與遴選的三個代表，其中有一個是政務次長姚立德。遴選過程還算順利，沒有什麼太大的爭議。會議室外，圍滿了等待結果的媒體記者。

雖然事前有媒體報導此次選舉有「中研院幫 vs 臺大幫」、「中研院大老李遠哲暗助周美吟」、「中研院系統另有陳弱水及王汎森參選」等說法，充斥各種派系鬥爭的傳聞，各界的關注度特別高，但在實際的遴選過程中，一切只能按照程序走。陳維昭認為，即使各方勢力暗潮洶湧，但一切只能按《大學法》的規定程序進行，一步一步走。

四年後，陳維昭在接受我訪問的時候，仍謙虛地說：「臺大有很好的傳統，我們都是讀書人，一切按制度來，不會有什麼偏差。」

這次也一樣。他已主持過前一屆校長遴選，經驗豐富。二〇一三年就任校長的楊泮池就是他遴選出來的，那時規定，只有一次投票，誰的得票數最多，就宣告當選。楊泮池一次就過半，以十一比十的一票之差，宣告當選。這一次是有鑑於上次選舉只差一票即決定勝負，難免引起外界議論，因此為求慎重，修改辦法，採用兩階段選舉，即先選出兩個最高票的人，代表參選校長，再從兩人之中選一個。

這種選舉方式將讓投票變成兩輪進行。因此第一輪投票將從陳弱水、周美吟、陳銘憲、張慶瑞、管中閔五位候選人之中，圈選兩位。第二輪，再從得票最高的兩位，選出一位當校長。後來有媒體分析，中研院支持的候選人有兩位（媒體報導說是陳弱水與周美吟），會分散票源，若分兩輪投票，在第二輪就可以集中，較有機會當選校長。

臺大校長選舉在這一次之所以鬧得沸沸揚揚，主因是學界早已傳聞：李遠哲對臺大不滿，認為臺大這幾年沒有進步，因此安排了中研院人馬，要插手臺大校長選舉。[1]新聞報導指出，中研院一次就安排了兩個候選人：一個是周美吟，一個是陳弱水。

陳弱水是歷史系出身，曾擔任過李遠哲助理，在歷史教科書的課綱修訂過程中，出馬與馬英九時代的歷史學者論戰，獨派色彩鮮明，頗有為獨派打下臺大江山的味道，因此獲李遠哲青睞。再加上對外宣傳自傅斯年之後，未曾有人文學者擔任臺大校長，這一次要有所不同，因此呼聲頗高。[2]

周美吟是物理學者，雖有中研院所長的職務，也是現任中研院副院長，但剛上任不久，並沒有太多行政管理經驗，受到臺大學者質疑。但因有李遠哲加持，媒體也一再報導李遠哲對她提拔有加，呼聲也很高。

陳銘憲是電資學院院長。電資領域在臺大有不小的影響力，二〇〇五年曾選出李嗣涔當校長，這次能有一位候選人進名單內也不意外。

張慶瑞當時是現任副校長，楊泮池宣告請辭後，他代理校長，主持校務一段時間，被視為擁有主場優勢的候選人。他一直以鴨子划水的方式，在檯面下努力拜會各方，爭取支持。但遴選委員面談時，不少人曾提及張慶瑞開會效率不佳，遲遲無法做出決策，這讓張慶瑞扣分不少。

關鍵是管中閔的參選。

管中閔是馬政府時代政務官，曾任政務委員、國發會主委，個性豪爽，和馬政府那種遇事妥協的軟弱性格大相逕庭。在立法院質詢中，他曾因不滿在野黨立委杯葛政務官的年終獎金，乾脆說：「你要刪便刪，爺們哪在乎這個！」傲氣十足的回答令在野立委為之氣結，也為他贏得「管爺」的稱號。

這次他出馬競選校長，立即讓臺大校長的選舉，隱隱然變成繼總統大選之後的藍綠對決延長賽。而臺大又一直被民進黨視為意識形態培養的訓練營，也是學生運動的養成所，怎麼可能由管中閔任校長？因此媒體報導，執政黨用了不少力氣，在宣傳上加大力度。一些綠營學者早已在媒體上放風聲，將李遠哲暗中操盤的傳聞，講得活靈活現，儼然是幕後操盤手。李遠哲也未出面否認。

在媒體的宣傳中，周美吟被形容為「學術聲望高，形象清新，如果當選，將是臺大創校九十年來第一位女校長」。[3]而萬一周沒闖進最終輪投票，校長肯定又回到臺大人手裡，因此決定力拱陳弱水。陳弱水不僅有中研院派支持，還可望吸納臺大本身嚮往「傅斯年之後的人文校長」這種形象的游離票。

總之，中研院派操盤這兩人，一個是「首位女性校長」，一個是「人文校長」，不管最後周或陳當選，都將有話題、有說法、好宣傳。媒體形容，這是李遠哲穩操勝劵的「雙重保險」。

在媒體加油添醋的炒作下，臺大校長遴選更受矚目了。

對主持大局的陳維昭來說，作為遴選委員會召集人，原則只有一個：堅持議事中立。不管任何立場，一切照校長選舉規定走。

對同為遴選委員的中研院院長廖俊智來說，他還有另一層的顧慮：那就是他和周美吟的關係。廖俊智是中研院院長，周是他屬下的副院長，恐怕會有利益迴避的問題。為避免日後遭到質疑，他要求在當天投票之前，遴委會要出具一份聲明稿，聲明這次選舉是在公正公開的情況下，經由遴選委員同意，他和周美吟沒有利益迴避問題，他才要參與遴選投票。

會中隨即有人提問：如果有利益迴避問題，應該第一天就提出，因為臺大可以找其他人擔任遴選委員，但現在已投票在即，如果他退出，變成二十人投票，萬一選舉結果是十票比十票，僵持不下，怎麼辦？原先二十一票的設計就是為了避免這種情況。但廖俊智仍堅持要先提出聲明，他才願意投票，否則就不投了。

遴選程序僵在這裡，但僵局要怎麼解開？或許，真正該問的是：這僵局是誰造成的？

事實上，臺大校長遴選機制從二〇一七年八月一日公告徵求校長候選人開始啟動，遴委會也於八月十日召開第一次委員會。然而，教育部卻突然在九月間發函臺大遴委會修改《作業細則》，要求刪掉一則條文。遴委會只好在十月十三日召開的第二次會議中，遵循教育部要求，刪掉利益迴避中的一項條款，並做成會議紀錄。

舊版的《臺灣大學校長遴選委員會作業細則》中，第九條第一項，針對遴選委員的利益迴避有四項指標，如果符合其中一項，經遴委會確認後，可解除其擔任遴委的資格。四項規定如下：

一、因故無法參與遴選作業。

二、與候選人有配偶、三親等內之血親或姻親或曾有此關係者。

三、有學位論文指導之師生關係。

四、本會委員主動提議有具體事實足認其執行職務有偏頗之虞者。

在遴委會已運作近兩個月後，教育部才指示臺大修改遴選細則，把第四項「本會委員主動提議有具體事實足認其執行職務有偏頗之虞者」刪除。

這造成的關鍵性後果是：原條文是一個處理辦法，使得有利益迴避問題的人，得以在會中立即討論，並自行處理，解除遴委職務。但刪除後，遴委就算知道問題，也不能自行處理，同時遴

委也沒有把所知道的事告訴候選人的義務，使得候選人無法使用遴委知悉的資訊來要求特定遴委迴避或解職。也就是說，教育部的修改，讓遴委失去對這些應迴避或解職的委員的處理依據。

現實上來看，若真的有遴委認為，廖俊智和周美吟因職務上有從屬關係，天天工作接觸，以致廖在投票時可能偏袒周，而造成其他候選人不公平，在教育部要求拿掉第四項條文後，遴委已無提出質疑、進而討論處理的依據。質言之，廖俊智要求「沒有利益迴避」的提法，已失去法源依據。

事實上，一個多月前，立法委員柯志恩在立法院質詢即曾指出：教育部要求臺大遴委會一邊選一邊修改《作業細則》，是否在為廖俊智擔任遴委的適格性打「預防針」？當時教育部予以否認。不知是否與此有關，廖俊智在校長遴選委員會投票當天會議上，主動要求遴委會出具聲明稿，甚至聲稱沒有聲明稿就不投票，或許正是出自這一重顧慮。最終若如其所願由周美吟當選，為避免外界質疑，先撇清關係，也是合理的顧慮。當然，周美吟會不會當選仍在未定之天，但廖俊智有未雨綢繆的縝密。

由於廖俊智堅持不發聲明就不投票，會議僵持了很長一段時間，為此延宕而無法繼續進行。召集人陳維昭眼看遴委會毫無對策也不是辦法，於是說：「我們也不知道選舉結果會如何，不如先投票再說，看結果再決定要不要發聲明。」換言之，如果周美吟沒有當選，眼前的僵持也是多餘。但這也等於同意廖俊智的投票不違反利益迴避原則，為他背書。

值得注意的是，當天討論到迴避問題時，卻沒有人提出富邦金控董事長、台灣大哥大副董事長蔡明興與管中閔的迴避問題。一如廖俊智的問題，教育部修改條文後，就算有委員提出此事，也無法源依據處理。這才是關鍵。

處理好廖俊智的問題後，開始投票。第一次投票，每個委員可圈選兩位。第一輪複數投票的結果，五名候選人的票數為：管中閔十二票、張慶瑞九票、陳銘憲九票、陳弱水七票、周美吟五票。被視為中研院幫的陳弱水和周美吟因名列第三、四，雙雙落敗，失去參選第二輪的機會。

由於是無記名投票，沒有人知道原本志在必得的中研院派為何雙雙落馬，會不會由於廖俊智的僵持，引致遴選委員的反感，寧可一開始就把問題封殺？是不是聰明反被聰明誤，讓「雙保險」變成「雙落選」？這已是無解的歷史懸案。

由於第二高票張慶瑞與陳銘憲兩人同為九票，於是決定先就這兩人誰可以進入最後PK賽，進行投票。此輪由陳銘憲勝出。

有一位遴選委員私下指出，原本呼聲頗高、辭代理校長參加校長遴選的張慶瑞，之所以敗給電資學院院長陳銘憲，或許可以用「賽局理論」來解釋：每個遴委心中都有個「第一名」的校長候選人，那些認定管中閔是最佳校長人選的遴委，因此有可能把票投給相對較弱的陳銘憲，如此管中閔就更有可能勝出。但這也只是推測，無記名投票是無法查證的。

到了最後一輪投票，管中閔對陳銘憲，仍以十二票對九票勝出，管中閔當選下一任臺大校長。

這整個遴選過程，雖然有波折、有僵持，但整體還算順利。

然而，在事後的媒體報導中，卻有許多誤導與假消息。有人放話說，因遴委有人不滿中研院的操盤，所以故意倒戈，轉投臺大幫，支持了管中閔；也有人說，最後是由管中閔與陳弱水ＰＫ，但臺大幫對中研院操盤反彈，結果反由管中閔當選；或說是因為三個企業界代表都投給了管中閔，才讓他得到十二票，否則他也只有九票……。這種種推論皆不免「事後諸葛」之譏，因為投票是無記名，沒有人知道誰投給了誰，怎麼預測票的動向呢？

唯一可確定的是，管中閔所得的十二票，從第一輪到第二輪，沒有改變。質言之，遴選委員的心中自有定見，雖然過程有曲折，但結局並不意外。

對遴選委員會召集人陳維昭來說，無論過程中誰要如何操作、誰拜會了誰、誰操盤了選票，這都是選舉過程的必然，無法避免，只要一切依法合法，合乎程序正義，就沒有問題。

因此當遴選結果一出來，他依循公正、公平、公開的原則，從現場打電話給管中閔，當著所有人的面，說出「恭喜你當選臺大校長」這樣一番話。這也代表他不是以個人，而是代表遴選委員會的共同決定來通知管中閔。

在各方揣測、各種勢力較勁的風風雨雨裡，這次的遴選總算圓滿結束，陳維昭感到欣慰，大家也都鬆了一口氣。

兩天後，陳維昭還特別舉行慶功宴，宴請遴選委員，感謝他們從開始的審查，到好幾天連續面試、討論候選人的資格與能力，一直到選舉當天，那麼漫長費心的會議，如果不是對臺灣高等教育、對臺大有使命感，是不可能做到的。他感謝大家為臺灣高教的辛苦付出，事情終於有了圓滿的結果。當天除了何弘能有事未能出席，包括教育部的三個代表，所有遴委都來了。大家都對選舉結果很滿意，歡歡喜喜，互道圓滿成功，並在宴會上一再感謝陳維昭的辛勞操持。

遴選委員袁孝維還記得，她本來只是被學院裡推派出來擔任遴委。第一次開會時，由代理校長張慶瑞主持，他先說明應由遴委共推一位遴選委員會召集人，大家投票結果是由德高望重、為人圓融的陳維昭擔任召集人，會議就換了主席。主席陳維昭向眾人說明，因為臺大校長遴選過程受到各界矚目，遴選委員會往後需要一位對外發言人，他眼睛一轉，看了看會場，場內坐了兩排人：一邊是校內各院所推派的遴選委員，一邊是校外代表。他想，發言人這種義務差事總不能由校外人士擔任，校內人士又頗多年紀不小、德高望重的院長級人物，叫他們當發言人，也未免不敬，放眼望去，只有袁孝維最年輕，還擔任過國際長，於是他笑著說：「那就請袁孝維教授來擔任發言人。」

個性豪爽，從小就當班長，總被朋友視為「女俠」的袁孝維，環視周遭一圈，發現的確自己是最年輕的成員，做事是應該的，就義不容辭地接受了。

遴選校長的過程中，所有遴選委員要分工，分別去訪談一些候選人過去的同事、朋友、共事過的人，以了解候選人的經歷與能力。袁孝維負責訪談清大副校長吳誠文，她頗為喜歡他的為人，以及學識上的廣度。訪談一些相關人員之後，遴委還得將訪談做成報告，以為其他委員的參考，整個過程嚴謹而用心。其後還得再經過候選人面談、治校理念報告、與學生對話等過程，才進入最後的選舉。

一月五日是最後的會議。她看著傳聞中各系統暗中使力的謀略，以及運用議事規則的技巧，頗有大開眼界的感覺。但最後謀劃最深的「雙保險」反而雙雙落選，這不禁讓人感覺臺大，這個即將百年的古老學校，或許自有天命。

雖然過程辛苦繁瑣，但校長選出來的時候，她覺得管中閔當選，學校會有新氣象，還是挺開心的。召集人陳維昭以坦然大公的態度，當著所有遴委的面，在現場打電話給管中閔，事情就公布了。她覺得，等二月一日校長上任，遴委會依法自動解散，這個發言人也不必發什麼言了，挺輕鬆。

在慶功宴上，袁孝維還看見教育部次長姚立德非常開心地到場參加，慶賀遴選圓滿成功。廖俊智、鄭淑珍也都來了，並相約等管中閔上任校長後的隔天，二月二日要去一家餐廳聚會，把管校長找來，大家慶祝一下。經過了漫長的選舉，大家都有感情，離去時依依不捨，相約再會。當時陳維昭和袁孝維都未曾料到，欣慰歡喜的「慶功」，幾天後就變成來自四面八方的「恐攻」！

半夢半醒中接到陳維昭電話的管中閔，知道自己選上了校長，有點「驚疑還似夢」，匆匆道過「謝謝，謝謝校長！」（雖然他已卸任多時，但大家仍習慣這樣稱呼陳維昭），也不知該說什麼，就掛上電話了。他怔怔望著妻子陳達敏。

「怎麼可能？」他和妻子都訝異不已。

妻子很了解他的個性，並沒有說出「恭喜」，她心裡想的是：「唉，以後要開始忙了，這個傢伙要把自己貢獻給學校了！」

管中閔首先想到的，是自己在校長候選人治校理念說明會裡所談的題目為「臺大二〇二八：未來大學．驅動未來」。他一開頭就說：「二〇二八年將是臺大創校一百年，而新任校長於二〇一八年就任後，有責任帶領臺大面對未來，驅動臺大在下個十年航向創校百年的未來。因此我今天的報告就以『臺大二〇二八：未來大學，驅動未來』作為主題。……」一種自我期許的使命感，讓他警醒過來。喜悅中，某種沉重的擔負和帶領臺大走向未來的勇氣，自心底湧起。「可以做一些事，為臺大做一些改變。」他心中想著未來十年的許諾。

管中閔並不知道，接下來的日子，他將迎向鋪天蓋地的狂風暴雨，面臨生命中最不可測的全面攻擊。

一場學術史上未曾有過的戰爭，開始了！

一場輿論媒體上未曾有過的總體戰，發動了！

一場政治史上未曾有過的高規格圍剿，開動了！

一場教育史上未曾有過的颶風，一場對著杏壇、知識分子、學術尊嚴、大學自治全面襲打的颶風，自此呼嘯而起！

一生溫和、心懷醫者慈悲心與正義感的陳維昭也不知道，他將要親歷，並且見證臺大歷史的「至暗時刻」。

而此夜，當選校長的喜訊剛到，開完刀的右眼還蒙著一片保護的眼罩，管中閔半睜著另一隻眼睛，懷著一開始那個單純的信念，滿懷希望地想著：臺灣需要改變，我們的青年要迎向未來，也許，臺大是改變的開始。

然而，誰都沒想到：執政的民進黨以全黨、全國、全面性的動員，傾盡洪荒之力，連換三個教育部長，寧可斫喪大學自主的精神，寧可摧毀人格教育應有的底線，寧可破壞臺大近百年的學術傳統，就只為了不讓一個合法當選的「臺大校長」就任。

誰都沒想到：打擊的力量，最高來自總統府，來自四大院——行政院、立法院、監察院、司法院；來自各個部會，包括直接關聯的教育部，涉及的法務部、內政部、科技部、國發會、經濟部、財政部、境管局、陸委會等；所有能動員的部委，一起動起來。

誰都沒想到：打擊的層面擴及全社會，自電視新聞、談話節目，至平面媒體如報紙、雜誌，網路媒體如網路新聞、論壇、社交平臺、臉書、Youtube、網紅，再至大學生常用的ＰＴＴ、ＩＧ。潑髒水、毀名譽、汙衊信用、散布謠言的毀滅戰，全面啟動。

誰都沒想到：原本安靜的大學校園會出現有如戒嚴時代的職業學生，寫聲明批判老師，主張召開校務會議，反過來指揮老師進場投票，教師和學生，倒反了角色。而臺大教師分為兩派，指責批判戴紅帽子，臺大教授學生忽然淪落為文化大革命的紅小將……。全臺灣的大學校園也跟著動盪起來。

這一切，完全是這一夜，那個接到電話時，眼睛還有一半被眼罩蓋著的管中閔，以及打出那一通電話的陳維昭，所始料未及的。

2 雪地上的足跡

如果知道會選上校長，管中閔就不會去動白內障的手術了。

正因為從不認為自己會選上校長，心無罣礙，他想趁著開學授課之前，把白內障治好，視力無礙，閱讀、做事都方便。事實上，不僅是白內障，選校長這件事，半年前都未曾在他腦袋裡出現過。

從小，管中閔就是一個功課名列前茅的學生。父親是一個小公務員，母親是臺灣大學教務處的一個小職員。一九四八年，年輕的母親帶著兩個弟弟和妹妹來臺謀生，後來回去過春節，遭遇大陸戰亂，想再來臺灣念書，便又帶著一個弟弟和一個妹妹來臺，卻不料到了一九四九年底，再也回不去了。父親是在探視一位朋友的妻子時，結識了母親，便展開追求。過了一陣，愛情成熟，兩人便結婚了。「平凡得不能再平凡的小公務員。」管中閔總是這樣形容父母親。

他的學業成績一路優秀，但讀到建中時卻開始下滑。他迷上了熱門音樂、撞球，和朋友一起玩耍，分去了大半學習時間。十八歲那年的大學聯考，他考上了文化大學經濟系。並不像有些同學非臺大醫科、電機系不念，他並未堅持什麼發展方向，也不認為自己有必要重考，便到華崗開始了大學生活。

對此時的管中閔來說，未來要做什麼，他一點概念也沒有。就像那年代某些學生，將「UNIVERSITY」（大學）戲謔地轉譯成「由你玩四年」。他的大學課業平平常常。參加了華岡詩社，結識了向陽、劉克襄等人，曾經參加詩社的座談、朗讀活動，也曾寫詩給詩社，後被刊登出來，高興了一下，但也未曾想要一生當詩人。

一如當時愛玩的大學生，真正占去了管中閔大部分課餘時間的，主要是麻將和撞球。就像侯孝賢電影《最好的時光》所描寫的，那個時代，似乎每一間大學旁邊都有好幾間撞球間，學生日夜在那裡撞球、打賭、練球技。後來他形容那是一段荒唐歲月。

唯一持之以恆的事，是不斷寫信給高一就認識的女朋友——陳達敏。女朋友在他大一那一年，全家移民美國，他只能將散文般的情書，寫在薄薄的信紙上，好減輕國際航空郵件的重量，每週寄出七封信。國際航空情書，花去了他大部分的錢。然而也因此，他並未迷失在麻將桌上。寫情書的文字訓練，後來成為他寫詩、寫文章的功底。

兩年後，被他形容為「烈性」得近乎「野蠻」的女朋友，為愛特別從美國飛回臺灣（那時的機票對一個學生來說是非常沉重的負擔）。為了愛情，她選擇在他大學畢業那一天，和他結婚。

由於他們愛情長跑了許多年，雙方家長完全同意，毫無懸念地辦了一場正式婚禮。過完一星期的蜜月，他就進入士城運輸兵學校當預官去了，同梯次的還有詩人羅智成、胡忠信等人。管中閔還記得，那時胡忠信就很喜歡在談話中，引用邱吉爾、羅斯福、海明威等人的語言，自成一種風格。後來進入媒體，成為知名評論人，此種風格始終如一。

新訓中心六個月後，要抽籤決定到什麼地方服役。這是一場當著所有的士兵一起公開的抽籤，誰也怨不得誰。其中有兩支被視為「最爛」的下下籤，那就是東引。金門、馬祖已經是外島了，還要去馬祖之外的小島東引，那才真是下下籤。抽籤不久，居然有人就抽中了一支東引，大家都鼓掌慶幸有人先抽去一支，並祈禱自己不要抽到另一支。輪到管中閔的時候，他心想：說不定往下一點，在一堆裡面胡亂摸，比較不會抽中。卻不料拿出來一看，竟然是萬中選一的東引。他一宣布，眾人一陣歡呼。他用自己的悲劇，成全了大家的喜劇。

東引是一個偏遠而孤寂的小島，多雨多風，霧氣濕重，氣候不好的時候，連船都開不了。正是在這孤獨之島，開始了他生命的翻轉。後來他曾在臉書中寫下這一段自省轉變的歲月。

我一再提到在東引時開始認真反省過去，思考未來，也努力改變自己，但沒有解釋我為什麼在那個時點有了這樣的轉變。轉變的關鍵就是那位長髮女孩。我們在十六歲時認識，幾年後他們家移民出國。在那個沒有通訊軟體，只有越洋電話且非常昂貴的時代，寫信是我們之間唯一的聯繫。這位長髮女孩個性極烈（野蠻），做事從不瞻前顧後，兩年後竟決定回臺和我見面而且訂婚。我們在訂婚一年後，我大學畢業當天結婚，蜜月後一個多星期我就入伍受預官訓。在軍中時，我認真檢視自己，悚然驚覺自己一無所有，也一無所恃，知道自己必須徹底改變，否則人生沒有前途，也將無法面對長髮女孩。

即使已經深刻反省，但東引才讓我有機會開始，並且持續改造自己的工程。我藉著改變寫字的方式，讀書的習慣，也包括持續的寫信，慢慢把自己逸失多年的心收了回來，也從根本上改變了自己做事的態度。在東引時週末假日與平常日子沒有不同，所以我的改造工程得以不受干擾，從不間斷。除此之外，工作上的表現讓我贏得重視，我因此重新建立起自信與榮譽感。如果當初不是到了東引，我應該不可能在短短一年多內，有這麼徹底的變化。但要到很多年後，我才真正認識到那一年四個月的東引生活在我生命中的重要性；我後來讀書，教書和工作的態度，其實全部奠基於那段時期。

離開東引之後，他毫不猶豫，赴美和妻子團聚。

一九八一年前往美國後，他才開始面對自己憑著臺灣文憑，無法在美國生活的現實，決定申請美國的研究所就讀，主修經濟學。然而，經濟學的基礎在於數學，而偏偏他的英文、數學，大學聯考分數加起來才三十六分（他一直記得這個分數），再加上大學那些靠著蒙混過關的學分，他理解到倘若不學習更深入的數學基礎課程是不行的，於是玩命般地修了許多數學系的課。雖然這些高等數學並非經濟學的領域，但他認為學好這些基本功，經濟理論才有更好的根底。這讓他的課業負擔加倍，往往每天只睡四、五個小時，然而他卻樂此不疲，有如要補回大學荒廢的四年。

經歷七年半的時光，他取得美國加州大學戴維斯分校經濟學碩士、加州大學聖地牙哥分校經濟學博士，專業領域以計量經濟見長。由於表現優異，一九八九年八月起，他開始在伊利諾大學厄巴納—香檳分校經濟系擔任助理教授。

多年後，他仍記得那些個濛濛的清晨，熬夜讀書，一身倦怠地走出研究室，才發現一夜飄雪，雪花落滿校園。曙色未臨，寂靜無聲的天地之間，唯有乾淨淨、白茫茫的雪。他轉身回望自己的研究室，只見新落的雪地上，一排踏出的腳印，一步一印，鮮明如同自己的心跡。他一直記得這種清清楚楚、俐落乾淨的感受。

一九九四年，他向伊利諾大學申請留職停薪，回臺擔任臺灣大學經濟系教授。隔年，伊大仍將其聘為長聘副教授（tenured associate professor）這在當年是很難得的禮遇。然而，他仍在隔年辭去美國教職，專心在臺灣研究教學。從臺大至中研院研究員、經濟研究所所長，並在二〇〇二年獲選為中研院院士、二〇〇九年擔任臺大最高榮譽的講座教授，這一路上的學術研究成果受到各界肯定，他也曾擔任幾份國際研究期刊的副主編、主編等職，後來在二〇〇七年創辦「臺灣經濟計量學會」。

隨著學界聲譽遠播，當二〇〇八年金融海嘯發生、臺灣經濟受到嚴重衝擊之時，管中閔受時任副總統蕭萬長之邀，擔任總統府財經諮詢小組成員，二〇〇九年與二〇一〇年受聘為行政院政務顧問，二〇一〇年十月起兼任財團法人商業發展研究院董事長，開始了與政府行政部門的關係。二〇一二年，陳沖受命組閣，管中閔出任政務委員，負責督導財經相關部會。

然而他個性剛烈、心直口快，在立法院老是感到壓抑，那些言不及義、水準不高、近乎於打嘴砲的質詢，常讓他感到不耐。有一陣子，立委在質詢時，他乾脆在官員席上帶一本《古春風樓瑣記》，當成歷史筆記看，好消磨自己的心氣。

然而，立法院這種口水戰愈來愈讓他難以忍受，往往忍不住直言反駁。他這種挺直不屈的態度，招致在野黨立委的攻擊，他的「大砲」之名因此不脛而走。在公部門工作的三年時間裡，他留下許多經典語錄，曾被媒體形容為「大砲爺們經典語錄」[4]，至今仍在網上流傳：

二〇一三年，在立法院財政委員會的質詢中，民進黨立委認為管中閔說過的經濟成長率未達目標，要全數刪除年終獎金。管中閔昂然答道：「我連下臺都敢講，如果只是講刪年終，一點問題也沒有，做爺們的怎麼會在乎這個……。」

這種態度引來一陣風波。「管爺」的外號，自此於江湖流傳。然而，「爺們」是一種北方人的稱呼，是相對於「娘們」的民間土話，有點以示豪邁不羈的味道。孰料這點又被拿出來作文章，說他「貴族氣」云云，誰知他的父母只是平凡的公務員呢？

到了二〇一四年三一八太陽花學運之後，整個政府的施政效能與民間信任度低落，國發會做了一份「兩岸服務貿易協議」的民調，其中有「入侵政院」、「毀損公物」等字，被管碧玲批評為誘導作答。管中閔答詢道：「不是你的地方，去了叫什麼？把公家的東西弄壞了，不叫毀損公物叫什麼？」

對於自由經濟示範區頻頻遭受外界質疑，管中閔認為，政策辯論不該變成戰鬥，希望朝野拋開成見、一起努力，不要用有色眼光看待政策，「刻意戴著墨鏡看事情，黃金也看成瀝青」。

管中閔參加「ＰＴＴ鄉民有約」活動，分享生涯規劃經驗，他在訪談過程中表示：從學術界進入政治圈後，常要面對不理性的謾罵，有時會感到落寞，「以前在雲端，後來不是掉到凡塵，是掉到地獄裡」！

連二〇一五年辭職的時候，他也在立法院留下經典。當時有立委質詢：「你現在辭官走人，有如逃兵。」管中閔回說：「至少我是逃將吧！」

他知道，自己這種不屈服、不認慫的脾氣實在不適合官場，便決定辭官，回到校園。本來他就是被借調出去，自然仍回臺大。

此時的他，官場無心，學術有成，往後的願望，便只是像武俠小說裡的隱居俠客，把學問功力傳予後人，用自己的知識、人脈，多幫助年輕人，開創新事業。特別在國發會的工作後期，他有意推動新創事業，無論是文創、科技、跨界創新等，都讓他看見新一代的可能性。與其浪擲歲月於官場，不如做開創性的事，更適合自己的個性。

因為放下牽絆，他才發現自己過去有那麼長的時間，一路拚命向前，繃得緊緊的，而現在已五十九歲，即將花甲，不如專心做學問、傳功夫，卸下公職更可以輕輕鬆鬆到處走走。於是他接下幾個國外的會議、座談邀請，前往土耳其、英國、武漢等地，既開學術會議，又可以順道遊覽。校園的教研生活讓他感到悠遊自在，到了二〇一七年，他累積了半年的研究假期，便向學校提出休假申請。

3 希望帶來改變

二〇一七年，臺大校園起了風暴。郭明良教授的團隊有多篇論文被國外「學界同行審論平臺」(Pub Peer) 揭露造假，曾任醫學院院長的楊泮池校長也掛名其上。雖然楊僅是未盡督導之責，但他不願臺大名譽受損，在二〇一七年三月十八日的校務會議宣布不再續任。校務會遂開始啟動新任校長的遴選。

臺大校長是一個學術聲譽崇隆、深受社會各界敬重的位置，各方爭取的人選於是展開運作。曾擔任過部會首長的管中閔早已無意於名位，因此並未關心。然而，生命的改變，總是來自不經意的角落。

二〇一七年七月間，管中閔在一場會議遇見了圖書資訊學系教授黃慕萱。當時她正要參與文學院院長的遴選。依照過去的傳統，文學院院長都是由大系，如中文系、外文系主任來做。黃慕萱自知是圖書資訊系教授，選上的可能性很低。管中閔對此表達了鼓勵的祝福。然而黃慕萱最後卻說：「總要試一試，說不定文學院希望有所改變。」

他聽的當下也不覺得有什麼，只感受到黃慕萱的樂觀。然而，那一句「說不定文學院也希望有所改變」，那種對改變這個世界還懷抱著希望的態度，卻落在了心底。

就在新校長遴選成為校園熱議的時候，有一群年輕的老師找上了管中閔，力勸他出來選校長。勸說的理由是：以他曾任部會首長的資歷、學養、視野，可以超越臺大一直以來以學界、校園為主的學風，以更寬廣的視野，以國際性、全局性的眼光，為封閉、保守的校園帶來改變。

然而，他知道依現在大學校長的遴選辦法，一旦要參選，人人皆要爭取選票、拉票，並展開各種請託、拜會、運作，他的個性實在做不來，不想花這種力氣。他寧可繼續自己的學術假期，旅行、閱讀、做感興趣的研究。更何況，手上還有許多開創性的題目正在進行，心中也放不下。

二〇一七年九月間，他到武漢參加學術會議。以前他也曾到武漢開過會，總說要去看看歷史上傳奇的三峽，卻一直忙於行程，失之交臂，這一次可不能再次放過，特地安排了一趟三峽旅行。

旅途的某個晚上，船進入峽區，雖然已沒有早期三峽的幽深神秘，然而谷中上望，天清月朗，清風徐來，令人發思古之幽情。趁著休息時，他開了手機。此時一名臺大友人的電話竟然剛剛好打了進來，他順手接起。

友人在電話中欲傳達的意思是：臺大是一所古老的學校，傳統深厚，但是未來的世界變幻如此急劇，不能再用傳統的辦法教導學生，整個教學方法、教育制度、課程安排、教師授課內容等，都該有所改變了。為了學生的未來，他希望管中閔能站出來，帶動這種改變。

「希望改變」這幾個字觸動了他。他開始思考，臺大是否真有許多人希望有所改變？是不是不同的人、不同的觀念，能為臺大帶來改變？是不是我們也該放棄自己的舒適圈，出來帶動改變？這改變，不為自己，不為名位，而是為了下一代。我們是不是要幫下一代，營造一個學習的環境，讓他們有足夠的能力與勇氣，去迎向未來？

那一刻，他開始思考一個校長，能為臺大帶來多少改變，而這改變，能為下一代帶來什麼新的動力。這和他幫年輕人營造創新的環境與機遇的願望，是一致的，只是他原本以個人為出發，現在則要從臺大出發。

要這麼做嗎？這麼做真會帶來改變嗎？他站在長江三峽古老沉靜的夜色中，深思。

最後，他同意了朋友的邀請，決定出馬競選校長，但有一個條件：「不要叫我去拉票、請託、拜票，這個我真的做不來。」他表明了態度。

4 未來大學，驅動未來

二〇一七年九月十六日，管中閔自三峽歸來，臺大校長的遴選截止日只到十月初，時間已非常迫近了。年輕的朋友已經幫他推動了三十個人的連署，他趕緊準備學經歷資料、論文成果等，連同治校理念，一併送出去。

學校的遴選作業也逐步舉行。此時校內已傳出各路人馬爭逐的消息，自然也傳到他耳中，但他堅持自己的原則：不拜票、不請託、不寫信，只一心做好治校理念的構思，準備在遴選委員的面前，好好陳述。如果自己理念對了，對學校有幫助，得到遴選委員的認同，那便可以做；若不行，就作罷。

針對遴選委員的校長候選人治校理念說明會陸續舉行。二〇一七年十一月二十九日，輪到了管中閔。他做了三十三張投影片，題目是「臺大二〇二八——未來大學，驅動未來」。

一開頭，他就說：「二〇二八年將是臺大創校一百年，而新任校長於二〇一八年就任後，有責任帶領臺大面對未來，驅動臺大在下個十年航向創校百年的未來。因此我今天的報告就以『臺大二〇二八：未來大學，驅動未來』作為主題。」他接著陳述臺大出現什麼問題：

以前大家心目中的臺大，無疑是臺灣高等教育的首選、學術研究的標竿，也是許多研究創新創意的來源，更是我們臺灣的國際門牌。可是近年來，許多我們曾引以為傲之處都受到質疑，譬如在教育競爭力、人才競逐、研究創新、學術倫理，乃至國際學術地位等都受到挑戰。

教育競爭力出現了什麼問題？過去在臺灣念完高中後出國念大學的學生人數，大約每年五百到六百人之間，但這個數字在二〇一〇年後出現了顯著的變化：每年以平均大約二十%的速度增長，現在已達一千六百人左右。這一千六百人中應有相當比例，本來可能進入臺大或其他頂尖國立大學，而他最終選擇到國外念書；換言之，現在年輕人選擇高教時，已經不再必然選擇臺灣。在人才競逐方面，我們常聽到外國學校挖角臺灣的老師，卻很少聽到我們成功延攬了國外的老師。

接著他談到研究創新、國際競爭力、大學排名等問題。以實際的圖表，顯示出成長與落後的變化。

我最近拜訪、請教了許多老師，他們都對臺大的現狀很憂心，有些人甚至表示焦慮，不知道臺大將會變成什麼樣子。他們提到許多問題，認為臺大在制度面上有各式各樣的問題，包括老師的評鑑方式、系所結構或教育內容本身，都出現了問題。他們也擔憂臺大的環境，例如學生的學習環境、臺大國際化的環境等。所以，我們的問題不只是排名，也不只是經費，臺大最重要的是需要變革，而變革並不只是為了解決排名的問題，也不只在想辦法多增加些經費而已。

談變革，更重要的是去看未來臺大要被導引到什麼樣的方向。我認為，未來這四年是走向臺大二〇二八，也是我們創校百年的關鍵時刻。如果這段時間能夠做出適當的變革，為二〇二八做好準備，臺大將不僅有一個光輝的百年，還會有更多個光輝的百年。所以變革是當前最重要的工作，變革不只是處理表面的、當前的問題，更重要的是深層的、制度面、環境面和結構面的改變。

對臺灣大學的未來，他提出了觀察：

臺灣高教現在面臨兩種衝擊：全球化海嘯和少子化海嘯。在全球化浪潮之下，所有的學生，包括家長，其實最關心的是臺灣高等教育的國際競爭力，也就是學生受完大學教育訓練後，將來在國際市場上是否可以接受挑戰並且勝出。這個問題會隨著少子化而更加被關注。如果我們的高教本身出現問題，許多家長會開始懷疑，是否該直接送孩子到國外接受更具競爭力的教育？

這也是我一開始提到，為什麼高中畢業後直接到國外念大學的人數，以每年平均二十%的速度在增加。少子化因此會造成我們高教形象，還有文憑價值，進一步的破壞。我所以稱這些衝擊為海嘯，是因為海嘯是一波接著一波襲來。全球化海嘯和少子化海嘯最終將造成整個臺灣不可逆的階層出走，更多學生與老師的人才流失，這是我們必須嚴肅面對的問題。

管中閔提出的因應規劃即是——「亞洲旗艦的三個驅動引擎」：

「亞洲旗艦」策略上有三個驅動引擎：「C School」，具前瞻性的創意平臺；「U School」，連接美歐的國際學區；「T School」，終身學習的人才基地。「C School」的基本參照座標是美國史丹佛大學的「d.school」，「d.school」本意在促進創意的發展，事實上臺大已經有一個參考「d.school」成立的創新設計學院可以作為基礎。「C School」的構想是培育不同專業、不同文化背景的學習者能夠認識不同的文化和思維，也能更清楚了解亞洲的產業、非政府組織，以及整個亞洲的大環境，還有時局變化等，透過具體的個案實作養成具有破格思考與創造力的新時代人才。「C School」還有一個額外的任務，就是在一年內成立一個多人團隊，請全校的老師、學生、職員、校友，大家共同參與討論，腦力激盪，甚至舉辦論壇，邀請外界的學者參加，共同規劃臺大的二〇二八年藍圖。臺灣大學作為臺灣高教的領頭羊，我們規劃的將不只是臺大二〇二八年藍圖，也會是臺灣高教的藍圖。

報告的最後，他引用著名俄羅斯詩人葉夫圖申柯的詩〈秋天〉（陳黎翻譯），以表達他的心情。在感性的詩句中，他結束了報告。

〈秋天〉

秋天在我的體內。
我感覺透明和清涼
憂傷，但不荒涼，
我是謙卑的，充滿良善。
如果有時我風雨大作，
我怒吼，為了抖落樹葉：
而後，單純而憂傷地，我想到

怒吼是不必要的。……
洞察是沉默的孩子。
沒有喧鬧又何妨：
我們必須冷靜地抖落一切噪音
為了剛抽長的新葉。
確然起了某些變化
我只信賴沉默，
沉默中葉子相互堆疊
無聲無息化做土壤。……

他的治校理念能否打動眾人，管中閔心中沒有答案，但至少在講述過程中，他知道遴選委員聽得非常專注。特別是他對未來大學的那些思索與規劃，似乎打動了不少人。

倒是遴選委員之一的袁孝維仍記得，所有候選人的面談時段中，管中閔是唯一在講完理念之後，得到滿場掌聲的人。

十二月十九日，還有一場「校長給問嗎？」——與學生對話的活動。那是臺大校長遴選過程中首度舉辦的創舉。管中閔以「草東沒有派對」樂團的〈山海〉中的幾句歌詞作為開場。草東沒有派對的歌曲中，帶著某種一無所有、對未來不確定的憤怒、叛逆、頹廢與抗議，聲音中有一種近乎於虛無的吶喊，被視為是年輕世代的心聲。

我聽著那少年的聲音
在還有未來的過去渴望著
美好結局　卻沒能成為自己
他明白　他明白　我給不起
於是轉身向山裡走去
他明白　他明白　我給不起
於是轉身向大海走去

完成與學生的對話之外，還有一場關鍵的遴選委員面談，那是面對面的直接訪談。至此，校長遴選程序也大致走完了。整個過程，學生和遴選委員會的反應都不錯，然而從現實層面來看，他也知道每個校長候選人檯面下的運作拜會，都在積極進行，自己沒有積極營求的脾性，很可能最終只是陪榜。可回頭想想，如果這些未來大學的理念，可以影響臺大的發展方向，某些理念可以成為未來的治校參考，那也於願足矣。

就這樣，他以一種「無欲則剛」、不抱期望的心情，輕鬆地等待選舉結果。而既然開學後要教書忙起來，那不如先把白內障的毛病給治好，於是他預約二〇一八年一月三日去開刀。這是普通的小手術，沒什麼麻煩問題，因此他照常參加聚會。只是怎麼都沒料到，遴選委員會於一月五日的最終投票，竟選出他擔任第十二任校長。

接到陳維昭的來電，管中閔坐在因為眼睛開刀不能照強光而略顯幽暗的客廳裡，望著窗外濛濛的夜色，想起了自己對學校的承諾。那些心中藍圖，逐漸變成可以實踐的理念。他感到「江闊雲低，斷雁叫西風」的豪情。

既然選上了，醜媳婦總要見公婆，那就隔兩天後，眼睛好一點再受訪吧。否則那麼多的鎂光燈，眼睛會受不了。

5 苦雨即將落下

陳維昭說要做好面對記者的準備，管中閔細想，自己的成長歷程，有什麼可說的呢？或許平凡的出身和浪子回頭的奮鬥，會是一個有點勵志的典型。

小時候他品學都不錯，但高中愛玩，考上了文化學院，人生迷迷茫茫，愛打麻將。後來畢了業，結了婚，去到美國才警醒過來，奮發圖強成為美國大學的長聘副教授，這已非常不容易了。但他還是選擇回臺灣大學教書，進了中研院，選上院士，當年聯考後段班的文化大學畢業生，如今成為最高學府的臺灣大學校長。他希望年輕學子，永遠不要放棄希望，不要放棄自己，無論什麼時候，無論你年紀多大，只要開始奮發振作起來，還是可以有所成。他想起早年黃榮村曾對他說過：「你應該去一些高中演講，鼓勵年輕人。」

然而更為重要的毋寧是：作為臺大校長，能夠實踐「未來大學」的治校理念，讓學生有更好的環境，與國際接軌，有新思維與勇敢挑戰的心，這才是最值得去做的。

對未來的期許，讓管中閔思想活躍，心懷期望。為了實踐理想，他決定先發布一個聲明，宣告不會再參與任何政黨活動。雖然他過去在行政院、國發會的工作都是為國家做事，但畢竟被歸類為馬團隊成員，外界總是以有色眼光看他。因此他決定先自我宣告不再參與政黨活動，以避免政治攻擊，讓學術獨立的原則更為鮮明，將有助於未來的學校治理。二〇一八年一月五日，管中閔在臉書寫道：

感謝遴選委員們的支持與肯定。這兩個多月來，遴選委員們不辭辛勞地參與各場治校理念發表會、訪談及面試，我由衷地感佩。我也要感謝參與這次遴選的所有候選人，很榮幸與這些學界碩彥同臺，讓我學習他們的理念和風範。

對連署提名我的老師們，所有鼓勵、支持我的老師和同學們，我獻上誠摯的謝意。還有許多校外的朋友們，透過各種管道表達支持，每一份心意、每一份力量，都是安定我內心的暖流。

我相信，這次遴選所選擇的，並不是我個人，而是臺大與臺灣高教必須變革的起點。

為了踐行學術自由與大學自治之信念，我謹正式宣布，恪遵臺大校長遴選委員會組織及運作要點第十三點的規範；自即日起不參加任何政黨、黨派活動。

遴選已經落幕，臺大即將重新出發。我將拜會諸位學界先進前輩，請益學習，希望相連、攜手打造臺大的未來。

當天中央社也以「管中閔掌臺大 教部期許當高教領頭羊」為題，發出教育部對此事的回應：

> 中研院士管中閔今天晚間獲選下任臺灣大學校長，教育部高教司長李彥儀表示，期許管中閔不只帶領臺大，而是帶領臺灣高教整體向上，當「領頭羊」面對世界競逐。
>
> 李彥儀表示，現行國立大學機制，遴選委員會選出校長人選一人後，只需報教育部核定聘任，不再有圈選等程序。由於大學是學年制，管中閔應是二月一日新學期正式上任。……[5]

中央社新聞中除了教育部高教司長的期許，還引用了清華大學校長賀陳弘的說法：他表示過去幾任臺大校長都是理工背景，管中閔較為不同（經濟學），相信會為臺大帶來一些新思維，為臺灣高教帶來新氣象。

國教行動聯盟召集人、臺大應用力學所教授王立昇對管中閔出線感到驚訝，但他說管中閔有管理長才，希望會有一些新的想法和策略，並放下過去政治立場的執著，帶領臺大脫離風風雨雨。[6]

臺大學生會長林彥廷受訪時則表示，這次應該是史上首度八位校長候選人，都願意在公布結果前與學生對話、座談，翻轉了他們對高等教育的想像。林彥廷還表示，管中閔提出「亞洲旗艦計畫」構想，強化臺大與其他國家學校的連結，並改善高教國際化的基礎建設，相信正式就任校長後，會有一番作為。

不過，此則中央社新聞的錯誤在於：依照《大學法》，教育部對公立大學的校長，只有「聘任」的規定，沒有「核定聘任」權，對私立大學才有「核定」之權力。這也是後來爭議的核心。

媒體報導中，唯一例外的是《天下雜誌》。一月五日晚，該雜誌率先報導：原本外界不看好管中閔，但在第二輪投票時，管中閔獲得企業票的支持，包括富邦金控董事長蔡明興、廣達電腦總經理梁次震、元大期貨總經理周筱玲，讓他以過半數的十二票勝過競爭對手的九票。[7]

弔詭的是，陳維昭那晚公布遴選結果時，只說由管中閔當選，競爭很激烈，遴選委員會達成共識，「不便公布投票票數和進入第二輪投票的另一位候選人」。但該財經媒體卻在第一時間就指出管以十二票勝對手的九票，而關鍵三票是來自企業界的遴委，這是首度有媒體報導影射管中閔是因企業界（或財團）的關係，才得以當選。

企業界遴委那三票真的都投給管中閔嗎？由於採不記名投票，除非當事人自己說出來，不會有人知道。但這則報導的影射，為後續「卡管」的攻防重點，以及對遴選委員會召集人陳維昭的攻擊，埋下了伏筆。

報導並未透露消息來源，但巧合的是，投票前夕，有個臺大遴選委員密集接到來自一位「中研院政學兩棲名人」，也是「時任駐外代表」、「剛好從歐洲趕回來」的學人通過LINE傳來的訊息，一再表示：如果候選人不如人意，不如就投廢票，甚至直接寫上「絕不能投管中閔」的字眼。此人正是曾參選過臺大校長未果，也跟國內幾個財經媒體關係頗為密切的中研院院士，他還曾任財團的董事、大媒體的主筆，替幾大報社寫社論，媒體關係非常深厚。

這位校長遴選委員後來談及此事，才知道接到訊息的不只他一人，另兩位遴選委員也都接到，雖然他們都和那位學人不熟，但竟然接到這種訊息，因此頗感訝異。後來他將當初傳來的訊息，用截圖功能向筆者證實這位學人的身分。

《天下雜誌》的這則訊息，當時只是作為新聞內幕，並未引起太多注意，直到「卡管案」變成驚濤駭浪，才有人驚覺：原來一開始就有「高人」已悄悄指點接下來的方向。

政界與學界不同，學界中人會有一點學術倫理的尊嚴與矜持，即使從政，也還堅持一點原則，否則借調從政結束，回到學界，人品為人所不齒，也不好受。然而，學界中人若要玩起手段，卻也不乏面善心惡、陰謀詭計的陰招。

臺大作為學界最高學府，本就意識形態分歧，統獨交戰、藍綠對立，乃至於學位高低評比、年度評鑑好壞、是否受到學生歡迎等，也有不少學人很是在乎。管中閔既是中研院院士，也是臺大教授有二十幾年了，應屬於兩邊都可以接受的人。但他一參選就拒絕拉幫結派，既不屬於中研院派，也不屬於臺大幫。往好的方面想，不屬於任何派系，可以中立行事，公正公平，緩和兩邊矛盾；但壞的情況卻是，兩邊都沒有關係，沒有派系後援，孤軍奮戰。唯一聲援他的，只有仍相信大學自主精神的正義之聲。

當時管中閔的情況，讓人想起巴布．狄倫（Bob Dylan）的一首歌〈苦雨就要落下〉（A Hard Rain's A-Gonna Fall）。然而，他還不知道一場苦雨將要落在他身上。

Oh, what did you see, my blue-eyed son
And what did you see, my darling young one
I saw a newborn baby with wild wolves all around it
I saw a highway of diamonds with nobody on it
I saw a black branch with blood that kept drippin'
I saw a room full of men with their hammers a-bleedin'
I saw a white ladder all covered with water
I saw ten thousand talkers whose tongues were all broken

I saw guns and sharp swords in the hands of young children
And it's a hard, and it's a hard, it's a hard, it's a hard
It's a hard rain's a-gonna fall

哦，你看到了什麼，我藍眼睛的兒子
你看到了什麼，我親愛的年輕人
我看到一個初生的嬰兒，周圍都是野狼
我看到一條鑽石高速公路，上面空無一人
我看到一根黑色樹枝，鮮血不斷滴落
我看到一屋子人，他們的錘子還在淌血
我看到了一只白色梯子，全部被水淹沒
我看到一萬個說話的人，舌頭全都破碎
我看到槍和利劍，握在年輕孩子的手上
而苦雨，苦雨，苦雨，苦雨啊
一場苦雨，即將落下！

6 獨立董事爭議

二〇一八年一月七日，管中閔在羅斯福路巷子裡的「人性空間」與記者見面。對自己的當選，他笑著自嘲「眼珠子都快掉出來了」，以此回應媒體對一個非臺大人選上臺大校長的感想。

部分媒體做出解讀：臺大選出一位非臺大畢業的教授出任校長，是否反映臺灣社會對臺大菁英的不滿？管中閔認為這樣的解讀有點狹隘，或許遴選委員會委員投票給他，期待的是臺大的改革，因為他在競選期間提出的改革方向符合這樣的期待。

管中閔坦言：曾擔心自己「不是臺大本科畢業，競選臺大校長，可能會讓臺大教師把我當『外人』」。如果臺大師生抱持這樣想法，他當選機率是零，但當初之所以參選，主要是因為有些老師表達，希望在校長遴選過程聽到不一樣的想法、希望臺大未來有所變革，因此他一開始設定的目標，就是臺大必須要改變，「我如果把臺大要往哪個方向改變講清楚，我的戰略目標就達到了」。[8]

管中閔也分享自己成長過程遭遇的挫折，鼓勵臺大學生無論以後有什麼問題，隨時來找他聊聊：「臺大未來將面臨很大的挑戰，身為臺大校長，應該讓學生看到未來的希望，臺大的未來需要靠師生共同努力，學生意見也應該透過公開場合獲得充分表達。我不是一個在雲端上、距離很遠的老師，擔任臺大校長後，隨時歡迎學生來找我。」

就在他自許「臺大不把我當外人，我會帶領臺大做出改變」而欣喜之際，同一天晚上，攻擊開始降臨。二〇一八一月七日晚上，《自由時報》電子報發了一則以「呼聲高的陳弱水被操作成李遠哲派 反綠反李集中投管」為題的報導，[9]此則新聞循著《天下雜誌》指點的方向，提出後續攻擊的重點：

一、管中閔原先在校務會議代表中獲得的反對票多，後來是因為遴選委員會裡，企業界的三張票都投給了管中閔，所以他才得以勝出。論點方向以臺大校長選舉制度有太多企業界代表進行攻擊。事實上，校長選舉採秘密投票，企業界的票投給誰，根本無從得知。

二、新聞稱陳弱水在校內的呼聲非常高，卻被刻意歸類為李遠哲人馬，使反綠、反李的力量集結，投給藍營的管中閔。但真實的情況卻是，陳弱水在第一輪就被淘汰。《自由時報》不了解真相，張冠李戴，消息錯誤，有意製造藍綠對決的假相。

三、此新聞暗示，管中閔在校務會議的一百七十三個代表投票中，必須超過得票的三分之一，即五十八票，才能入選成為候選人。但管中閔的反對者仍有不少。真實的情況是：校務會議只是校內規定參選的基本門檻，他們不是遴選委員，跟真正有投票權的遴選委員會，根本是兩回事。

這一則新聞，有如一張描繪砲擊點位置的示意圖。接下來，攻擊砲火朝著這些點，火力全開。

隔天（一月八日），立法院民進黨立委率先發難，批評臺大不應淪為財團控制的學園，臺大校長選舉要學術獨立，以校園師生為主，不應任命財團為遴選委員。管中閔政治色彩濃厚，是企業的獨立董事，掛勾太深，不適合當臺大校長。隨之，民進黨控制的媒體及親綠電視臺，以立委的說法為主，在談話節目、新聞節目中，大肆抨擊臺大。不只管中閔，遴選委員會召集人陳維昭也成為攻擊目標。攻擊重點是：遴選委員不應聘請企業界人士，造成校園被財團把持，陳維昭邀請企業界老闆當遴選委員，根本是有問題的。

然而，了解遴選規則的人都知道，遴選委員要透過非常複雜的選舉規則產生，有的是經由各院系的校務會議選出，有的是由院系推薦的企業界代表，有的是校友總會推舉，其中還有三個遴委是由教育部指派。企業界遴選委員的產生，根本不是陳維昭能決定的範疇。他只是受邀的遴選委員之一，沒有決定遴選委員的權力。

這本是一個為校園民主而設計的運作機制。為了避免校園民主被操控，整個選舉制度設計得非常複雜，複雜到誰要從頭開始操作都很困難，更不是任何一個學院、一個系所就能把持。真正決定的關鍵，還是在複雜無比的制度產生出二十一個遴選委員後，候選人才能進行有效的拜票及拉票。這整個過程如此之漫長，關卡重重，使得想參選的人有時像個小里長，到處打拱作揖，拜票拉票。

然而，不了解臺大校長選舉機制的人，用一般地方選舉的想像，製造各種謠言。而謠言所構成的批評聲浪，排山倒海，完全不成比例地出現於媒體。對陳維昭、臺大、台灣大哥大與管中閔之間的關係，對一向獨立運作的臺大校長選舉，誤解之深，誤會之廣，各種揣測的陰謀細節，實在難以想像。這讓臺大無從辯駁。但即使如此，臺大仍依法於一月十日去函教育部，將校長遴選結果報請教育部聘任。

從後來的資料來分析，對臺大的第一波攻擊目標，是管中閔作為獨立董事的身分。攻擊重點有四：

一、管中閔作為台哥大獨立董事職位未在候選人資料中揭露，違反校長選舉的公開原則，有蓄意隱匿之嫌。

二、台哥大副董事長蔡明興是遴選委員，和管中閔有利益關聯，基於利益迴避原則，他應不具備遴選委員的資格。否則會變成同一個公司的人去選自己人，即所謂「副董選獨董」。

三、攻擊者主張，基於管中閔作為台哥大獨董與蔡明興作為遴選委員，不符合利益迴避原則，選舉不公，所以這一次選舉無效。

四、攻擊的延伸則是：管中閔蓄意隱藏事實，「與財團利益掛勾」，臺大校長的名器變成私相授受，臺大變成財團控制的財產，管中閔當選後會「拿臺大的校產去跟財團利益交換」等。

攻擊的新聞裡，還包括抨擊遴選委員會召集人陳維昭是「萬年的校長選舉召集人」，暗示那些企業界的遴選委員都是他找來的，才會主宰了校長的選舉。核心關鍵在於：若此擊成功，遴選委員違反利益迴避原則，則此次校長選舉無效，勢必重組遴選委員會，重啟選舉。

為了消弭社會的疑慮，臺大校方很快做出回應，發出一則聲明：

〈臺大校長遴選委員會聲明〉

二〇一八年一月十一日

一、臺大校長遴選過程中皆採無記名投票，因而任何一位委員之投票意向皆屬臆測。

二、臺大校長遴選委員會由二十一位委員組成，除了教育部指派的三位，其他十八位委員都是經由校務會議代表投票選出，並非為召集人所組成。

三、依據《臺大遴選委員會作業細則》第九條，蔡明興委員並不具備不得擔任委員之事由。該條條文規定如下：「有下列情形之一者，經本會確認後，解除其職務：(一)因故無法參與遴選作業。(二)與候選人有配偶、三親等內之血親或姻親或曾有此關係者。(三)有學位論文指導之師生關係。本會委員有前項不得擔任委員之事由而繼續擔任，或有具體事實足認其執行職務有偏頗之虞者，候選人得向本會舉其原因及事實，經本會議決後，解除委員職務。」

四、新校長當選人業於二〇一八年一月五日投票結束後正式公布，並報教育部核定中。

遴委會發言人袁孝維還特別對媒體解釋，根據遴選辦法，蔡明興不用迴避，就像中研院長廖俊智不需要因副院長周美吟參選而退出遴委會；且管中閔在兩輪投票均拿到過半票數。

事實上，袁孝維很清楚，當初是教育部來公文，把《臺灣大學校長遴選委員會作業細則》中的第九條第一項，針對遴選委員利益迴避的四個指標，第四款「**本會委員主動提議有具體事實足**

認其執行職務有偏頗之虞者」給取掉了，才有了廖俊智在遴選會議上的難題。現在再回頭談，還在談利益迴避，這根本是挖坑給臺大跳。

袁孝維最後強調：「民主素養，就是願賭服輸。」選輸的人，不要再鬧了。她的這句話激怒了許多陳弱水的人馬，特別是歷史系教授陳翠蓮，她在後來的聲明中就拿這句話來做文章。

一月十一日，《自由時報》即以「臺大校長遴選委員會：管中閔須辭獨董才能當校長」為標題，展開「副董選獨董」的指控性報導：

對於臺大新當選校長管中閔是台灣大公司獨立董事，和遴選委員台灣大副董蔡明興屬於同一個營利企業，引發外界質疑，臺大校長遴選委員會今天發出四點聲明，但聲明完全未提遴選委員會是否事先知情管中閔是否仍是台灣大的獨董，僅強調是無記名投票，蔡明興沒有違反法定不得擔任遴選委員的事由。

校長遴選委員會發言人、臺大森林系教授袁孝維接受媒體訪問時表示，校長遴選表格僅要求候選人填寫學經歷等資料，並未要求候選人必須寫明私人企業職務，因此不能說是候選人刻意隱瞞，而依照臺大人事辦法規定，管中閔必須辭去營利事業職務才能擔任校長。[10]

此外，另有報導刻意誤導說，陳維昭已經擔任三次臺大校長遴選委員會的召集人，遭批為「萬年召集人」。真正的事實是：遴選委員會召集人陳維昭並非所謂「萬年召集人」，他只有主持過前一屆臺大校長選舉而已。其次，所有遴選委員是校務會議代表經由各個系、所、院等不同層級，經過好幾輪的投票和推薦才產生，整個選舉程序完全依照臺大校長選舉辦法辦理，如果有誰可以操控，就不會有那麼多教授到處請託、寫信給各院系老師了。

而管中閔獨董與蔡明興票投給誰的指控，就更匪夷所思。

前政務委員、律師蔡玉玲後來在《關鍵評論網》的訪問中表示，擔任上市公司的「獨立董事」是法定公開資訊，早已周知、揭露。況且，要當獨立董事，必須與公司「沒有關係」，才能擔任此職位。管中閔受台灣大哥大公司聘任為獨立董事，此事是依據「國立臺灣大學非兼任行政主管職務之專任教師任職或兼職營利事業機構或團體準則」第四條規定，經過系（科、所、學位學程、室、中心）的系務會議通過。任職或兼職超過六個月以上，應由臺灣大學與台哥大公司訂定合約，約定收取學術回饋金，此事業已經臺大核准，始擔任台哥大獨立董事。[11]

也就是說，管中閔擔任台哥大獨立董事是臺灣大學已知悉、並且核定過的眾所周知之事實，所以也沒有揭不揭露的問題。

然而，教育部竟援引《自由時報》的報導，去函臺大，要求臺大正式回覆。此事令外界感到怪異，是因為教育部當時有三名代表參加遴選，其中有一位還是政務次長姚立德，他們目睹並參與所有整個遴選過程，教育部只要內部詢問，即一清二楚，何需再去函。因此有媒體質疑，教育部是有意「用媒體辦案」，不合政府常情。

隨著社會討論度熱度升高，媒體辦案規模持續擴大，攻擊重心轉為：「台灣大哥大聘請管中閔擔任獨立董事的程序不合法」。其論點是：管中閔在事前固然依法向學校申請，得到系務會議通過，再報請學校核准，並由校長檢定同意；但他在獲選為獨立董事之後，尚未經學校同意，即擔任董事，並已開始執行董事的職權，而臺大同意的公文，是在他擔任獨立董事半年後才獲得通過。換言之，這公文未通過前，他提前執行獨立董事的職務，並領取了報酬，全部都是非法的。臺大應追究他違法的責任。

電視評論則展開人身攻擊，說：管中閔知法犯法，利用這個時間差，賺了多少獨立董事的費用，貪圖私利，因此管中閔不僅不能擔任校長，臺大校方還應該辭去管中閔的臺大教職，以儆效尤。臺大校方在此事中，也有管理失職的責任，從系務會議到校長，臺大各相關單位必須究責……。

事實上，獨立董事的辦法，臺大已行之有年。許多臺大知名教授都做過上市公司的獨立董事，他們比任何人都清楚臺大的規定，也知道獨立董事的聘任程序，管中閔與他們無異。

依照管中閔申請兼任台灣大哥大獨董程序的時間表，於二〇一七年五月二日即向臺大申請兼任台灣大哥大獨董，臺大於五月十七日核准，隨後台灣大哥大股東會六月十四日選出管中閔擔任獨董，之後臺大與台灣大哥大開始就有關企業捐贈的產學合作金額與方式等諸多細節展開商討。定案後，才得以在九月二十九日簽訂產學合作契約，臺大於十月二十日發函同意管中閔兼任獨立董事，公文中並說明追溯至當選那天。

對此，攻擊者認為，楊泮池五月十七日的「核准」其實只是「內部簽辦」，不是正式公文，即管中閔於六月十四日當選獨董後，在臺大十月二十日正式出具同意函前，這段期間內都不應行使獨董權責。

然而，對管中閔來說，這種說法根本是不了解公司法運作的誤導。他一開始就把台灣大哥大的邀請送臺大系務會議通過，才答應擔任獨立董事。六月十四日，股東大會通過獨立董事的那一天，依照公司法規定，董事會必須開始行使職權，選出董事長，並決定財務、審計、薪酬等事項，公司才能開始運作。這是上市公司法明文規定的。因此整個運作，不可能先行文給臺大，等臺大回了公文，再讓獨董執行職務，否則公司沒有董事長，就無法運作了。更何況，公司聘請獨立董事，還要經過股東會投票通過，萬一股東會沒過，例如被不同派系給做掉了，那也沒有報告臺大的必要了。

所以學校的同意程序，只能在選上後，由公司行文臺大，說明聘請某教授擔任獨立董事，若職務超過六個月以上，則該公司要與臺大協商，簽訂合約，協商決定給臺大的學術回饋金，再由公司與臺大簽約，才算完成整個程序。而這個程序的公文來回，會走幾個月的時間。

這整套程序行之有年，上市公司早已如此辦理，而臺大至少有兩、三百位教授都擔任過獨立董事，有的甚至同時兼了好幾間公司的獨董，他們比誰都更清楚流程。某些公司為了省下給臺大的回饋金，甚至還要求教授不要向臺大申報，曾如此做的法商學院教授，至少不下數十人。而管中閔選擇老老實實地合法申報，完完整整走完整個公文簽辦程序。

根據TVBS的報導，二〇一八年的資料顯示：

根據證交所公開資訊觀測站資料的逐一統計，在全臺上市上櫃（含興櫃）共四千八百七十四家公司當中，光上市公司就聘請兩百九十五位國立大學教授或副教授擔任獨立董事，其中兼具有審計委員或薪酬委員身分者，就有兩百零九人！

上櫃（含興櫃）公司的數字，也高得驚人，在兩千四百一十八家上櫃公司中，一共有兩百四十九位國立大學教授，被兩百零四家上櫃公司聘為獨董，其中有一百一十八位同時具有審計委員或薪酬委員的身分。

更令人側目的是，目前在全臺灣上市櫃兼職獨董人數最高的，正是臺灣大學，人數近一百四十人，有十五名教授一人就擔任三家企業以上獨董，甚至有人一人身兼六家企業獨董或薪酬委員會委員。

如果現在行政院或教育部勒令這些「管中閔們」全部出列，不得再「違法」參選臺大校長，那麼很可能從此臺大校長都不具有臺大教職甚至在臺任教的身分，未來可能從國外聘請，才找得到「合法」的臺大校長！[12]

事實上，教育部以「獨董爭議」為名去函臺大，顯然也是雙重標準。因為此前不久，陽明大學校長郭旭崧參選校長時，也擔任心悅生技獨董、審計及薪酬委員，更是薪酬委員會召集人，直到就任校長前始辭去三項兼職；心悅生技董事張鴻仁甚至還是陽明校長遴選委員會的召集人。

另一個攻擊管中閔的論點是：管中閔未向遴選委員會揭露自己是台灣大哥大獨立董事的事實，以致他和台哥大副董事長蔡明興的關係未為其他遴委知道，因此造成選舉不公。這也是莫名其妙的指控。因為獨立董事名單早已見諸於上市公司的公報、臺大公文資料中，乃至於政府有一個「公開資訊觀測站」，所有上市上櫃公司的資料都在這裡公開，根本沒有揭不揭露的問題。

甚至，媒體早在過去明確揭露此事。在校長選舉的七個多月前，二〇一七年五月二十日，

《自由時報》為批評張善政和前政府官員，早已將管中閔擔任獨董的事寫得清清楚楚，刊登在當天頭版標題的新聞上：

股東會旺季到，上市櫃公司獨立董事出現「綠」退「藍」進的政黨輪替！前行政院長張善政是今年獨董大熱門，包括華邦電、宏碁都找他，台灣大更找他直接出任常董；台灣大也推舉前國發會主委管中閔任獨董；前文建會主委盛治仁將出任臺泥獨董；馬前總統醫療小組召集人張珩之弟、曾任財政部政務次長的張璠被中華工程推薦任獨董，這可說是他出任獨董的首次經驗。

……13

管中閔認為，刊在《自由時報》頭版的這則新聞如果還不能算揭露，什麼才是揭露？那些批評根本刻意要入人於罪。至於擔任獨董沒有寫在候選人的資歷上，則是因為它無關學術。校長最重要的資歷是學術成就、研究成果、教學經驗、治校願景等，一個民間公司的獨立董事與學術無關，這種庸俗小事，有什麼好說嘴的？

管中閔認為，他甚至連受蕭萬長副總統之邀，擔任總統府財經諮詢小組成員、行政院政務顧問等經歷，都沒有寫上。一個大學校長，應以學術為本，如果把這種職位當成重要資歷，未免

「其器小哉」。

然而，僅僅這段未曾填寫的資歷，卻變成被攻訐重點。新聞媒體、談話節目、專欄文章等，將學者覺得不值一提的名分，當成十惡不赦的大罪，目的是想要把他打成「貪財重利、與財團掛勾、沒有學術良知、只想搞錢、利用臺大校譽去外面兼差賺錢、當官傲慢、當老師未盡責」的人。

抹黑的新聞與談話節目，滿天滿地灑下髒水，形成一種「全面獵巫」的恐怖氛圍，也把臺大幾百個當過獨立董事的教授都嚇壞了。他們非常害怕這一把火會燒到自己身上，因此臺大教授全面噤聲，沒有人敢出來為管中閔澄清一聲「獨立董事的合法程序就是如此」。原本不以為意的許多臺大教授驚訝得瞠目結舌。他們發現，自己正在目睹過去未曾有過的政治暴力加諸學界。

在一波波攻擊中，最讓學者感到憂懼的，是人格謀殺。以往學者總是給人清高自重、獨立思考、謹慎研究的形象。一個學者的信譽，一輩子的研究專業，所藉以建立的尊嚴與名聲，往往比什麼都重要，如果被拿來抹黑，以全面攻擊讓你百口莫辯，那是比死還難過的事。而管中閔，已成為風暴的中心。

學者的恐懼還在於，得要考量正在申請中的研究計畫，或以後可能向科技部、教育部申請經費的可能，若是得罪當道，非常麻煩，尤其現在學校資源很少，往往得要靠教育部補助，實在得罪不起。更嚴重的是，萬一發聲後成為攻擊重點，人格謀殺降臨到自己頭上，實在太恐怖。在此種氛圍下，學界的恐懼噤聲實在不難想見。比起戒嚴時代，學人還敢於組織學術社團、共同發聲明反抗威權的那種勇氣，簡直不可同日而語。

更嚴重的是，黨政軍媒體與親綠媒體的攻擊是全面的。一個晚上有好幾個節目，從不同的角度，以不同的題目，以咬牙切齒的表情，以噬其骨肉而後快的姿態，發動全面進攻。在這些進攻之中，也不乏以大學教授身分登上媒體舞臺的學者，自願成為攻擊的砲手。最讓人驚嘆的是，他們對管中閔，一個大學校長的當選人，竟有一種必欲置之死地而後快的「仇恨感」。這震驚了一向平靜的學界！

「就只是一個臺大校長啊，有必要這樣獵殺嗎？」許多人在問。

曾以為自己是勵志的典範、希望可以為年輕人帶來一點改變與勇氣的管中閔，突然被全面的仇恨包圍，登時感到一種極端的孤立無助。

他看不見學界的人出面發聲，尤其臺大最清楚獨立董事真相的經濟、法律學者，就他所知，至少有兩、三百個，卻沒有一個敢站出來講一句真話。

他想站出來解釋，然而臺大對獨立董事的規定辦法非常繁瑣，涉及臺大長期以來行之有年的內規、公開的法定程序，以及上市公司法的規定，那麼多枝微末節的條文、作法，誰會耐心聽明白呢？

即使一個普通人，以一人之力，面對媒體日夜不停的轟炸、鋪天蓋地的抹黑、無休無止的人格謀殺，都難以承受，更何況管中閔是一個潔身自愛的人，視學術原則與人格清譽比生命還重要，內心更加難受。

周遭關心管中閔的朋友，已從最初的關心，變成無時無刻的憂心。這些憂心的好朋友，隨時把他們聽到的訊息，通過通訊軟體傳來，他也不得不一一回覆，以回應朋友的關愛。一時間，各種訊息紛至沓來。關心的、憂心的、愛心的、操心的、獻計的、支持的人有不少；但那些暗箭的、明槍的、陰招的、狠心的、破口大罵的、暗中出擊的，個個都想致他於死地。

即使身處此等境況，管中閔仍努力維持心境平和，他拜訪了每一位前校長，欲借重其豐富的經驗智慧，請教如何安排校內人事、如何管理學校、如何推動改革。前校長李嗣涔甚至很豁達地告訴他：「別擔心，這種風風雨雨，臺大見多了，頂多半個月就過去了，你仍舊做新的人事布局，著手改革大計吧。」於是他定下心來，開始約見一些校內的老師。然而舊校長還在，新校長也沒地方約人見面，因此只能在他的研究室進行談話。

7 無法承受的抄襲指控

在這種氛圍裡，文化界的朋友發出了支持的聲音。作家季季及她的媳婦李應平在臉書貼出管中閔年輕時得到時報文學獎、和高信疆等文友聚會所拍攝的照片。初入文壇的年輕面容，猶有幾分青澀和靦腆，卻又有幾分英氣。李應平在這則二〇一八年一月十七日貼出的文章中寫道：

大家都知道，我婆婆季季的記憶力驚人，每次跟她聊天，人、事、時、地、物無不清晰。管中閔老師當選臺大校長當天，她在臉書貼出了完全不同於別人的短文，寫道：

「曾經寫詩的文青『管懷情』——

這篇報導說管中閔自稱『高中專攻撞球、大學專攻麻將』，卻沒說他青年時代也曾愛寫詩。

——一九七九年，應該是他大學畢業那年，以〈日月不淹春秋序〉獲得第二屆時報文學獎敘事詩佳作；當時筆名『管懷情』。」

更厲害的是，陳雨航老師隨即留言貼出了這張私藏照片，寫著：「支援一張贈獎當天晚餐的照片。攝影者若非王宣一即張大春。」

在第二屆時報文學獎頒獎後的晚餐留下年少的身影，不知管老師還記得嗎？

這是管中閔難得的文學時刻，因為自此之後，他就赴美留學，走上經濟學的專業道途。管中閔特地在臉書回應了這則貼文：「謝謝應平貼的照片。我自己沒有照片，也不知道有此照片。真是佩服陳雨航與應平的婆婆（季季）的非凡記憶力。因為這張照片，帶我回到四十年前（應該也是冬天吧！）。」後來管中閔也在他的臉書寫到，當年得到時報文學獎這一段，那時他正在東引當兵：

> 知道得到時報文學獎後，我試探著去問可否請假去臺灣領獎。出乎我的預料，指揮部居然准了一航次的假（我想韓主任可能幫了忙）。回到臺北後，任職人間副刊的張大春為了訪問得獎者的背景，約我在武昌街的明星咖啡店見面。大春是我國中（大華中學）低一屆的學弟，他還約了他同屆同學沈冬一起；我們中學很小時，我本就聽過他們倆名字；大春前一年因「雞翎圖」得到時報的小說獎，我印象更深。大家聊起中學時代的事，互相取笑，一下就熱絡起來。
>
> 二月三日，當時的人間副刊主編高信疆在家裡辦了個聚會，邀請得獎者參加。參加的人多是

舊識，見面就聊得開心；我則多數人都不認識，又插不上話，只能枯坐一旁（當然，能看到那些知名的詩人和作家，我還是挺興奮的）。那天也是我第一次見到高信疆這位當年在媒體叱吒風雲的人物，記憶中他相貌堂堂，高大英挺，就像電影明星一般。

頒獎典禮於二月十日在歷史博物館（或那邊一個會議廳）舉辦，由中國時報創辦人余紀忠先生親自頒獎。得獎者多由親朋好友簇擁著來，我可能是唯一隻身與會的人。我獨坐會場後方，覺得自己和那個圈子第一次如此接近，可是感覺又那麼遙遠。得獎者上臺時，臺上的大螢幕會顯示得獎者名字、照片和得獎作品，那一刻是當天我最高興的時候。

青春時代的文學記憶，帶來溫暖的情義。然而，文學的溫情能抵擋多少政治的冷箭？感性的友誼能對抗多少權力的殘酷？

對管中閔的第二波攻擊在一月下旬發動。

立法院，當然是不必負責言論責任的最便宜的砲臺。

一月二十四日，由民進黨立委和時代力量共同發起的主決議，以總預算案審查為要挾，要求教育部「對臺大校長遴選委員會釐清疑義，否則不得進行後續聘任作業」。民進黨團書記長何欣純表示：「臺大是臺灣學術龍頭，校長的產生不能輕忽，過程若有問題，所產生出的校長怎能服眾望，因此才會對教育部有這樣的要求。」[14]教育部如果不依法發出聘書，校長就不能正式上任，臺大就沒有校長。因此民進黨從教育部下手卡管。

這天，管中閔只在臉書寫下一句：「大學自主，是不是臺灣價值？」

從學術獨立、校園自主開始的教育改革，好不容易走到《大學法》立法，落實大學自治，雖然實踐過程風風雨雨，但大學自治已實施二十幾年，不料管中閔選上臺大校長，立法院卻反而要求教育部介入臺大校長的聘任。一些以前主張大學自治的學人，反而在此時此刻消音。有些過去號稱自由派的學者，甚至公然要求教育部介入，阻止臺大校長的任命。這種雙重標準，讓管中閔情何以堪，貼文這短短幾個字，表達心中充滿無奈之情，更是對那些雙重標準知識分子的反諷。

出乎意外的是，兩天後，民進黨立院黨團總召柯建銘在與國民黨協商後，在二十六日撤回了主決議。據他說，是因為與國民黨協商，所以有此決定。然而這是真的嗎？真正的關鍵是，殺錯刀，砍錯地方了！這一刀，來自立法委員張廖萬堅。

一月二十五日晚上，管中閔突然接到電話詢問：民進黨立委張廖萬堅開記者會指控他的論文抄襲，而且是抄襲他指導過的研究生。那個研究生的名字，管中閔不認得；那個題目，倒是由他和一位學者陳建良共同研擬。但問題是，管中閔連論文都還沒寫出來，怎麼會有抄襲的事呢？那就好像文章都還沒寫好，就有人說你抄襲，他只覺得荒唐、莫名其妙。上網一查，才知道事情原委。

依據二〇一八年一月二十五日《自由時報》網路版新聞報導如下：

臺大校長當選人管中閔被張廖萬堅爆料，其發表的論文涉嫌不當引用暨南大學張姓碩士生的學位論文。……

本報今日報導，張廖萬堅昨天爆料管中閔與暨南大學教授陳建良於中研院和臺大舉辦「網路與貿易研討會」發表論文，卻涉嫌不當引用暨大碩士班張姓學生的學位論文，經論文程式比對、同領域財經學者檢視，內容相似處不僅未註明引自發表在前的學生論文，也未列入參考文獻，甚至連學生自製圖表都直接複製，顯然涉及違反學術倫理。

張廖萬堅昨天向教育部提出檢舉，要求教育部須徹底調查了解，今天開記者會再提到，管中閔和陳建良去年聯名發表論文〈兩岸經濟合作架構協議（ＥＣＦＡ）政策效果評估國際貿易實體〉，大量引用前年暨大經營管理碩士在職專班張姓學生的學位論文〈ＥＣＦＡ貨品貿易早收清單對臺灣出口中國大陸之影響：差異中差異模型之分析〉。

張廖萬堅在記者會上質疑，兩篇論文圖表完全一樣，結論也雷同，管中閔說是學生抄襲他，那當初同樣掛名的教授陳建良，身為張生的指導教授，為何讓他畢業？[15]

他終於明白。

事實的原委是：陳建良是管中閔任職國發會時的副主委，管中閔對ECFA早收清單的效益感到興趣，想從計量經濟學的角度做這一方面的研究。但這個題目不好做，主要是得先建立受影響與未受影響的清單：受影響的一組，未受影響的一組，同時受影響的組別還必須區分ECFA前後影響的對比。這正如醫藥上的實驗組與對照組，對照組還須細分為有用藥與無用藥。

但進出口產品的項目太多，至少數千項，所以必須從經濟部、國貿局等單位的龐大資料庫裡，查清楚進出口清單，才能做比對，比對後還要對照實施前與實施後的數字，用以證明其效益與成果。

這是吃力不討好的計量研究工程，卻紮紮實實是計量經濟學的好題目，也是研究臺灣經濟發展，乃至於擬定、評估兩岸政策及其影響的好課題。這樣的題目還在研究過程，目前只是有了一點初步的成果，算是研究綱要已出來了，但論文都還沒有影子，怎麼就變成抄襲了？

他很納悶地問了陳建良。結果陳建良說，是他指導的張姓研究生，將他二〇一七年五月六日在中研院人社中心與臺大經濟系合辦研討會上，由管中閔與陳建良聯名發表的論文〈兩岸經濟合作架構協議（ECFA）政策效果評估國際貿易實體〉拿去引用。那位學生就讀暨南大學經營管理碩士在職專班，其學位論文題目是〈ECFA貨品貿易早收清單對臺灣出口中國大陸之影響：差異中差異模型之分析〉。

問題是，當時兩人的研究尚未完成，發表的只是一份報告的架構性初稿，是在研討會上與同行共同切磋的課題，根本還未寫成論文，而陳建良純粹基於指導老師的好意，特別讓學生引用其中的觀點，將論文給學生閱讀參考，怎麼指導者變成抄襲者了？更何況，管中閔也未參加那一次研討會，怎麼那論文他要擔起責任了？這已不只是「指鹿為馬」，而是完全的顛倒黑白。被抄的人變成抄襲者，老師變學生，這實在是可笑極了。但管中閔卻笑不出來，他氣瘋了。

他雖然年少輕狂，可一生潔身自愛，重名譽勝於生命，對學人來說，學術清譽是比生命還珍惜的重中之重，偏偏他們竟可以如此顛倒是非。是可忍，孰不可忍？

他氣得胸口發燙！當夜，所有政論節目都在談這件事，而且使用極其不堪的標題：「堂堂臺大教授，抄襲學生論文」、「違背學術倫理，反抄學生論文」、「欺世盜名，竟想當臺大校長」等，總之將他貶低到極致。張廖的不實指控、名嘴的放言高談，經過媒體放大，鋪天蓋地；而管中閔以一人之力、一人之口，根本沒有還口的機會。

這種不平衡的處理，不公平的對待，一路打下來，讓人有苦說不出，有冤無處訴，悲抑憤瀸，怒火中燒。更讓人痛心的是，中研院的那一場會議，其實只是學界內部的小型會議，換言之，知道那一篇草稿是管中閔與陳建良合寫論文的人，一定是小範圍的經濟學界中人，甚至是中研院的人。而中研院的學人應該很清楚，這是一篇尚未完成的研究綱要，只是供學界內部切磋討論，怎會拿來當論文說它抄襲呢？這已不是學術倫理的問題，而是有意的汙衊，是存心害人。「人的品格怎麼可能如此低下，倒果為因，違反學術倫理就罷了，還故意造假消息，這是什麼居心？」管中閔心中當然猜得到是誰，卻只能痛心疾首。

然而，世事難料，害人者往往害到自己。張廖萬堅一開完記者會，當天晚上PTT就有人為文批評張廖萬堅的碩士論文才是嚴重抄襲，並且引用論文比對模式，指證歷歷。根據二〇一八年一月二十六日的中時新聞網報導：

據網友爆料指出，簡單google張廖萬堅碩士論文的文字，隨便就也找到抄襲的嫌疑。例如論文內容的其中一段「開啟成本高，一旦制度的開啟成本相當高」，就可以找到由呂建德、葉崇揚、張馨文於二〇一三年所發表的〈臺灣國民年金為何走向小整合體系？——一個歷史制度論的分析〉論文，張廖碩論中第三頁有半頁和該篇論文文字一樣，而張廖論文在二〇一五年才發表，該網友指稱：「因為很懶，只找一段就找到了，歡迎大家一起找其他部分。」

該網友並消遣式加貼不自殺聲明：「本人在此特地聲明，謹此宣告，絕不自殺，絕不發生意外……若本人被發現死亡，且現場無外力及打鬥掙扎痕跡，如在車內房間等等隱蔽場所，絕非本人自殺。」

另有網友指出，兩篇論文幾乎相同，雖然張廖在參考文獻有提及葉崇揚的論文，但他在段落最後沒有註明引用來源，顯然會讓人以為那段落完全出自張廖本人。

而涉抄襲論文疑慮的立委張廖萬堅對爆料反炸到自己，爆出碩士在職專班論文〈臺北市長選舉模式之典範移轉——從路徑依賴到路徑創新〉涉嫌抄襲一事，今晚仍未出面解釋，服務處電話沒人接聽。在其臉書上的留言雖然有許多贊同他攻擊管中閔者，但一藍姓網友稱「沒查證清楚就爆料，對您的形象傷害很大」，恐怕是一語中的，張廖萬堅逃得了今晚，天亮後還是要把事情說清楚的。[16]

事實上，了解臺灣政學界的人都知道，有不少官員、民意代表在有了政壇地位之後，希望有更好的學經歷，以為晉身之階，便設法找學校申請為在職專班碩博士生，名之為「洗學歷」。

由於民代、官員都「公務繁忙」，上課普遍不到，等到學期結束，會特地請教授吃飯，再找一位指導教授定一個題目。他們平日忙於選民服務、交際應酬，往往花錢請人代為撰寫論文，至於論文的撰稿費則視題目難易而定，金額從十幾萬至三、四十萬不等。至於論文口試，由於人際關係良好，指導教授特地找來的口試委員一般也都是學界好友，官學相挺，禮尚往來，過關易如反掌。

臺灣在教改後面臨少子化危機，有太多大學與研究所生員不足，經營困難，非常需要學生來報名交學費。這些政壇人物，雖然不來上課，卻正好填補了經濟上的空缺。一方需要學員，一方需要文憑，以在職專班的方式錄取，兩不相欠，名義上也說得過去；上課未嚴格要求，論文方便過關，各取所需。

張廖萬堅的論文是如何寫出來的，真實情況無法斷定，但由於被反控抄襲，不知道是不是害怕自己的論文變成新的風暴，他像消了風的皮球，瞬間萎掉了，從媒體上消失。柯建銘利用立法院的職權，為阻擋管中閔上任而推出的「主決議文」，則在出臺不到三天後便撤案，據報導也與此有關。

與此同時，臺灣大學研究誠信辦公室主任李芳仁於二十六日晚間，向媒體發布了臺大的正式聲明稿，表明辦公室蒐集資料後，開會討論管中閔論文案一事，最後認為未涉及抄襲，因此決議抄襲案不成立，臺大會盡快將結果回覆給教育部。臺大聲明稿全文如下：

有關近日教育部、監察院、立法院及媒體關切本校校長遴選過程等相關疑義，謹擇其重點說明如下，望各界諒察：

壹、管中閔教授確於校長遴選作業前已報校核准兼任台灣大哥大獨董。本校依教師兼職審議程序於一〇六年五月十七日同意管教授兼職。管教授當選後於一〇七年一月十二日已請辭該兼職。

貳、有關利益迴避之問題，遴選委員會於一月十一日已發聲明強調，依據《遴選委員會作業細則》規定，蔡明興委員並不具備不得擔任委員之事由。

參、教育部於一〇七年一月十二日來函詢及遴選過程據報載似有疑義、教育部於一〇七年一月二十四日轉監察院函據訴遴選過程涉有瑕疵，本校已分別於一〇七年一月十六及二十五日回覆略以：本校校長遴選過程均依教育部核備法令辦理，殆無疑義。

肆、教育部於一〇七年一月二十六日復來函詢及據報載管教授發表論文似涉不當引用疑義，本校業經調閱與查證相關資料，已於今日召開學術倫理委員會審議並獲得結論如下：

一、經參考該次研討會主辦單位（中央研究院人文社會科學研究中心）有關研討會之性質及論文發表相關事項之函覆，並經學術倫理委員會成員確認相關資料後，認定：（一）該次研討會係為「讓該領域學者，在公開的會議裡發表正在進行的研究，並以初稿形式得到研討會參與學者的回饋與評論」之較為非正式學術會議；（二）於研討會中所發表之論文並未事先經過同儕審查，研討會論文集既未申請ＩＳＢＮ，亦未於事後發送至主要圖書館供一般大眾參閱。研討會主辦單位回函亦指出，其之所以將論文集結成冊目的在於「讓與會者方便閱讀，並無公開發行。由於研討會論文尚非正式出版的論文，論文作者可以在會後，參考回饋與評論修改其論文，投稿學術期刊，經其審查通過後始為正式出版」。

二、由上可知，本件系爭論文並非已經完成且符合其所屬領域學術論文格式要求之正式公開發表或出版之論文，僅是於研究過程中所呈現的暫時研究成果，為未來正式公開發表尋求同儕的專業意見，作為未來研究方向與論文內容修正之參考。

三、綜合上述說明，本校學術倫理委員會一致同意，本件系爭論文非屬本校「違反送審教師資格規定及學術倫理案件處理要點」之規範或處理對象，故決議不予立案調查。

伍、另本校在遴選委員會正式進入資格審查前，已依教育部函示，將管中閔教授資料送教育部及科技部審核是否有違反學術倫理事項，均經教育部及科技部函覆管教授並未有違反學術倫理事項在案。

本校校長遴選委員會於一〇七年一月五日完成校長遴選作業，一月十日即將新任校長相關證件資料報請教育部自一〇七年二月一日起聘任。惟近日媒體之報導造成諸多紛擾，已損及大學自主之精神，以上聲明盼能釐清爭議，並祈教育部盡速核定本校新任校長，俾讓校園回歸平靜，校務得以順利推動。

顯然，臺大想藉由此次論文抄襲的學術倫理事件，再次向社會澄清相關問題，也請教育部盡快通過新校長核定聘任案，在二月一日校長就任日期將至之際，盡早通過，讓校園回歸平靜。然而，臺大未及說明清楚的是，管中閔是原始的創見者，而論文的創見與結論都尚未做完，就被汙衊是抄襲，實屬荒謬。讓管中閔感到可惜的是，整個過程中，臺大研究誠信辦公室都未找他談過話，沒有給他解釋的機會。

隨著對管中閔攻擊的擴大，一種新聞處理模式也漸漸形成：由臺大國發所一位教授在臉書發文先寫，發動對管中閔的攻擊，親綠媒體再以「臺大學者痛批」的名義加以引用，使之變成新聞。由於是來自臺大學者的消息來源，彷彿就具有代表性，見諸媒體後，即成為當夜談話節目的主題，名嘴拿來大作文章。如果再有立委配合發言，那就更堂而皇之變成議題。

這就是臺灣當道的輿論環境、政治現實。

臺灣學術界一時之間，被迫目睹現世的「儒林外史」：御用的學者、收買的名嘴、網路上布建的網軍，構成一個天羅地網。他們有如政權豢養的虎，更像是自己主動出擊的狼，夜夜出來撕咬，滿街的虎嘯狼嚎。再加上府院黨三位一體的集體暴力，人格謀殺，全面發動，對付一個臺大校長當選者。過去臺大校長是何等崇高的名位，如今變成過街老鼠來圍獵。這樣的陣仗，讓一向靜居書室的學院中人震驚不已。

從未有一個學者敢想像，原本受尊敬的教授、中研院院士，只是因為選上臺大校長，竟會受到如此羞辱，顛倒黑白，人格謀殺。個性爽朗、一身硬骨，甚至有些政治歷練如管中閔猶且如此，一般人怎敢再碰政治？誰還敢再碰大學校長這種烈火焚身的名位呢？

教育部的動員相當全面。

除了給臺大的公文如雪片般飛來，為了挖管中閔的底，教育部人事處還特地打電話給臺大人事室主任黃韻如，要她去清查管中閔的舊資料，查清楚獨董的過程是否合法，有無違規。教育部人事處的命令說得很直白：臺大人事單位與教育部是一條鞭的，臺大的人事系統調動，全部都要聽命於教育部，所以，臺大人事室要全力跟教育部配合，如果不好好配合，以後臺大人事的調動會不好辦。

人事室的職員感到一種被威嚇的卑屈，私下抱怨：做人事工作一、二十年，從未見過這麼惡形惡狀、做威做福的教育部。

「教育部啊，我們是做教育工作的人，好歹要保有一點教育的尊重與尊嚴吧！」身處風暴中心的管中閔苦悶到極點。抹黑的部分，有些太可笑，連反駁都無從說起，百口莫辯，只能獨吞；唯獨違反學術倫理，說他抄襲，這是他完全無法忍受的。

臺大的聲明效果有限。即使道理如此簡單，任何一個指導過學生的老師都知道，但信者恆信，不信者恆不信。更不堪的是，還有臺大教授故意扭曲，出面在媒體繼續說他抄襲。而電視名嘴、親綠媒體則使用假資料、錯資訊來說事。

一個人，一張嘴，不可能打電話給所有媒體去解釋，更不可能對抗整個國家機器。像臺灣俗語講的「白白布染到黑」，他百口莫辯，無處申冤，變成一個沉默壓抑、苦悶至極、滿腔悶火的人。

幸好學界有良知的學者不忍心看臺大沉淪。一月二十六日，由臺大兩位前校長李嗣涔、孫震，以及六十多位臺大教授以「抗議政治力介入臺大，堅守大學自主」為主題連署，廣邀學者表達大學自主的心聲。連署書寫道：

自二〇一八年一月五日臺大依法遴選出新校長以來，監察委員、立法委員及媒體等，即不斷以政治力介入干擾。臺大向以自由學風自許，並以民主理念治校，絕不受外力干擾。近日各式汙衊臺大自治之言論與行動，有違大學自治精神。臺大人在此鄭重聲明大學自治是臺大堅守的核心價值，不容玷汙。我們要求教育部尊重大學自治，我們要求黨政高層的黑手不得介入大學校長選舉，我們請立法院遵守法律，尊重大學自治的精神。

我們「抗議政治力介入臺大，堅守大學自主」。

相較於行政院、立法院、監察院、司法機關等黨政系的全面撲殺，學者的良知之聲顯得如此脆弱，如此悲哀，彷彿在堅守最後一塊城池。

然而獨派學者依舊不依不饒，不管臺大的調查報告如何，硬指管中閔論文抄襲。臺大教授陳翠蓮就在臉書上寫〈台大校方答非所問，難道要把學校的聲譽一起陪葬嗎？〉一文：

一、台大校長遴選爭議之一是，候選人管中閔未公開台灣大哥大獨董的資訊，可能影響遴選結果；遴選委員會發言人袁孝維卻要大家「願賭服輸」。遴選爭議焦點正是這場「賭局」公正與否，發言人怎能虛晃一招？

二、有關管中閔的獨董身分，校方辯護說去年六月曾經申報，已是公開的資訊，意味不需再申報。若這樣的邏輯成立，那為何還要校長候選人填報資料以備審查？據報導，管中閔候選人資料中獨獨未填報台哥大獨董，若此一報導為真，此舉又是為何？

三、立委指控管中閔與陳建良合寫的論文抄襲，台大學術倫理委員會竟然說那是研討會論文，不是正式論文，沒有抄襲問題。學倫會迴避抄襲問題，卻在正式非正式論文上做文章，治絲益棼，衍生出別的問題：那以後是否教授在研討會上發論文可以如法炮製？又如何要求學生報告不得抄襲？

上述指控爆發之後，當事人管中閔神隱不出，校方屢屢屈詞為辯，最政治的前朝政務官傾巢而出連署「反對政治介入校園」，真是慘不忍睹。如此爭議的管中閔尚未就任校長，台大形象已經鴉鴉烏，可否請管中閔愛護學校聲譽，像個爺們一樣自己站出來？

校方至目前的所有回應，明顯偏袒管中閔，不但對其他參選人不公，無助於釐清疑點，更不利台大聲譽。建議遴選委員會、學術倫理委員會、台大行政當局慎之、慎之！[17]

隨後，即有所謂「臺派學者連署，要求臺大召開臨時校務會議」的事。連署文如下：

「貫徹大學自主，呼籲召開校務會議，處理遴選違法爭議」連署

臺灣大學校長遴選，發生隱匿資訊、利益衝突等重大爭議，引發師生、校友與社會各界的關心。

對於這件事，據報載，目前遴選委員會的處置飽受社會各界質疑，導致教育部請求臺大說明，爭議難解。

校長遴選是大學最重要的事務，我們呼籲，臺灣大學根據大學自治的精神以及「國立臺灣大學校長遴選委員會組織及運作要點」的規定，召開校務會議，揭露資訊，將爭議在陽光下檢視，以求對本案有合法合理的解決。

臺大「校長遴選委員會組織及運作要點」第二十一點第二項說：「本要點如有窒礙難行之處時，得由臨時校務會議補正之」可見校長遴選如果發生重大爭議或阻礙，應該召開臨時校務會議來處理。

我們強烈呼籲：自己的學校自己救，實踐大學自主、校園自治，召開臨時校務會議！[18]

問題是臨時校務會議的規定，是基於「窒礙難行之處」，也就是選舉碰上困難，而非選舉已得出結果，才要用臨時校務會議，去否定體制性的遴選委員會校長選舉結果。這根本是以更低階

的臨時會議，試圖改變更高階且具獨立性的校長選舉制度，完全不符合法律精神。這正如總統大選，選舉結果出來後，突然有人出來指控選舉過程有問題，就要求撤銷選舉結果，由選委會召集會議，宣布選舉要重新加以調查一樣。這是完全違反程序正義的作法。

照道理，擔任過國發會主委，經歷過立法院折磨，也在官場見識過「人間道」的管中閔，應該可以一笑置之。然而，用「論文抄襲」進行人格謀殺，這一關實在過不去。原因即在於：作為學者、知識分子，他一生堅守學術原則，不僅嚴以律己，也如此要求學生，不抄襲是最基本的學術倫理。他要求做研究要有理論依據，有獨立思考，最好有創見。然而對手竟把他打成最不可承受的抄襲。

對學者來說，這是「皇后的貞操」，容不得一絲一毫的懷疑。偏偏媒體名嘴拿這件倒果為因的事情全面攻打，甚至誇大為其人格的缺陷。當時談話節目的聳動汙衊，讓正常人都不忍重述。

一生愛名譽勝於生命的他，不堪這種惡毒的侮辱，憤怒難當之餘，整個人如被千斤巨石壓住一般，常憤懣得胸口發燙。再加上從一月七日起，綠營開始發動攻擊以來，從報紙、電視、電臺到立法院、行政院、監察院、教育部，無日無之的攻擊，學界的沉默，讓他愈發孤立無助，慢慢地，他的心變成一座憂憤的活火山。

8 苦鬱悶燒的活火山

每天早晨開始，至晚上半夜時分，記者的電話、朋友關懷的訊息，響個不停。只要哪一個電視名嘴講了什麼，不管是不是謠言，記者就打來要他回應。教育部也有意找麻煩，舉凡媒體報了什麼消息，也不管真假，毫無求證，就來函臺大，附上報紙剪報，要求調查說明。明明臺大已經回覆過，乃至已發出聲明，教育部依然重複來函，要求說明。

臺大的人事室多次接到教育部人事單位的電話：你們要好好調查管中閔，把他的資料報上來，不要忘了，臺大人事室是歸教育部的人事處管的，你們的立場是要站在我們這邊。

臺大人事室的同仁向上反映了教育部的立場，這讓教職員看到全面肅殺、必欲置管中閔於死地的意圖。很多人私下說：「『白色恐怖』時代重臨了！」

管中閔也從未料到這樣的結果。他從最初的憤怒、不平、悲抑、意欲反擊，轉為一種更深的無助、不安、憂懼、焦躁。

大約從一月中旬開始，他在每天晚上躺下的那刻，便開始擔心，明天早晨醒來，會接到什麼樣的電話？會有什麼樣的新攻擊？但每天攻擊的說法都不一樣，根本無從預測。每次電話響起，他就先看是誰，怕又是記者打來，問他一個不知從何說起的新爭議，逼著要他回應。

有一天，管中閔和妻子去臺大醫院拿藥，妻子去接一通電話，過了幾分鐘，尚未回來。他隨即焦急地想：是不是有什麼事發生了，她不敢讓我知道，才不敢回來在我面前講？

「一定是發生什麼事了，很可能是緊急的事。」他愈想愈急，心中慌張起來，整個人坐不住了，在大廳中走來走去，眼睛不斷四處尋找妻子達敏的身影。愈是焦慮，愈是看不到人影。他心中灼熱難當，往復來回地走，卻不敢走遠，怕達敏找不到他。直到達敏出現，他已滿頭大汗，聲音沙啞地問：「發生什麼事了？」

「沒什麼事，是孩子在問學校裡的事。」達敏望著他蒼白的臉，試著用安靜的聲調回答。

陳達敏開始驚覺，管中閔身上有一種未曾有過的焦慮，非需要她陪在身邊。這種隨時來臨的焦慮，逐漸變成一種「整顆心被大石緊緊壓著」的窒息感。古人說的「心焦」，此時他真的體會到了。他感覺自己的胸口像被千萬顆大石頭壓著，底下是一團火球，焦灼悶燒。每有攻擊來臨，心就更下沉一分。每天每天，每時每刻，只要攻擊不停，心就不斷下沉。

直到有一天，他躺下來，發現那千萬顆石頭竟滾動般，在胸中翻騰，那一團焦灼的火，翻江倒海，自胸口燒遍全身，整個人灼熱發燙。不知道從何時開始，這種胸口的灼熱翻騰，已盤據他的身體。他變得無法躺下來，一旦躺下，那燒灼感便壓得他無法呼吸，壓得他喘不過氣來。

每一次，他只能用力支撐，坐起身子，像即將被火海吞沒的人，奮力要掙脫出來般喘一口氣，大口大口呼吸，讓一口空氣進到肺部，讓肺部重新起伏，去平息那燒灼的地獄之火，直到窒息感慢慢平息下來。

然而，一旦重新再躺下來，那燒灼滾燙之火，就又翻江倒海，把他壓得窒息欲死，整個人被捲進地獄中。他只能在窒息邊緣，大口喘氣，復又拚命坐起，靠著枕墊，一口氣一口氣地喘著，盼它慢慢平息。最後，他只好找書來看，讓自己平復、遺忘。直到倦極了，習慣性地躺下睡覺，卻不料一躺，便又是無法喘息的窒息。他只能又坐起來。

折騰復折騰，一夜復一夜，他無法躺下，只能坐著休息。即使疲倦至極，也只能半睡半醒，直到天亮。

一夜復一夜，伴隨著灼燒窒息感的，是那不知會迎接什麼樣攻擊的明天，憂懼多於希望的明天，苦雨不斷降落的明天。

那個充滿希望、樂觀自信的教授，那個想要為臺大帶來改變、帶給年輕人創新與希望的新校長，那個「爺們哪在乎這個」、率性自在、風骨挺直的管爺，在一夜一夜的折磨中，變成不知怎麼說話、怎麼為自己辯解、怎麼維持尊嚴、怎麼再相信人心，一座悶燒自傷的活火山。

好強的管中閔只會壓抑痛楚，不願讓人看見，努力讓自己不受影響。他的妻子陳達敏眼看著那個開朗幽默、反應迅速、聰明又有趣的丈夫，竟漸漸變得沉默寡言，眼神中帶著一種受傷的驚懼，像蒙著一層愁霧。她也不知道怎麼辦才好，只能陪伴他，盡力照顧他，度過這一段至暗時刻。

事實上，她也曾找他去看電影，想讓他散散心，轉移注意力。過去約會的時候，他喜歡看電影，兩人常常相約在西門町的電影街。她想念那個年輕的男孩，於是決定再約他去看電影。

那天兩人看的是《最黑暗的時刻》。那是講邱吉爾在二戰時面臨巨大內外的壓力，如何在和戰之間做抉擇，並且要說服英國人團結一心，共同度過至暗時刻。

電影裡，邱吉爾面對國際與國內的巨大輿論壓力，獨自扛起各方的批評、政敵的攻擊，毅然決然地說服國民，採取齊心的行動。然而，即使是這樣的勵志電影，才剛一開場，電影裡戰鼓砰砰帶來的巨大壓迫感，身歷其境的強烈聲響在戲院迴盪，讓坐在電影院的管中閔渾身受迫，有如自身面對強大壓力，他感到內心的焦躁瞬間升高，整顆心受鼓聲震盪，灼燒發燙得幾乎要喘不過氣來。

他知道自己無法再承受了，像逃走一般，拉起了達敏的手，立即離開電影院。這《最黑暗的時刻》不只是現實的隱喻，更是他內心的寫照！

9 再次確認的遴委會

二〇一八年二月一日是臺大新校長的法定就任之日，教育部不僅遲遲不發聘書，還幾度去函臺大，要求臺大說明遴選過程的合法性，並重啟遴選程序。臺大回函說明都無用，最後只好召開遴選委員會議。

事實上，這不是應有的程序，但臺大為了配合，只好在一月三十一日，臺大校長上任前夕，舉行第五次的遴選委員會會議。

陳維昭事後回憶，當時教育部次長姚立德私下向他表示：教育部的壓力真的很大很大，可不可以拜託拜託，再召開一次遴選委員會議，再次確認遴選結果，好給教育部一個臺階下，不然教育部無法對外交代。

陳維昭曾擔任過三屆臺大校長，十二年的任期內，經歷過七任的教育部長，每一個部長都相當沉穩持重。畢竟，教育是「百年樹人」的大業，面對莘莘學子，面對幾百萬國家未來的主人翁，教育部長要像一個大家長，具備長遠的視野，寬宏的胸襟。然而這一次，他感覺自己見識到一個像「發神經」一樣的教育部。他們不是用確確實實的論證、有憑有據的說詞來給臺大行公文，而是用剪報、影印資料、不知從什麼地方傳出的說法（可能是夜間談話節目的標題、名嘴的八卦等）行文給臺大，要求臺大解釋，要求遴選委員會說明。

這其中當然包括了管中閔的獨立董事、事前有無揭露、利益迴避等事件。這些電視談話節目天天在說嘴的事，根本只是街談巷議，教育部怎麼可以據以要求臺大給個解釋？如果街談巷議可以據以行公文，那教育部豈不是變成聽名嘴指揮的傀儡部？還有一點教育者所應有的尊嚴嗎？所謂「天地君親師」，「師」是何等崇高的地位，教育部是統管所有「師生」的部會，怎麼可以變成被指東道西、瞎指揮的部會？更何況，臺大有近百年校史，豈容隨便汙衊？

然而，陳維昭是一個處事圓融的謙謙君子，他心想：既然教育部擺明需要一個臺階下，那我們就退一步，再重開一次遴選委員會議吧。讓所有的遴選委員再確認一次，簽上名，大家確證無誤，就給教育部行公文，這樣事件總該落幕了吧。

召開會議的這一天恰恰是一月三十一日，隔天就是法定的新校長就任日，但顯然新校長已不可能依法就任了。這次會議的遴選委員之中，包括教育部指定的遴選委員代表教育部次長姚立德，大家針對各種最細節的問題反反覆覆討論，包括管中閔的獨董身分有無揭露、揭露對選舉有無影響、利益迴避問題，乃至校長選舉中的法規，都請校方從嚴認定，詳加解釋，認真考量，仔細檢視被質疑的關鍵點，最後再度進行確認。

會議開了將近七小時。所有遴選委員都耐著性子，仔仔細細，一條一條，確認遴選過程並無法規與合法性問題，最後才正式發出簡短的聲明：「**本會自成立至今，作業程序皆依相關法規辦理。本會確認（民國）一〇七年一月五日管教授之當選資格，並無疑義。**」

為求慎重，所有與會之遴選委員，皆於會議紀錄上簽名確認，以示負責。為什麼結論要寫這麼簡短？明明開了近七小時的會，為什麼不寫清楚討論過程？陳維昭的意思很清楚，教育部需要的是一個簡短的聲明，好有據以寫公文的憑據。隔天就是臺大校長法定就職日，教育部如果謹守《大學法》的自治原則，早該公布執行，臺大也不至於面臨無校長就職的困境。這是一個對教育部的明確回應。後來，在二〇一八年八月二日的另一份聲明中，針對一月三十一日的這次會議內容，有更為詳細的說明，顯示那天的會議是非常嚴謹而充滿討論與爭論的：

> 此次會議中，所有委員已明確知悉管教授兼任台灣大哥大獨立董事、審計委員會及薪資報酬委員會委員，亦查明校內審查程序時間點與公文。至於教育部認為遴選過程中有重大資訊揭露未盡完整，實屬法令制度未明確規範所致。歷經近七小時之充分討論與審視相關法規與文件後，才做成以下之書面決議：「本會自成立至今，作業程序皆依相關法規辦理。本會確認一〇七年一月

五日管教授之當選資格，並無疑義。」所有與會之遴選委員，皆於會議紀錄上簽名確認。

為求周延，針對管教授之推薦人於本校「校長被推薦候選人資料表」之「個人基本資料」中，未揭露管教授擔任台灣大哥大獨立董事等兼職情事，而遴委會已議決其為校長當選人乙節，本會謹此再次確認，此並不影響其遴選結果。[19]

遴選委員會一月三十一日的聲明已非常清楚，整個程序合法，基於遴選委員選出的校長，並無疑義，教育部應宣布並發給聘書。但教育部依舊不發函給臺大。更嚴重的是，監察院明明沒有調查臺大的權力，也要來摻和，去函教育部要求嚴加調查。然後，教育部又依據監察院來函，去函臺大要求調查說明。教育部像一隻無頭蒼蠅，各路的壓力一來，就轉手往臺大丟。

就臺大來說，遴委會一月三十一日發出聲明後，等於再次確認選舉有效，爭議總該歸於平靜，然而臺大的獨派學者卻發動另一波攻擊。他們連署聲明，乾脆否定了遴選委員會的合法性，轉而要求教育部退回遴選委員會的選舉結果。

該份聲明由八位臺獨派的教授帶頭連署，成員包含物理系教授林敏聰及退休教授楊信男、數學系陳其誠、法律系陳昭如及顏厥安、歷史系陳翠蓮、生技系黃青真、國發所劉靜怡等。

聲明內容提出以下四點批評與主張：

一、遴委會遴選程序有重大合法性瑕疵，教育部應予退回
二、遴選委員會一月五日之遴選投票無效
三、遴委無權亦無能認定資訊未揭露之效果，應交臨時校務會議討論
四、再次混淆公開資訊與自我揭露義務，應公開台大同意函與相關公文[20]

這份聲明中，以第一條的說明最受矚目：

國立大學校長遴選與最後教育部的聘任，是依照法律進行的公權力行為。校長遴選委員會，是受到教育部與大學雙重委託的「作業單位」，其遴選結果並不對外發生直接效力，但是其組織與程序的「合法性」，當然構成教育部最後核定與完成聘任之合法性的一環。

遴委會自稱依法完成遴選，不需重新辦理遴選程序，因此決議遴選結果無誤。由遴委會於遴選程序中未能發現候選人違反自我揭露義務、部分遴委知情獨董資訊卻未揭露、遴委蔡明興未主動揭露並迴避等事證觀之，遴委會對於程序合法性之認定，顯有不當，其一月三十一日之決議亦未能自我糾正。因此，基於台大遴選的程序明顯存在有資訊不完全、判斷不公正、違反利益迴避之組織不合法等瑕疵，教育部應退回台大的遴選結果，要求其重新辦理。

這個聲明的不可思議之處即在於：遴選委員會是依照大學自治辦法成立的選舉校長之權力機構，如今，依法組成的遴選委員會（教育部已派出三位代表參加遴選），怎麼從獨立自治單位，變成教育部下的「作業單位」？更且，按《大學法》之規定：公立大學校長遴選後由教育部「聘任」，教育部並無「核定」之權，私立大學校長才是在遴選後由教育部「核定聘任」；兩者的差異說明教育部對前者只有聘任，而無核定准駁之權。

現在這份聲明竟然要求教育部運用權力，破壞大學自治精神，破壞好不容易實施多年的《大學法》，運用政府權力去否決大學遴選委員會的正當性，把大學自治權力取消，變成一個「作業單位」，以此否定其選出來的校長。如果這樣的作法可以成立，那以後任何一個公立大學的校長選舉，教育部都可以「核定」其遴選委員會合不合法，甚至予以否決。那大學還有自治嗎？

依《大學法》，教育部根本無權這麼做。為什麼？因在遴選過程中，教育部指派了三個代表（教育部次長姚立德、前教育部長鄭瑞城、中研院分子所所長鄭淑珍）參與，如果有問題，如果違法，教育部代表當場就可以提出，總不能教育部代表都參加了，選舉過程也在教育部代表的監督下進行，最後簽字確認，卻自己否定了選舉的結果。

教育部的為難，來自各方的壓力，可以想見。他們比誰都了解這個過程，當然不能自打嘴巴。但這些學者，向來都是倡議「大學自主」、以自由派自居的教授，如今竟然自陷矛盾，提出這樣的要求。那就像一個被解放了的自由人，因為選出來的領導者不合己意，於是要求奴隸主再次把枷鎖套到自己頭上，好讓那個不合己意的自由人一起失去自由，再次為奴。

如此「再次為奴」的表現，也夠讓文化界驚異的！這不僅是對大學自治的「自宮」，更是讓教育部的權力大到可以否定民主選舉的程序正義。那《大學法》還要存在嗎？以後還需要大學校長選舉嗎？

教育部的官員都很熟悉法令，依《大學法》，教育部沒有這個權力，但這些臺獨派學者，每一個都與當權者有千絲萬縷的關係，他們的背後，更有政治上的後臺，他們的出動，不是一個人、一群學者，而是更巨大的背後勢力，那勢力，遠比現任的部長大多了。那勢力一旦發動，甚至足以讓一個部長下臺，部長都畏懼十分，誰敢得罪他們？

在政治與教育之間，教育部到底有沒有這個脊梁，去支撐大學自治的風骨呢？

在反管教授群密集地以連署、記者會、書面聲明，訴求召開臨時校務會議後，二月一日，臺大校務會議學生代表、法律系二年級的童昱文先在臉書以「校長遴選爭議，應該召開校務會議臨時會解決」為題發文，主張大學自治底下，校務會議是最高決策單位，隨即在晚間發郵件給所有校務會議代表，請大家一起連署召開臨時校務會議處理此次爭議，並呼籲教育部不應在校務會議前核定臺大新校長案。[21]

這項提案通過三十五人連署門檻，並於二月五日向校方申請召開臨時校務會議，二月九日臺大召開程序委員會，要求補充連署人的親筆簽名和具體提案內容，使此案延宕至春節之後，最後決定在三月二十四日與正式校務會議同一天召開，上午開臨時校務會議，下午接著開正式校務會議。

臺大臨時校務會議是否有權推翻遴委會的選舉結果？教育部說法反反覆覆。教育部人事處長陳焜元第一時間回應媒體詢問時表示：「校長遴選屬遴委會的權責，校務會議討論的結果，恐怕只能成為遴委會參考。」但後來改口說：「會持續注意（臨時校務會議）的發展。」潘文忠也不再提遴委會才是校長遴選的權責單位。

根據採訪教育部的媒體記者了解，教育部態度的改變是受杜正勝擔任教育部長時代的主任秘書、卸任後回政大公行系任教的莊國榮所影響。二次政黨輪替後，潘文忠接任教育部長，非常倚重莊國榮的法律專業，教育部一些業務若涉及法規面都會諮詢莊的意見。舉凡十二年國教課程審議委員會、教師法修訂、《大學法》修訂，包括後來因接連發生校長遴選爭議，教育部著手修訂國立大學校長遴選辦法，莊國榮都著力很深。莊本人私下也自豪地說：沒有人比他更懂教育和法律，他幫教育部草擬了十幾個法案，只領車馬費和吃便當，純粹是做苦工。

當潘文忠在公開場合說出「校長遴選的權責單位是遴委會」時，教育部記者間傳聞，莊國榮還去指責陳焜元提供錯誤的法律見解，以致誤導了潘文忠。莊還認為，依臺大校長遴選辦法，校務會議也有權責。

這位教育部「最有影響力的苦工」在卡管案中的角色，直到三月六日才在國民黨立委柯志恩質詢時曝光，柯直指政大公行系助理教授莊國榮是「卡管案」的幕後藏鏡人，但行政院長賴清德和教育部長潘文忠雙雙否認。莊國榮當天接到媒體詢問時，說他完全沒參與此事，對管案沒意見。然而，熟悉教育部的資深記者卻發現，在他接電話的當下，正好就在教育部開會。

教育部失去了《大學法》的精神，也失去「百年樹人」應有的教育原則，變成受各方政治勢力左右的「搖擺狗」。偏偏各方力量複雜萬端，基層教育局長出身的教育部長潘文忠和教育部的科員沒有政治實力，根本不足以應對，難以堅持教育立場，只會顯得自相矛盾，前言不對後語，左支右絀。

然而，臺大的遴選委員會是由前臺大校長陳維昭負責，他是一個溫和沉穩而有原則的人，從未疾言厲色說話，也不與人爭辯，但在他醫生氣質的溫文儒雅氣度之下，卻有一顆堅毅的心。他一生視人格信譽勝過一切，既然主持了遴選委員會議，開了七個小時的會，反反覆覆，把所有問題查了個清清楚楚，明明白白，也對外說明了，怎麼可能再改變呢？如果可以因此改變，怎麼對所有的遴選委員交代？怎麼對臺大師生交代？怎麼對這個社會交代？

如果公開的會議都可以自我否定，那信用何在？更重要的是，如何對這一生的良心和信譽交代？

10 死亡臨界點的一瞬

從一月十二日到二月九日，教育部連續發給臺大七次公文，以致臺大老師都形容，這像是宋朝下給岳飛下的十二道金牌，對臺大連下「七道金牌」。

有趣的是，教育部似乎知道自己的行為荒謬，可能留下歷史紀錄，七份公文中有六份列為「密件」，解密期長達十年，包括那些只是捕風捉影、檢附媒體報導「據報載」並要臺大回覆的公文，也要十年後才能解密。

教育部公文當然不能解密，但其公文所提出的問題，卻都在臺大回覆的公文裡留下檔案。這七道金牌是：

第一道金牌：二〇一八年一月十二日，「據報載」要求臺大說明校長遴選過程的疑義，檢附的是《自由時報》報導：〈管中閔任臺灣大獨董，遴選委員不知情〉剪報。

第二道金牌：二〇一八年一月二十四日，轉監察院函據訴遴選過程涉有瑕疵，要求臺大遴選委員會就監察院所詢疑義詳予說明，並檢附相關佐證資料。

第三道金牌：二〇一八年一月二十六日，綠營立委及媒體於一月二十五日指控管涉論文抄襲，教育部隨即於二十六日發函詢及「據報載」管教授發表論文似涉不當引用疑義。公文附件為「媒體報導資料一份」，要求臺大解釋。

第四道金牌：二〇一八年一月二十七日，針對管中閔未揭露台灣大獨董兼職有無違反相關規定、對遴選結果有無影響，要求臺大提供遴委會說明。（事實上早就行文說明過了。）

第五道金牌：二〇一八年二月六日，針對學倫案，要求臺大進行實質審查，並在農曆年前一天回覆，該文以「管姓教師」稱呼管中閔。（事實上，臺大早在一月二十七日就回覆調查結果了。）

第六道金牌：二〇一八年二月九日，配合監察院調查校長遴選爭議，要求臺大回覆管中閔兼任獨董的十道問題。

第七道金牌：二〇一八年二月九日，同一天的第二份公文，要求臺大針對第五次遴委會會議紀錄（即一月三十一日會議）詳加說明，甚至要求臺大敘明「提會討論事項」的議決方式，例如多數決、共識決或其他方式？有無經委員書面或電郵確認？

此外，教育部人事處，還以電郵檢附兼職調查表格的方式，要求臺大人事室填寫管中閔兼職資料。

這些問題，很多是臺大早已回函說清楚了，有些回函引用的來回公文與資料厚厚一大疊，甚至將臺大與科技部查證學術倫理的往來公文都作為附件呈上。有些公文的要求則是有意在找碴，想找到下手否決的地方，如：要求臺大敘明「提會討論事項」的議決方式，例如多數決、共識決或其他方式？有無經委員書面或電郵確認？這已是吹毛求疵、刻意找麻煩的程度。

依臺大回文來看，教育部往往借用剪報，行文臺大。但一個簡單的問題，臺大就要翻箱倒櫃，找出陳年舊公文，有時還要附上厚達數百頁的當年資料，呈給教育部，才能加以回覆。事後，臺大老師回憶起來，都忍不住苦笑，感覺自己經歷了一場史上最大規模的荒謬劇。

然而，為什麼教育部會變成「一部壞掉的唱盤，反覆跳針」，連自己都不知所云呢？理甚易明，只因為臺大沒有給出教育部想要的答案。

教育部要的答案很簡單：否定遴選結果，不許管中閔上臺，重啟校長遴選。但於法實在找不出理由，就只好在細節上編派各種麻煩。資深臺大教授曾推論：教育部因為找不到法源阻止管中閔上任，只好編派各種理由，人身攻擊，最終想磨掉管中閔的志氣，讓他灰心喪志，知難而退，問題就自動解決。

而管中閔的處境更艱難。他像被困在跳針唱盤上的一句歌詞，反覆迴旋，受盡折磨。一生乾脆俐落、風骨自許的管中閔，堅持學術的嚴謹，自己恪尊獨立思考、研究創新、絕不抄襲、引用絕對註明出處的原則，卻不料被各種各樣的爆料抹黑。內心的鬱悶，實非外界所能想像。

更嚴重的是，所有關心此事的朋友不斷把消息傳進來。傳得愈多，他內心愈焦躁。尤其朋友看多了新聞與談話節目，看到民進黨政府的全面圍殺，頗多憤怒焦慮，就向他反應。各種事態的發展，從通訊軟體至社群媒體，各種群組資訊不斷傳來。他一邊要消化訊息，一邊要安慰朋友，竟也跟著集體的情緒，愈發焦慮起來。日復一日，夜復一夜，他無法躺下睡覺，只能半眠半醒，感覺一團鬱火在內心悶燒。

二月三日，他的學生為安慰他，特地請他們夫婦到極品軒吃飯。席間，學生為他感到不平，溫慰有加，勸他寬心。然而他竟一口飯也吃不下，一句話都說不出來。整個晚上，臉色鐵青，一顆焦灼的心，像一個快爆炸的悶燒鍋，幾乎要悶得喘不過氣來。

他知道不能再這樣下去了，焦躁已經逼到臨界點，於是站起身來，走出門口，走到衡陽路上，努力吸氣，努力喘氣。大街上人來人往，車水馬龍，依舊是繁華的都會夜色，但他竟有一種吸不到空氣的感覺，整個心茫茫漠漠，如無主孤魂，焦灼如焚，全身發燙。

他一路走到新公園門口，又走回來，又走過去，再走回來，也不知走了幾趟，心慢慢平靜下來後，才走回餐館。妻子和學生都很擔心他，曾出來偷偷看，卻不敢打擾他。

那天晚上，兩人回到家，他整個臉色灰暗如土，心沉如海。此時，他剛好看到一則網路新聞，又對他攻擊謾罵。他的心為之一沉，獨自坐在書房裡，心悶氣鬱，整個胸口瞬間滾燙如火海。

就在此刻，他感覺一陣心臟絞痛，那劇痛太強烈，刺痛如遭電擊。整個心臟急劇收縮。他痛得大叫一聲：「啊——！」痛得無法支撐，他覺得自己彷彿會就此死去，只有勉力站起，用盡最後一絲力氣，身體顫抖，移動雙腳，衝到門口，心底只有一個念頭：向妻子求救！

他張開大口，卻喊不出聲音，身體搖搖晃晃，衝出房間，在臨到沙發前的一瞬，最後的一絲力氣耗盡，整個身體突然向前撲倒下去。

此時，妻子聽到哀叫的聲音，緊急從房間衝出來，雙手一伸，正好拉住他倒下去的身子，緩和了撲倒的力量。但他整個人依舊趴倒在沙發上，還好沙發柔軟，承受住了下墜的力道。

喘息，喘得像要死去，喘得胸口要炸裂！他用力喘氣，吸氣，喘氣，吸氣；他知道，若那一口氣接不上來，他就要死了。

不知過了多久，他才漸漸緩過一口氣來。

陳達敏嚇壞了。她從未見過這個男人臉色如此慘白，毫無血色，泛著青灰。她立即想起叫救護車，帶他去看醫生。可他不能動，只能等他漸漸緩過一口氣來。許久，他才蒼白著臉，一雙悲哀的眼睛望著她，彷彿劫後餘生。

他無法動彈，只想躺在家裡休息，只想慢慢喘一口氣。

「等一等，讓我喘一口氣！」他說。

夜色慢慢浸透。陳達敏無助地握著他的手，不知道該怎麼幫他。兩人沉默許久許久，前塵往事、那些年輕時寫的情書、在美國一起帶著孩子在校園裡奔跑的情景、在雪地散步時緊握著的手，一一在他心中迴旋，有如倖存者，在永別的邊緣回憶此生。

管中閔靠在她身邊，無力地、輕輕地握著她的手，說：「達敏，對不起！」

11 心與眼的裂傷

陳達敏總是想起初識的時候，管中閔是一個幽默風趣的高中生，樂觀開朗，從不讓她擔心。他的情書，寫得有文采又深情，她忍不住飛回臺灣，嫁給了他。在美國的時候，兩個兒子還小，他還是助教，收入很少，因此可以不必交幼稚園的學費。為了不要讓家長覺得白白受助，毫無貢獻，學校會要求家長幫忙清洗孩子在學校的被單，那是孩子午休時用的。那時，管中閔會開車把一大疊被單收回來，趁著半夜洗衣店的人比較少，帶去一次洗淨烘乾。洗衣服需要頗長的時間，他就帶一本書去看。

達敏在家照顧孩子，管中閔自己行動，洗好被單，送去學校，再帶孩子去草地上打球。即使過著窮學生的日子，仍是那麼快樂。

有時，達敏的爸爸怕小夫妻沒有錢生活，往往在週末買一堆食物帶過來，把冰箱填得滿滿的，超過一星期所需。那時管中閔就會慷慨地廣邀一些同學過來吃飯，紅燒一大鍋牛肉，大家共享牛肉麵。那時臺幣兌美元還是四十比一的時代，學生都過得很拮据，能有大餐吃又可以相聚聊天，總是非常開心。大家都說達敏的手藝好，他們家就是最好的餐館。

面對排山倒海的政治抹黑，有時達敏實在很想跟管中閔說：算了吧，我們去美國教書，過過那種單純的小日子，簡簡單單過生活，多麼開心自在。再窮也比這樣的煎熬好，何必在乎這校長的名位呢？

然而她說不出口。她知道他的自尊心，不是為了校長的名位，而是絕不容許自己在困境面前退縮，那不是他的性格。即使心中生出「邦無道則隱」的念頭，但攻訐一波波湧上來，只要管中閔在任何一個時間點退卻，就正好上了當，落人口實。他們會說：你看，這些指控都是真的，否則他為什麼退卻了！他一定是有把柄被握住，才逃走了！

然而，管中閔的身體已支撐到極限。

心臟劇烈絞痛五天後，他開始感覺到眼睛裡面有一層水波，一層浮動搖晃的水波，在眼睛的下半部，像湖水一樣晃動。他心想：這可能是沒睡好吧，也或許是已經有一段時間無法躺平睡覺的後遺症。再忍一忍，讓眼睛休息，過一陣子就好了。

這一段時間以來，他胸中的窒息感愈來愈嚴重，一旦躺下，翻江倒海的灼燒感即壓上心頭，使他渾身發燙，暈眩欲死。每天晚上，他只能坐著，背靠著枕頭，閉眼休息。直到進入極為睏倦的狀態，才能稍稍睡著。但坐著睡終究不舒服，身體會不自覺想躺下來，卻不料一躺下，就又一陣天翻地覆的暈眩，窒息欲死。他整個人會忽然驚醒，再大口喘氣，彷彿重新活過來一次。

這樣坐著入眠的日子，也不知從什麼時候開始，好像是他被全面圍剿、人格汙衊那時就開始了，直到被說論文抄襲的時候，身體愈發不對勁。到了二月，這狀態大約已經過了一個月。他心想：如果眼睛受不了，也是必然的。或許，這幾天少看書，多休息，會好一點。他決定先不去管它，反正也不會痛，只是眼前浮著一層水波而已。

在隔兩天的一場新創青年會議之後，他感覺眼睛痛，雙眼變得更不舒服，便打電話給眼科醫生。想不到那時醫生出國，要兩天後才回國，於是約了二月十二日去看醫生。想不到一檢查，那醫生大驚：「你這是視網膜剝離啊，非常嚴重了，要馬上開刀，不然會瞎掉！」

當下，立即進行手術前的檢查。手術前，醫生告訴他：「這不是一個複雜的手術，只要半身麻醉就可以。」但管中閔知道自己的情況，他很怕一旦躺下去，窒息焦躁的感覺會無法控制，說不定會忍不住突然翻身坐起，而眼睛的手術是非常精細的手術，不能輕易碰撞，因此他要求全身麻醉。

為了全身麻醉，他得做更完整的檢查。包括心臟、肝、肺功能，都得檢查一遍。想不到在手術後，醫生才問他：心臟是不是有過劇烈碰撞或受過傷？心電圖上，有些不正常的跳動，有的地方呈現一種勾狀。管中閔想不起來心臟會被用力撞擊，唯一能想起的，只有那一天突發的心絞痛。那劇痛讓他大叫一聲，痛得突然倒下的瞬間。

「可能是那一次受的傷吧，不只眼睛視網膜裂開，心臟可能也有裂傷。」醫生說。

現在他明白了，原來那一次的心絞痛，是一次很嚴重的打擊。就像古人說的「急怒攻心」，是會瞬間致死的。那劇痛的一瞬，他幾乎死去，雖然後來沒事，緩過一口氣來，但那當下，心臟已經受損了。那裂傷，就是那一次劇痛撞擊的後遺症。

視網膜剝離也可能與那一次劇痛有關。一般正常的眼球，網膜內層與色素上皮層間雖緊貼，卻存在著某種潛在性間隙。當視網膜上有撕裂傷產生時，玻璃體腔中的一些膠狀液體，可能會穿過這個撕裂傷的傷口，乘勢滲入其間，逐漸流到視網膜後面，進而使視網膜與眼球壁整個分開，這種情形就稱為視網膜剝離。管中閔所看到的那一層波光，很可能是通過撕裂傷口滲入的膠狀液體。

視網膜剝離的手術並不困難。幾個小時後，管中閔即完成手術回到病房，但最艱難的折磨這才開始。手術採用的是「視網膜氣體固定術」，將可膨脹的氣體灌入眼球玻璃體內，利用氣體表面張力與膨脹的力量將剝離的視網膜壓緊貼平。這個方法的好處是手術時間短，眼球僅有一針孔的傷口，沒有疼痛感。但手術後需要依醫師指示，固定頭部姿勢趴著，讓眼球向下，使膨脹的氣體向上浮起，以幫助視網膜與眼球貼合。它帶來的最大痛苦是：為了讓氣體上浮，患者必須趴著，讓眼球向下，盡量不要讓視網膜被震動到。所以無論睡或不睡，醒或不醒，患者二十四小時，除了吃飯時可以坐起來一下子（不然食物無法進入食道），或者上廁所的時候，其他時間都得趴著。這一趴，不是二十四小時，而是十天到三週，端看術後復原的情況決定。

這十幾天的光陰，簡直是比地獄更可怕的刑罰。清醒的時候，人趴著，身體做任何動作還不能太用力，怕血氣上湧會影響到眼球。上廁所也不能用力，更要避免前傾彎腰，不要低頭繫鞋帶、不要前傾式洗頭、不要用力提重物、不能從事劇烈運動、避免噴嚏、避免頸部用力地猛然抬頭等。總而言之，整個人只能慢動作，否則脆弱的視網膜一旦飄移，手術就前功盡棄。

急性子的管中閔，此時只能變成慢郎中。由於眼睛看不見，管中閔的手機被妻子陳達敏沒收了。自此他看不見任何外面的訊息，無論多少攻擊，一概不知不識。妻子不想影響他的情緒，外面有什麼事也不說。「反正你知道了也沒用，好好養病。」太座說。他乖乖聽話，因為他只能趴著，像一條動彈不得的小狗。

所有的攻訐，所有的汙衊，一時都隔絕了。然而二十四小時趴著，不思不想也不是辦法，於是他請弟弟幫他找一些歷史節目的音檔，特別是那些講大陸文革時期歷史的節目。他趴在床上，手腳痠麻，也只能輕輕動一動，就靠聽這些節目打發漫長的酷刑時光。有時文革的那些歷史聽來殘酷，達敏都聽不下去，但管中閔在歷經一個多月的折磨後，反而聽得下去，而且彷彿可以體會文革中，那些知識分子被掛上政治汙衊的牌子，拉出門去被批鬥毆打；那些受盡肉體折磨仍不屈不撓，最後卻無法接受人格謀殺而自殺的文化人。他彷彿在自己的命運裡，用肉身感受政治壓迫的暴行與醜惡，那人性的堅韌與脆弱，那焦灼無助的心靈，那堅持不屈的魂魄，那整個人性都瘋狂了的時代。不只是了解，而是有了同理心的悲憫。

達敏每天早晨會回家洗衣服，整理一下家務，再回來陪他。有時用一點水幫他洗頭，但洗頭也只能一小片一小片輪著擦拭，因為他不能把整顆頭往下垂，用水淋浴。管中閔最愉快的時光唯有吃飯時間，那是他唯一可以坐起來的片刻。雖然吃飯也是要很小心，不能有太大動作，但人可以挺直一下子，讓身體輕輕動一動，鬆一鬆筋骨。

那些批判他的人，在媒體上大罵他神隱，罵他縮頭烏龜，也有人大贊他勇敢承受，不動如山。然而沒有人知道，此時的他正忍受著二十四小時趴著、眼睛不能視物、身體不能行動的酷刑。

正因隔離，他的身體失去自由，資訊全部中斷，遠離那些獵殺的烽火毒矢，腦袋被迫停止運轉，情況反而比較好一點，至少每天吃下安眠藥之後，不再窒息心焦，無法休息。聆聽那些音檔談及的歷史，也讓他遠離了臺灣與臺大的現實，去關懷更遙遠的歷史苦難。這讓他慢慢平靜下來。

二月十五日是農曆除夕，他也不能離開醫院，只能趴在床上，面朝下地乖乖俯伏。達敏買了一些外帶的食物過來，兩人一起守歲。蕭索的歲暮，寒冷的北風，吹過空盪盪的中山南路，臺大醫院顯得特別冷清，能走的都盡量回家過節，只有無法離開的病人留下來。雖然有點孤單，但夫婦兩人用手機和孩子視訊通話，至少比天天腥風血雨的政治鬥獸場平靜多了。

然而，臺大的師生看不下去了。

二月二十二日，新春開工第一天，孫震、陳維昭、李嗣涔、楊泮池，四名臺大前校長於早上同時出席臺大新春團拜，像是約定好了似的，公開批評教育部。當天新聞紛紛以「四位前校長砲口一致，怒批教育部玩法弄權、凌虐臺大」為題進行報導。

孫震認為，蔡英文上任總統後，眾人對她有很大期待，但一年多任期內，每一件事情都在傷害國家，蔡英文推動的每一件事都在打擊政府的威信，他反問：「下一步要打擊母校臺大嗎？或者臺灣學術界嗎？」[22]

臺大校長遴選委員會召集人陳維昭說：他擔任臺大校長十二年，經歷過七任教育部長，包括國民黨與民進黨，但教育部不好好努力改善高教，卻發生目前這種事，這是國家的悲哀，人民的不幸。而且「教育部帶頭違法」，明明教育部也派了三個人參與臺大遴委會，這些人都是有頭有臉的人，包括教育部次長姚立德、前教育部長鄭瑞城，但教育部竟然否定這些代表的參與，以後誰願意接受教育部推薦參加遴委會？

陳維昭表示：此事在他心裡鬱悶很久了。臺大九十年來的歷史，未曾遭受如此的糟蹋，這是校園民主最黑暗的時刻。他建議，應該把這些事情列入臺大校史作為警惕，讓臺大人永遠記得臺大校長遴選所留下的汙點，這是研究學術自由的負面教材。對溫和沉穩的陳維昭來說，這已經是他最強烈的一次控訴了。

李嗣涔則激動地說：這一個月來，他十分痛心、憤怒，此事是「教育部玩法弄權，凌虐臺大超過一個月」。他質疑教育部為什麼不依法行政？臺大教師經過三級三審之後，可以不發聘書嗎？他點名總統蔡英文與行政院長賴清德：「你們還認同依法行政是臺灣民主的價值嗎？若認同，就不該玩法弄權。」

有點意外的是，楊泮池並未大力抨擊，反而輕描淡寫地說：「希望烏雲快點過去。」有一點場面話的味道，這讓臺大的教授感到訝異。

而在前一天，勇敢站出來的臺大師生以「臺大自主行動聯盟籌備會」的名義，發起遊行。兩百多位師生校友集結，帶著四十多位中研院院士、四百多位教授以及四千多位臺大人的連署書，從臺大展開遊行，步行至總統府和教育部陳情，現場人群高喊：「要校長，政治退出校園，大學自主。」[23]

遊行隊伍經過臺大醫院，向教育部前進時，管中閔正趴在十二樓的病床上，無法起身去觀看，只能聽達敏轉述。他彷彿遙遙聽見人群呼喊「還我校長，政治退出校園」的聲音，禁不住感慨萬千。他恨不能站到窗臺上向他們招手致敬，一起高喊「大學自主，臺大加油」。

這不是為了自己，而是大學該有的學術自由、獨立自主精神，不能在此斷送！大學自主是無數學者歷經千辛萬苦奮鬥得來的，它的思想核心是胡適所提倡的自由主義、獨立思考，不被政治宣傳所惑。然而民進黨執政下的臺灣，卻失去了獨立思考的能力。為了黨派利益，寧可失去大學自主精神，祈求教育部干預，阻止管中閔上任。好不容易才擺脫教育部的干預，掙得大學的自治權力，如今被捨棄，找鬼拿藥單，這是何其荒謬的背叛！

他認為自己只是一個人，上任與否根本不重要，那名位根本不算什麼。國發會主委都做過了，更大的國建計畫與預算都參與過了，大學校長與臺大的資源有什麼好搶的？一個學者的成就不是在學問，在思想的創新，研究的創見嗎？如果只計較名位，那還配稱為知識分子嗎？

當初他也只是基於一點理想主義的初心，想用自己此生的經歷與學力，為臺大做一點事，帶來一些改變，為學生建構一點面向未來的基礎。殊不料，風暴竟是如此之大。人性的貪婪、權位的噬欲、學者撕開面具的嘴臉、意識形態的扭曲，竟一至於此，完全超出他的想像。

管中閔趴在床上，再不能像以前那樣抬頭挺胸，只能臉向著床面，額頭靠在枕墊上。他笑著告訴自己：這大約是老天要我趴著修行，有如佛家的坐禪，或許要我俯伏思索，觀照自己的內心。他自問：如果有所堅持，為的也是一個知識分子的風骨，一點理想主義的初心。然而，這初心有誰可以了解呢？

他的眼睛凝視著地面，想起那個下過雪的清晨，一個人熬了一夜，從研究室走出來，站在校園裡回望來時路。晨光微明，冬風冷洌，寒意刺骨，精神一振；萬籟俱寂，天地無聲，白雪茫茫，乾乾淨淨。只見方才走來的足印，清清清楚，步步分明，真實孤獨，映見內心。

12

肉身煎熬

艱難俯伏的日子，比酷刑更煎熬的日子，每天凝視地面的日子，管中閔苦熬了十五天，終於在二月二十七日出院回家。但他的視力並未復原，只能用一隻眼睛看。缺少了對焦的立體感，一切變成平面，使他看不清距離，走路碰碰撞撞，上下樓梯也很危險。偏偏視網膜手術後不能碰撞，否則視網膜會移動剝離，因此他非常小心，往往依靠達敏牽著他走。

兩天後再到醫院回診檢查，醫生確定了，上次打空氣進去的作法並未成功，必須再開一次刀，這一次要打油進去，頂住視網膜，使之與玻璃體黏合。這方法不用再整天趴著，有時還可以側躺，讓油平衡流動，但不能經常下床走動。術後休養時間仍要七到十四天，他的所有動作都要很慢很慢，以免影響視網膜的黏合。他依舊得乖乖趴著。

這段時間，達敏把他的手機收走了，他什麼訊息都不知道。整個世界，無論多少紛紛擾擾，都隔離在他的視線之外。他心想：既然看不見，知道也無用，就放手吧。讓身體在安靜狀態下，慢慢修復。

某天中午，達敏下樓去買便當，他趁著小小空檔，忍不住拿過手機，用那一隻健康的眼睛偷瞄一下。不看還不打緊，這一看，外面的謠言立時如咒語、如狂風海嘯，瞬間襲捲而來。此時護士剛好過來要替他量血壓，他放下手機，可一量，血壓竟然飆到了兩百多。護士驚喊：「怎麼了？怎麼了？你有做運動嗎？早上量還好好的，怎麼突然飆高了？」

這時達敏剛好回來，不解地望著他。他只好乖乖承認，剛剛偷看了手機，看到朋友傳來的訊息，血壓就飆了。達敏生氣地說：「那些訊息看了也沒用，你現在除了休養，照顧好身體，還有什麼更重要的？」

管中閔一直是很相信科學的人，現在他的身體向他證明，心情真的可以迅速影響身體，血壓瞬間衝到兩百，簡直太可怕了。他再不敢偷看手機。

三月五日，他終於可以出院回家，但還是得趴著，或稍稍側躺，即使睡覺也一樣。這情況一直維持到三月二十日左右，才因為視網膜逐漸復原而慢慢回到正常，得以輕微使用左眼的視力。然而，這一個多月的時間，從視網膜受損到開刀，二十四小時趴著，行住坐臥都得慢動作，甚至靠安眠藥入睡的時光，至少讓他暫時離開外在世界，讓他隱藏在一個世界看不到他、他也看不到世界的角落，像狼躲到了隱密的洞穴，慢慢舔拭自己的傷口。

日後，他回憶這段視網膜受損開刀的時光，形容這是一種痛不欲生的感受。但轉念一想，他更慶幸，這痛苦迫使他脫離那個黨政軍特，行政、司法、監察、立法四院並進而全面霸淩的權力，讓自己像閉上眼的瞎子，至少暫時離開那惡意攻訐、汙言穢語的世界，讓自己可以喘一口氣，才終得活了下來。否則，天天生活在那壓力下，恐怕不只心臟破損，甚至可能送命。

「這一場病，反而救了我。」他反過來感謝那天賜的苦難。

後來醫生朋友告訴他，那沉鬱至極的時刻，其實是憂鬱症的前期症狀。胸口如千萬巨石壓著的窒息，灼燒一般的翻騰，也正是躁鬱的症狀。

當時他已站在崩潰的邊緣，往前一步，即是萬劫不復。那心臟絞痛的一瞬，是致命的一擊，如果再更嚴重一點，心臟破損，可能會失去生命。只是他幸運逃過一劫。而心臟的裂痕、眼睛的視網膜剝離，就是其中的受損點。

命運給了他活下去的機會。正是因為這個受損點，讓他不得不受難趴在醫院，和那個滿街狼嚎虎嘯的霸淩世界隔離。

如果不是親身經歷，沒有人會相信，那些惡性的霸淩，那黨政軍全面發動、鋪天蓋地的攻擊，是多麼殘酷，對人的傷害有多深。那不僅是名譽、地位、信用、人格的傷害，更直接刺入心裡，刺到內心深處，重壓到難以喘息、痛不欲生，而最終連心臟都難以負荷。即使見多識廣如管中閔都難以承受，更何況是尋常人呢？（後來管中閔看到駐日本大阪辦事處外交官蘇啟誠自殺的悲劇，心中同感悲痛。因為那痛苦，他曾親身經歷。）

肉身多麼奇妙。這無法負荷的肉身，無可逃避的病痛，反而是心靈生存的縫隙。幸得這縫隙，人啊人，卑微如草芥的人，在夾縫中得以生存，得到療癒。

在一個號稱民主的國家，在一個好不容易從戒嚴走出來的社會，一個臺大校長的當選人，就只是一間公立大學的校長，竟變得只能生存於全面圍殺的縫隙中。何其反諷的「民主進步」之路！

13 啟動新戰場

即使躲入了無聲的洞穴，追殺的黑手，依舊如古龍的小說：千刀萬里追，從來沒有停過。

三月十六日，他視力還未恢復，網路新聞媒體《新頭殼》獨家刊載一則以「管中閔遭起底二〇〇五年起在中國多所大學違法兼職」為題的新聞，啟動一連串新的「殺機」。為求存真，姑引其文如下：

> 中國大陸推出惠臺三十一項措施，教育部長潘文忠在立法院答詢時提醒，國內公私立大學專任教師，以專案、專職到大陸任教，或參與大陸國家重點研發計畫都是明顯違法；才因為臺大校長遴選吵得沸沸揚揚的「管中閔爭議」尚未釐清，《新頭殼》今天（十六日）又接到多位臺大教師檢舉並指稱，臺大校長當選人管中閔教授在中國廈門大學、西安交大和華中科技大學的兼職，可能從二〇〇五年就開始了。
>
> 《新頭殼》記者根據檢舉人提供的資訊，先到廈門大學網路查詢發現，在「廈門大學國際學生招生網」找到管中閔授課內容，而且在檢舉人提供的二〇一五年管中閔教授的英文資料中，看到

他資料中提到：在華中科技大學、西安交通大學等校兼職的訊息。

……

中國大陸公布惠臺三十一項措施，廈大王亞南經濟研究院選在二〇一八年三月五日的敏感時刻，在國際學生招生網公布「二〇一八年英授課博士專業」招生資料，等於替爭議兩個月的「臺大校長遴選爭議」火上加油，也讓臺大部分教師嘩然。廈大國際學生招生網公布「二〇一八年英授課博士專業」招生網不但大剌剌的提供二十八個學院所開設的專業學門課與授課內容，還在廈大王亞南研究院（ＷＩＳＥ）網頁中，強調：「該院師資是分別從海外招聘了二十位全職教師，同時聘請了蕭政、管中閔等享譽國際學界的著名學者為兼職教師。」而在簡介中，連戰則名列廈門大學傑出校友，因為他在二〇〇六年獲得廈門大學頒贈名譽法學博士。

依據教育部在一〇一年七月十三日公布的臺人（一）字第一〇一〇〇八八七三六號解釋函，《教育人員任用條例》第三十四條規定：「專任教育人員，除法令另有規定外，不得在外兼課或兼職。」教育部並訂定了「公立學校專任教師兼職處理原則」，明確規範公立學校專任教師兼職；而教育部在九十八年十二月二日有赴大陸的解釋函（臺陸字第〇九八〇二〇三四九七號）規定：「現行與大陸地區公立學校交流政策，關於『研究、教學人員交流』部分僅限於一般交流常態之短期客座講學，請勿涉及聘任我方人員擔任教職或研究職務事宜。」有關公立大專校院專任教師赴大陸地區交流要依前項規定辦理，現行並未同意教師得赴大陸地區學校兼職或兼課。

由於教育部長潘文忠已提醒專任教師不得在大陸任教，臺大教師已在臉書和私人群組中傳閱臺大校長當選人在廈門大學兼職傳聞，有老師說：「大家可以進去廈門大學社會學科的各個研究院，多數的研究院都可以進去看，但王亞南經濟高等研究院竟然鎖臺灣IP……」但也有教師譏諷：「這下事情鬧大了……，踩到教育部長的底線了，看他辦不辦？」

也有老師批評：「管在中國廈大、西安交大和華中科技大學的兼職，從二〇〇五年就開始了，那選校長時所交的履歷有寫嗎？若又是不完整揭露，是故意還是過失？」

由於臺大校長遴選引發了「管中閔爭議」，臺大教師在網路資訊庫「起底」出管的多份英文履歷表，有老師質疑：「管中閔在中研院所長任內，都涉及違法兼職，履歷都是證據……」[24]

有如準備已久的發動訊號，《新頭殼》早上一發布，所有的攻擊全面啟動。事實上，前一天潘文忠的說法是：

教育部長潘文忠指出，根據《兩岸人民關係條例》、《教育人員任用條例》，國內現職公私立大專校院教育人員在大陸任教為違法，「這是最基礎的規範」，所有現職教師都必須遵守。教育部也會嚴格讓學校和現職教育人員了解相關規範。

教育部國際司長畢祖安補充說，「大陸只是單方面提出惠臺措施」，且很多基金都是國家級、政府設置的國家推動重點計畫，但從法治面上，依據《兩岸人民關係條例》第卅三條，國人不能參加大陸地區黨政軍等合作性活動；《教育人員任用條例》第卅四條也規定，現任的專任教育人員，除法令另有規定外，不得在外兼課或兼職。[25]

消息一出，從平面到電視、網路，各種談話節目當晚就開始以此為題大舉進擊。教育部馬上以此行公文、打電話給臺大，要求調查清楚，給教育部回報。同時司法單位也出動了，北檢立即以有人檢舉為由，展開調查。

根據網路媒體《上報》三月二十二日的報導：「法務部高層官員二十一日受訪時證實有人檢舉管中閔，因此北檢已於日前分『他字案』進行調查；有關管中閔是否違法未經相關機關核准逕赴中國兼課，全案將由北檢釐清真相，法務部不會介入個案。」[26]

如此全面總動員，不禁讓人懷疑教育部長潘文忠此前在立法院的答詢，也是發動的一環。

這一次管中閔沒有沉默，他在三月二十二日於臉書貼上這樣一段話：

想擺脫這種攻擊，簡直沒有辦法。深感羞辱之下，我準備要「答覆」那一大堆無稽的指控和那些下流惡毒的造謠。

可是我始終沒完成這個工作。隔天早上，又有一個報紙刊出一個新的恐怖事件，再度惡意中傷，嚴厲控訴我燒毀了一個瘋人院，院裡的病人全被燒死了，只因它妨礙了我的住宅的視野。這使我陷落恐慌之中。

然後又來個控訴，說我曾為奪取叔父的財產、把他毒死了並提出緊急要求，要開挖墳墓驗屍。這簡直把我嚇到快到發瘋。

這一切還不夠呢，又給我按上一個新的罪名，說我在棄嬰收養所當所長的時候，曾經雇用了一些掉光牙齒、老邁無能的親戚擔任烹飪工作。我開始動搖了，一一動搖了。

最後，黨派相爭的仇恨加到我身上的無恥迫害，終於很自然發展到了高潮：九個剛學走路的小孩子，包括各種膚色，帶著各種窮形盡相，被教唆著在一個公開的集會上闖到講臺上來，抱住我的腿，叫我「爸爸」！

我放棄了競選。我偃旗息鼓，甘拜下風。我構不上紐約州州長競選所需要的條件，於是我提出了退出競選的聲明；因為滿懷懊惱，信末簽署的落款：「你的忠實的朋友——從前是個正派人士，可是現在成了偽證犯、小偷、盜屍犯、酒瘋子、舞弊分子和訛詐專家的馬克・吐溫。」

——馬克．吐溫（Mark Twain）〈競選州長〉（Running for Governor），一八七〇年[27]

這是馬克．吐溫一篇短篇小說中的文字，卻有如管中閔遭遇的現實：「黨派相爭的仇恨加到我身上的無恥迫害，終於很自然地發展到了高潮。」

同一天，他接受《聯合報》專訪，指出無論是獨董、學術倫理、中國廈門大學兼職等事件，都是「莫須有」的罪名，是「一連串的政治恐攻、鋪天蓋地的攻擊手法」，攻擊的對象不只是他個人，不只是臺大，不只是族群身分，而是挑起整個臺灣社會的仇恨、恐懼與不信任。

管中閔在受訪中強調：如果教育部堅持不發聘，或是認定他不適任臺大校長，那就請直接說明不會發聘，讓臺大趕快開始進入下一個階段、重選校長，「事情總要有個段落」、「不要讓臺大一直吊在半空中」，不然就請教育部盡速依法發聘。

他還發出四點聲明：

一、大學校長遴選是依《大學法》為校長遴選委員會權職。

二、今年一月五日，臺大校長遴選委員會依法任選本人管中閔為校長當選人，並報教育部聘任，迄今已逾兩個月。

> 三、政府各部門與政媒勢力不斷製造莫須有的不實指控，教育部再配合推諉懈怠，遲遲不對聘任案做出准否之核示，已使臺大校務擘劃、決策與年度財務規劃產生困難。
>
> 四、特此聲明，敬請教育部於三月底前，對臺大校長遴選委員會報請聘任本人為臺大校長一事，應為准否之函示。

然而，教育部不僅無此打算，而且正在籌劃以廈大兼職開展對他的全面調查。**北檢火速分案調查，還由檢察長邢泰釗親自督軍偵辦。以重大刑案的規格，傾力追查一個大學校長當選人，確是前所未見。**以司法為手段，還不僅北檢這一路，臺大校友與律師則提出民間訴訟，讓控告的層面從管中閔擴及蔡明興和臺大代理校長郭大維。

三月二十三日上午，律師代表與臺大校友到臺北地檢署聯合告發臺大新任校長管中閔、台灣大哥大副董事長蔡明興、臺大副校長郭大維、校長遴選委員會召集人陳維昭、臺大人事室主任黃韻如等人違法。

在按鈴控告的現場，告發代理人、臺大校友詹晉鑒律師接受記者採訪時表示：臺大校長遴選的主事者，包括郭大維、黃韻如及陳維昭等人應該都知道管中閔兼任台哥大獨董，但卻放任他違法兼職，恐涉犯《刑法》第一百三十一條圖利罪。

值得注意的是，根據三月二十三日詹晉鑒在《上報》訪問中提到：「臺灣的民主運動都跟臺大有密切的關係，臺大是臺灣最重要的灘頭堡，如果這地方打下來，沒有地方打不下來，所以中國才會吸收臺灣的教授，不僅如此，臺大校長這個位置又位居學術龍頭，一旦拿下來之後，就跟倚天屠龍一樣，統戰意義非常濃厚。……」

這些訴訟理由，已從臺大校長選舉，上升到「中共同路人」的指涉，變成中共「吸收臺灣教授」，攻擊臺灣的「學術龍頭」。利用白色恐怖時代的反共、恐共意識形態，起到一種政治的震攝作用：讓被告的台灣大哥大副董事長蔡明興、臺大副校長郭大維、校長遴選委員會召集人陳維昭及臺大人事室主任黃韻如等，都感到一種被戴了「紅帽子」的寒蟬效應。

臺大即將在三月二十四日舉行臨時校務會議，這是一場關係到校長選舉是否有效的關鍵性會議，由此不免讓人懷疑，從管中閔在廈大兼職的指控開始，到後續的司法動作，是因有人爆料而出現，還是一連串圖謀甚久的「卡管計畫」點火行動。三月十二日教育部長潘文忠在立法院宣告教授在大陸兼職違法，三月十六日網路媒體《新頭殼》開始爆料，教育部立即給臺大發函，北檢發動司法調查，臺大校友控告臺大，在不斷加碼的延續壓力下，一波接一波，這連串的行動，圖謀的是什麼？

答案在三月二十四日揭曉。這一天，臺大要舉行的臨時校務會議有五項重要提案，每一項提案都足以讓管中閔的當選無效，重啟遴選。

臺大臨時校務會議，源於二月二日臺大學生會的提案。由於春節放假，會議時間便訂在三月二十四日，這讓各方都有時間準備。臺大的反管教師與學生因此有較長時間準備五個提案。每一個提案，都是為了否決遴委會的當選結果。五個提案分別是：

一、成立本校校長遴選爭議調查小組案。

二、校務會議應謹依其權責檢討本次校長遴選過程，並推動修訂本校遴選規章以致和衷共濟。

三、應認定本次校長遴選程序因瑕疵而無效。

四、建請本校遴選委員會及相關行政單位就遴選疑義提供資料及報告。

五、學術倫理委員會向校務會議報告管中閔教授發表論文似涉不當引用疑義。

五項提案之中，只要任何一個提案通過，校長遴選爭議就將進入調查；一旦調查開始，管中閔資格有疑義，可認定為選舉無效，管中閔的當選就宣告結束了。換言之，所謂大陸兼職案的推出，以及對陳維昭等人的提告，不能不說，是意圖對校務會議的參與者起到震懾的作用。這讓臨時校務會議成為風暴核心。

三月二十四日早上召開的會議，一開始就衝突連連。學生在現場不斷進行議事干擾。有經驗的老師分明感覺到，這些議事規則的運用與干擾，是單純的校園會議未曾出現過的。那種運用議事規則的手法，更近乎民進黨在立法院所進行的議事干擾與朝野攻防，在無法遂行目的時，有意讓會議無法進行，以達到癱瘓議事的目的。顯然有外面的高手指導過這些學生，甚至經過實際演練，才能如此嫻熟，完全掌握規則細節，不斷推出干擾戰術。

本來參與校務會議的校方人員希望五個提案至少逐一討論，逐一表決，事情才有結果，但學生的干擾讓議事議論不決，無法進行。換言之，反管派認為，如果表決上無法贏，就讓議案無法表決，以後可再推動另一次會議。這就是議事干擾的策略。

就在論爭紛擾、爭議不休之際，設好的布局，卻突然被一個從不知什麼地方冒出來的「程咬金」給打亂了。物理系主任張顏暉提出一項臨時動議，他主張：

選舉後依法公布結果是選舉制度的基石。在選舉結果未公布前，討論選舉過程是否恰當，或是否應組成一個調查委員會，都是極為違反民主制度的作法。此例一開，以後臺大任何選舉，都有人可以援例聲稱，在某些事未獲得澄清前不得宣布選舉結果，那臺大校園以後將抗爭不斷永無寧日。

張顏暉強調不應破壞選舉制度，他還以中選會為例，所有選舉間的質疑有無違法都可以在公布當選人後加以調查，若有嚴重違法缺失，可發動不信任投票要求當選人去職，但所有人都不宜在選舉結果公布前說三道四，以免破壞選舉制度的公信力，如此校園民主才有發展的空間，大學自治才有實踐的可能。因此他提議應該把所有議題案全部退回，等校長當選人宣布以後再來討論如何檢討。

這是一個選舉制度的根本性規範。無論支持與反管雙方，大家都始料未及。然而這確是一個合乎法理的提議。這個臨時動議迅速討論通過，並獲得過半數校務會議代表支持。反管勢力與學生會處心積慮要提的五個議案全遭「擱置」。

外界有人認為張顏暉是臺大自主聯盟或是挺管派安排的「暗樁」，但其實他是「自走砲」，在臨時會議上提擱置討論的動議，完全是他自我意識的表露。事後臺大自主聯盟想找他加入，他一口就回絕，表示他只是覺得臺大不能被拖累，他在臨時校務會議上陳述意見之後，以後不會再提。

當天會議的現場，有一個臺大校友目睹全部過程，寫下了極為痛心的陳述，投書至聯合報：

〈那場校務會議　那些躲在門後的師生……〉

上星期六，我悄悄地坐在臺大校務會議會場後面角落裡，參加早就風聞會有刀劍鏢槍的校務會議。

一開始，學生代表粗魯質問校方沒有在十五天內召開臨時校務會議，要求「給個解釋」；他們激動的背影讓我想到大陸文革時期的紅衛兵。之後就是某些人員應否迴避的攻防戰，原以為有火藥，結果卻意外以懸殊的票數決定校長候選人和遴選委員都不需要迴避。我看到臺大人寬容的一面。

接下來有意思了。一小部分人鬧不停，但是默默投票的才是穩定的基石。這批學生體會到這股安靜卻巨大的力量，他們不停打斷主席發言，咆哮要「唱名投票」，因為「全臺灣都在看我們如何處理管中閔的問題」。唱名是要上達天聽？這是進化版的白色恐怖嗎？在座正有天天在臉書上獵巫的教授，在臉書點名的目的是讓人心生恐懼，不敢出來說真話。主席進行表決，近一百票對四票反對唱名投票。我笑了，給臺大人的堅定鼓掌。

之後的每一個相關提案都被「擱置」，其實就是「退回」。提出者張教授說的有理，選舉尚未結束，不由得其他人說三道四，盡快讓新校長上任之後才能做討論。一案一案在簡短說明之後投票表決，也都是以壓倒性的票數決定擱置。過程中，有慷慨激昂呼籲政治力遠離校園，帶回教育熱忱的教授和一些呼應的發言。但是我也聽到有教授竟然可以當場對管中閔人身攻擊，而獵巫的教授也出來幫腔指控。而赫赫有名為吳敦義競選錄音帶偽證鑑定背書的教授*，在抨擊學倫事件時，竟振振有詞大聲疾呼「作為老師、作為師長，是不是能以身作則，以人格來帶領學校」，更令人傻眼。

最精彩的在後面了。下午正式校務會議，有教授連署臨時動議「尊重遴選委員會依法辦理之校長遴選結果，請教育部立即依法聘任臺大新校長」。當初那批連署召開臨時校務會議的師生，眼見大勢已去，就開始串連離席，任由學生在會場裡穿梭遊說代表離席。

二十多位老師學生，包含兩位曾經列名的校長候選人均站立在會場門外，等待學生指示看是否要再回到場內。一邊清點人數的同時，有數位教授匆忙離席，一位連包包都忘了留在會場裡。當主席宣布人數不足而流會時，門後師生大聲鼓掌，露出得意笑容。每一位躲在門後的老師，大家都看得清清楚楚，歷史也都會記錄下今天的這一刻與他們的面容。

二〇一八年三月二十八日

臺大校友郭皓龍[28]

---

*作者註：指江文瑜。

這段過程的描述，顯示出民進黨動員學生、教授、甚至是未選上的教授參與圍事，不惜人身攻擊的形貌。而那兩位站在門後、被學生指揮的老師，據與會者指出，即是參選校長落選的陳弱水和吳瑞北。

那麼，該問的或許是，學生怎麼可能指揮老師，甚至是校長候選人呢？這些學生的背後是誰？誰有這麼大權力，指揮堂堂大學教授去聽從學生的安排，叫進去就進去，叫出來就出來呢？

這一場臺大校務會議非常重要，原因在於：如果遴選委員會的正當性可以被校務會議否定，甚至通過投票決定其違法，那以後臺大還要不要有遴選校長的制度？如果每一次的選舉都要再開校務會議才能再確認，或者只要有人質疑，就得不斷重開校務會議，還需要遴選委員會和選舉制度嗎？那以後還有誰願意出任遴選委員？這根本是推翻民主制度，幸好物理系主任張顏暉腦筋清楚，制止臺大這些擁有海內外博士學位的「大人們」變成民主的笑話。

然而，整個過程最讓人感到驚心動魄的，毋寧是臺大學生。臺大校風自傅斯年以降，無論一九五〇年代的《自由中國》時期、一九七〇年代的黨外運動、一九八〇年代的民主運動，乃至於一九九〇年代的民主化時期，一直是以「秉持知識良知，獨立思考，站在權力對立面」而自持，如今的臺大學生，竟然自甘墮落成為當權者的鷹犬、受權力指揮，他們甚至可以指導教授在會場進進出出，以決定能不能流會的人數。這是誰在後面授意，才能這樣讓師生關係逆轉呢？最可悲的毋寧是臺大教授，乃至於校長參選人，竟而變成學生指揮棒之下的投票部隊。這樣的「為人師表」，「師道尊嚴」何在？

在校務會議之後，為釐清管中閔「廈門大學違法兼職」問題，代理校長郭大維特別指示臺大人事室加以說明，並形諸文字：

依照國家機密保護法，管中閔赴中的管制年限為一年。經查後，管中閔於二〇一五至二〇一六年期間一共申請入境中國大陸四次，全部都獲核准，而實際前往則僅有三次，管主動撤銷一次。

管中閔前往中國大陸的事項為參加國際會議、開會、發表論文演講等，期間為一天到十三天，公立大學學術交流須限於一般常態，管中閔都符合規定，另依臺大規定，「出國講學」須在三十天以下，也未違反臺大規定。

管理學院的代表說，財金系於三月十九日函文廈門大學查詢管中閔任教情形，廈大校長辦公室在二十一日回函指出，管中閔雖被聘為客座教授，但不授課、不支酬，沒有擔任博士生指導老師，僅是一個榮譽。管理學院認為，管中閔並沒有在廈門大學開設專業課程，也沒有擔任研究生、博士生的指導教授，並不違反教育部制定與公立學校交流的規範。

至此，臺大的說明已經夠清楚，廈大兼職事件總該停歇了吧？不，「紅色指控」才剛剛開始，獵巫行動仍在開展。

三月二十四日，張大春在他的臉書發了一篇〈致中閔書〉，以古文為體，小楷字寫就。全文如下：

中閔足下：

蘇子由上樞密韓太尉書有云：文者氣之所形，然文不可以學而能；氣可以養而致。此言洽於君而得於我矣。

君不學文，而能以文會我；素養豪氣，而能率氣抗暴。致萬姓于趙高、秦檜之墀前，一睹權姦儒主之迹，猶引刀而成一快，豈讓豫、專、聶、荊諸輩哉？

近月暴人阻任事極微、亦至大。其微者，在去就所擇，不過一殘其聲譽、毀其榮蹟之上庠；序教泯滅，學術漫漶，烏可從頭收拾？而君亦無從收拾也！

其大者，則在教育部衰衰群公，上秉執政之狡情，下迎奴民之竊喜，以君一人之出處，為彼一黨之利害。此佞人禍國之大端，而士君子與眾公民習焉不察、安之若素者矣！

昔韓文公有爭臣之論，以儆陽城大夫；蘇子由不赴商州以刺王安石之隱慝。蓋不識書，豈其得知今之行險僥倖之人，非絕天地而獨立者，亦趙高、秦檜之流亞而已。君之文、君之氣，視彀所及而發之，懸彼汙軀於青穹，君固已就此亂世之任矣！

大春頓首

張大春直接指名「教育部袞袞群公」，把管中閔一人的出處，當成一黨的利害，「佞人禍國」，而管中閔以其一己之軀與其對抗，承擔了亂世的大任。

管中閔則在次日回信，依舊不改豪氣地說：「與大春結交逾四十五載，首得大春如此賜書，驚喜萬分。信中言最近之事，雖僅數語，但已嚴於斧鉞；更感謝老友信中最後一句的鼓勵之意。期待風波平靜後，能與大春和其他諸友再度飲酒唱和。」

14 司法出動了

臺大校務會議沒成功卡管，改由臺北地檢署出動。

二〇一八年三月二十九日，臺北地檢署提前對外放話：

北檢日前接獲民眾檢舉，指管中閔身為受到管制的離職政務人員，卻在卸任國發會主委後，未經報備核准就到中國兼課，違反「國家機密保護法」有關涉密退職政務人員管制三年赴中相關規定。

檢舉指出，管中閔於二〇〇五年起曾在中國廈門大學、西安交大、華中科技大學等校兼職，但依據《教育人員任用條例》規定，「專任教育人員，除法令另有規定外，不得在外兼課或兼職」。

北檢接獲民眾檢舉資料後，已分他字案調查，交由重大刑案專組團隊辦案，並由檢察長邢泰釗督辦，釐清管中閔是否違反《兩岸關係條例》、《公務人員服務法》、《國家機密保護法》等。同時並已致電臺大財金系，預告近期將對管中閔發出傳票，請他到案說明。[29]

對司法的「黨派顏色」有一點警覺的人，會注意到「由邢泰釗督辦」這六個字的重量。檢察長專門辦重大案件，而且這案還是由「重大刑案專組團隊」偵辦，陣容是夠嚇人的。然而，一個臺大校長的遴選是重大刑案嗎？用《國家機密保護法》偵辦，打算辦成什麼案件？

或許，有政治敏感度的人事後會注意到，在關鍵時刻積極「表忠」的邢泰釗，四年後，也就是二〇二二年，被民進黨當局擢升為檢察總長。這只是卡管案的回報之一。

當檢調動員起來，教育部也立即成立「跨部會諮詢會議」，展開全面清查。一般而言，除非涉及多個部會的政策大事，否則一個部會不會主動召集跨部會會議，因為平行部會聯繫起來很麻煩，教育部也一樣。但為了一個臺大校長的選舉結果，舉行「跨部會」會議，這真是破天荒的歷史紀錄了。

會議在四月十日召開。根據立委柯志恩於四月三十日在臉書曝光管案跨部會諮詢小組的名單，和《上報》後來取得的機密資料所寫出的報導，其內情相當不單純。報導節錄如下：

……教育部不僅將兩次「拔管」跨部會諮詢會議紀錄列為機密，就連列席機關、出席部會官員及專家學者等，都以「ABC」或「甲乙丙」等代號取代。但據知情人士指出，文件中所稱的「列席機關（構）學校A」為中研院、「列席機關（構）學校C」為臺大；「部內次長甲」為教育部次長林騰蛟、「部內B單位」為教育部法制處、「部內C單位」為教育部人事處；「相關部會A」為法務部政次蔡碧仲、「相關部會B」為陸委會副主委邱垂正；「專家學者甲」為吳茂昆、「專家學者乙」為臺北教育大學教授周志宏、「專家學者丙」則是世新大學前校長賴鼎銘。

針對管中閔是否有違法赴中或違法兼職等爭議，在四月十日由時任教育部長潘文忠擔任主席的第一次跨部會諮詢會議中，包括中研院及臺大均表示，管中閔均符合相關規定，查無違法事證。中研院表示，管中閔任職期間共有二十三筆申請赴大陸地區的資料，最短三天、最長十一天，地點為北京、南京、武漢、上海及廈門等，事由則是參加演講、開會、訪問及考察等。至於管兼職共有十一筆、兼課共有五筆，均在國內兼課兼職，符合規定。

列席的臺大代表則說明，管中閔在該校任職期間，並未兼任行政職務，且管有三十三次赴陸實際從事活動，主要都是參與國際會議、講學、訪問等，強調「管老師在臺大期間的三十四筆申請，都在一至十三天，符合本校規範」。此外，臺大人事室也曾循校內程序請管理學院及財金系去函廈門大學進行查證，該校表示管中閔在該校未擔任教職、未開設專業課程、未擔任碩士研究生及博士研究生指導老師，並經臺大管院及財金系就其專業領域認定管「並無於大陸地區學校兼職情事」。

但當時以專家學者身分出席的吳茂昆仍提醒中研院，從管中閔的C.V.（個人履歷）可以發掘相關訊息，「如果有列就很難否認，管院士的C. V.院裡一定有，院方可以向經濟所調閱資料」。他並對管中閔涉及論文抄襲一事表示，很難理解臺大認定那是還沒完成的paper，就不是學術論文，從學術角度來看，曾有一位日本知名化學家，沒有博士學位，但在某個會議討論的一篇文章，是該位日本化學家拿諾貝爾的文章。前兩年有三個拿諾貝爾物理學獎的人，其中兩位拿諾貝爾獎的文章是在一九七二年一次會議發表的文章，也沒有在期刊發表、經過審查。

吳茂昆表示，在管中閔涉及論文抄襲一案中，老師發表文章，學生不列名是可以接受的，但如果沒有註明引用學生資料，「這個瑕疵是存在的，管教授很難從此爭議中脫身」。至於管中閔的獨董身分，他則贊同蔡碧仲所講的，也就是在遴選過程中，相關當事人間的利益衝突關係如果未揭露，不管有沒有影響，都是不能被接受的。[30]

從與會者、會議內容到討論主旨，外界不難看出為了阻擋一個臺大校長的選舉結果，教育部可以全面動員臺大、中研院、國發會、經建會等管中閔曾待過的單位，再找從法律上可以入人於罪的相關單位，包括法務部、內政部、陸委會、入出境管理局等代表，齊集出席來開會。這已經是行政院層級的總動員了。

值得特別注意的是，與會的三位學者之中，「學者甲」吳茂昆表現積極，後來成為潘文忠辭職後，全力拔管的接任教育部長。

「學者乙」周志宏在大學時代，曾是《大學法》改革的知名代表人物。他曾在《南方雜誌第九期》（一九八七年七月），以筆名「拾議」發表一篇文章〈學術自由與大學自治：《大學法》的理論與實際〉，文章正是在呼籲大學自治。該文結論如此寫：

現行之《大學法》雖然在第一條規定：「大學依《中華民國憲法》第一百五十八條之規定，以研究高深學術，養成專門人才為宗旨。」標舉出大學乃是以學術之研究與教授為宗旨，但卻無任何有關保障大學教師與學生之學術自由，以及承認大學享有自治權之明文規定，可以說根本忽視了《大學法》之根本立法目的。因此，本文以為，在修正現行《大學法》時，應增列條文明白規定：「本法依《中華民國憲法》第十一條及第二十二條之規定，以維護大學教師與學生之學術自由，並保障大學之自治權為目的。」如此方能真正符合《大學法》之立法目的及功能，並使憲法所保障之學術自由與大學自治，得以透過《大學法》之制定而付諸實現。[31]

曾要求立法保障「大學之自治權」的周志宏同學，三十一年後，出席這一場為拔除一個依大學自治精神而選出的大學校長的會議，這是多麼大的反諷。不知道後來的周志宏教授將如何面對過去那個滿口理想的年輕人？不過當權者沒有遺忘他的「貢獻」，兩年後，二〇二〇年，周志宏從臺北教育大學教授，「榮任考試院銓敘部部長」。

「專家學者丙」是世新大學前校長賴鼎銘，他的「貢獻」也在兩年後得到回報：二〇二〇年由民進黨提名，成為監察委員。

法務次長蔡碧仲則從一個自嘉義北上任官的律師，一躍成為政壇要角。四年後，在二〇二二年的地方公職選舉中，他三十三歲的女兒蔡舒景也成為媒體關注焦點。自中正大學法律系畢業，蔡舒景原本在蔡碧仲嘉義開設的律師事務所工作，後來擔任過民進黨前秘書長洪耀福的辦公室主任，再任「全國小英之友會」辦公室主任；二〇二二年，陳時中參選臺北市長，延攬蔡舒景擔任競選總部的行政部主任，被稱為「政二代」的法界代表。蔡碧仲的「家門榮耀」，不知是否與這一場拔管戰役的勇於表現有關。

附帶一提，教育部次長姚立德，後來隨賴清德內閣總辭，二〇二〇年九月一日，就任成為第十三屆考試院考試委員。

這一場會議，彷彿是個人生際遇的轉捩點。它更近乎於一張「投名狀」：敢於獻身拔管的「血祭場」，一起歃血為盟，就可以成為同志；是同志，就有回報。它的「幫派」本質，經過歷史的檢證，愈發清晰。

回到四月十日這一場會議。參與的臺大、中研院代表都很清楚，這是一場為了「設套」而開的會議。根據當時的媒體報導，也有諮詢委員建議派人到大陸調查，但有人反駁「這個辦法沒效率又吃力」。也有人建議直接問管中閔本人，但管中閔的事臺大已經回應，而且臺大人事室的代表也來開會，資料一清二楚，結果可想而知。最後，只好決議各方將提出的辦法帶回考量，下次再決定。教育部人事處長陳焜元向媒體說：預計再開一次會議，希望可以在四月中旬產生諮詢結果。

不料，此時大陸授課之火反而燒到時任內政部長的葉俊榮。諮詢會議一結束，臺北市議員國民黨籍參選人游淑慧於四月十日上午在臉書爆料：內政部長葉俊榮曾赴浙江大學法學院講課，為該院的兼職教師，要求葉俊榮出面說明。由於事證明確，遂迫使得葉俊榮趕緊出面滅火，發出聲明：「葉俊榮於國立臺灣大學擔任專任教授期間，曾至浙江大學光華法學院短期講學（自二〇一一年十二月十九日起至二〇一二年一月十五日止）一事，是浙江大學朱新力教授所開課程（政府管制與法治行政），並邀請葉教授至該課程講學，爰屬一般學術交流常態之短期客座講學，符合相關規定。」[32]

游淑慧的爆料顯示，不只葉俊榮有問題，曾赴大陸講學的學者太多了，綠營的學者更不在少數，如果要清查起來，多如過江之鯽。其實，這種事情每個大學內部的老師之間，彼此都非常清楚，如果要互相控告，那永遠也告不完。因此就有路見不平的人，或老師之間有私怨者，開始向教育部檢舉某些學者曾赴大陸講學，請教育部著手調查。

一時間，教育部的違法待查案件多得不得了，不知如何著手，只好回應：「政策面部分，要交給教育部國際及兩岸教育司依照實際的學術交流狀況來規範，目前對於赴陸交流的樣態還需要再做釐清，但想先處理管中閔一案，否則牽涉層面會過大。」

然而，四月十一日，教育部長潘文忠在立法院答詢時，忽然對管中閔喊話，要他出來澄清，「當事者為自己說明非常重要」、「這是權利也是義務」。管中閔沒有回應，倒是他的助理看不下去了，直接跳出來反駁：

管中閔助理十二日接受媒體訪問時表示，廈門大學兼職案，教育部從未發公文給臺大，而是用人事系統的保密管道，以「便箋」要求臺大管理學院去函中國多所大學，調查管有無兼職。他說，直到臺大臨時校務會議，管理學院對此提出說明，管中閔才知道自己被教育部機密調查，「從頭到尾沒有隻字片紙要管中閔說明，現在潘文忠卻要管中閔出面，請問到底要說明什麼？」

管中閔助理表示，潘文忠顯然完全搞不清楚大學自治與大學校長遴選制度。

他指出，管中閔是被臺大校長遴選委員會依法遴選出來的校長當選人；若是有影響當選資格的違法疑義，遴選委員會請管中閔去說明，管當然會去；但教育部長及其跨部會諮詢小組，連發公文要求管中閔說明的膽識與權能都沒有，「潘文忠是憑哪一條法律用媒體喊話要求管中閔對外說明？」

管中閔助理說，管中閔有聽到外界的聲音，選擇沉默是考量一旦配合潘文忠或是跨部會諮詢小組、那些不依法行政的作為去說明，才是踐踏大學自治，有辱臺大的尊嚴與高度，留下政治介入校園惡例。[33]

這個回應表明清楚：依大學自治精神，臺大與遴委會才有權請管中閔出來說明。如果教育部有疑義，請公開正式行文臺大，不要在媒體喊話。

15 白狐跳梁黃狐立

向管中閔喊話的三天後，二〇一八年四月十四日一早，教育部長潘文忠拋出了震撼彈：宣布請辭。

潘文忠是蘇貞昌一路提拔的人馬，他本來是國小教師，在蘇過去擔任臺北縣長時，升任教育局長。基層出身，他有一種小學教師的公務員性格，循規蹈矩，唯上命是從。在「拔管風暴」中，潘文忠一直非常認真效命。只不過他是教育界出身，在教育部也待了很長時間，雖不熟悉《大學法》，也不被大學教授們看重，但終究知道教育法令法規，依法應該讓管中閔上任。一月三十一日，臺大遴選委員會開過會後，他原有意以此為臺階讓管中閔上任，然而據採訪教育部的資深記者透露，潘文忠的公文根本出不了教育部長辦公室。

這是由於民進黨在二〇一六年執政後，即派出一些核心人物進入各部會的部長辦公室，占住機要秘書等職位，由於他們來自各派系，接近決策核心，充分了解政策與人事動向，可以像東廠、秘密警察般監視著、控制著各個部會。教育部也不例外。

教育基層出身的潘文忠對某些違法的事，那種極端的政治大動作，並無冒天下之大不韙去做的膽識，如今拔管明顯違法，要在不抵觸法令的情況下，達到拔管的目的，根本不可能。他只好一直磨，不斷發公文，給臺大各種壓力，找管中閔的麻煩，為的就是讓管中閔知難而退，或者讓臺大遴選委員會退卻，以此改變選舉結果。

偏偏，管中閔是很硬氣的人，風骨嶙峋，毫無退卻的跡象。而遴選委員會召集人陳維昭也是脊骨挺直的知識分子，明明合法遴選產生，要自認錯誤，改變初衷，豈不是自毀一生名節，陳維昭怎麼可能屈服？

對潘文忠來說，唯一的選擇，只有磨。然而他的磨功卻得不到行政院長賴清德的支持，最後只有辭職一途。他的辭職聲明頗長，卻也不敢說出真正的想法，只能曲曲折折地表達：

依法行政是所有行政部門必須堅守的基本原則，也是本人從事公職堅持的重要信念。此次面對台大校長遴選案，針對遴選會在遴選程序以及當選人爭議處理，乃至臨時校務會議召開等等，本部均以適法性監督，依法行政的原則，應於確認程序合法及實質資格要件無疑義後始同意聘任。

……

面對此次台大校長遴選案引發之爭議，教育部在尊重大學自主與當選人種種爭議釐清之間盡全力做妥適處理。但令人遺憾的是，遴委會及校務會議對各項爭議的處理，或以模糊帶過，乃至以擱置方式不處理；而當選人面對各項爭議則選擇不對外界公開說明，任憑疑義蔓延，不但延緩校長聘任時程，更造成教育與社會的紛擾，這已經衝擊了社會對教育部與及台灣大學校長的期許，這是令我最深感遺憾的。我從來不會畏懼職務上帶來的各種挑戰，但此次遴選案爭議的釐清過程，預期將持續遭遇到泛政治化的攻擊與汙衊。幾經思考，我決定辭去部長一職，希望所有政治操作能就此停止，讓本案回歸到單純的校長遴選程序與當選人身分適格的討論。……[34]

然而，這也是倒果為因的託詞。因為，恰恰是執政者與教育部不依法聘任，才讓臺大校長的就任被阻擋下來，變成風暴。如果不是刻意拔管違反大學自主精神，他怎麼需要辭職？

在這樣的政治風暴中，倍感孤立的管中閔並不乏來自海內外學人的支持。二〇一八年四月八日，海外一位院士老友來信慰問，並附詩（集杜甫句）一首：

四山多風溪水急，
白狐跳梁黃狐立，
顧視清高氣深穩，

時危可仗真豪俊。[35]

他的學生 Yu-Lieh Huang 也於二〇一八年四月八日在臉書發文，表達他對管中閔的感謝與敬意。此文中不僅可以看出管中閔如何指導學生，更看出他學術研究的態度。

〈我們永遠的「Kuan Sir」，管中閔老師〉

最近幾位學弟妹們寫出他們過去對管老師的印象與相處經驗，看了心中很感動；我是老師指導的碩士和博士生，覺得也可以與大家分享我知道的「Kuan Sir」（這是當年我們碩士班同學對老師的稱呼）。

我於一九八九年畢業於文藻法文科，二〇〇二年取得臺大經濟博士學位，隨即進入清華大學計量財務系擔任助理教授。從五專法文科到臺大的經濟博士，人生的轉折不可謂不大，而這個轉折點發生在一九九四年。那一年我進入臺大經研所碩士班，Kuan Sir 正好於當年回國，成為我們經濟計量的授課老師，以及我們的班導師。這門計量課程所用的數學和統計既多且深，遠超過我當時的程度。我第一次鼓起勇氣去老師研究室問問題，卻發現老師極有耐心，不厭其煩地從基本數學或統計講起，務必使我懂得其中的道理。記得有一次說完問題，老師想了一會兒說：「你這個問題很怪，我從沒這麼想過，不過問得很有意思。」老師的態度激起我學習計量的熱情，我也很自然地選擇跟老師寫碩士論文。

碩士班畢業前和 Kuan Sir 討論未來的方向，他說：「你或許可以考慮念博士班，你有很多奇怪、不按常理出牌的想法，很適合做研究。」我原本並未考慮念博士班，卻因為這幾句話的鼓勵，最終走上一條我從未想過的人生道路。我博士論文的主題則是老師和我在咖啡廳聊天時討論出來的，原始的構想就畫在咖啡廳的面紙上。當我畢業後得到清華大學的聘書時，一輩子在嘉義務農的阿公高興極了，他從未想到他的調皮孫子有一天能得到博士學位，而且成為大學的老師。

Kuan Sir 一直關心所有學生。他只要在研究室，門一定開著，因為他歡迎學生隨時去問問題（這個習慣二十多年來從未改變）。他對指導學生所花的時間和心力，遠非常人所能想像。當我們遇到問題無法解決時，老師常會約我們去家中吃飯，並在餐桌前討論問題到深夜。老師不僅強調研究的原創性，對論文寫作（邏輯架構、論文引用、用字標點等）更幾乎到了吹毛求疵的地步。在老師指導下，我們的論文不僅得以發表在國際一流期刊，他更是手把手地、一步步將我們這些原本對英文論文寫作一竅不通的學生，訓練成可以獨立寫英文學術論文。最近看到一批人以極牽強的理由將老師扯進學術倫理爭議，我覺得匪夷所思；我認識老師這麼久，深知那是他絕不會做的事情。

Kuan Sir最在意的是臺灣學術能否在國際中有一席之地，他在國內推動定期計量研討會，並在二〇〇七年成立了經濟計量學會。他也在二〇〇五年發起國際計量會議（Symposium on Econometric Theory and Applications，簡稱SETA），創始會議就在中研院經濟所舉辦；在他全力推動下，SETA已經持續十四年，每年在亞洲不同城市輪流舉辦。舉辦這些國際會議，只為讓世界學者看到臺灣的學術成就，不被邊緣化。老師即使有這麼多學術與行政工作，他也從不輕忽他的教學，他的馬可夫轉換模型（Markov Switching Model）講義，是google上最常被下載的教學範例；他的所有上課講義，也都放置在網站上供學生參考。Kuan Sir凝聚了計量學者以及學生，有他在，這些學術活動就充滿了活力與笑聲。

我前段時間生活上出現了波折，心情極為鬱悶。今年一月二十七日起床後，我收到老師凌晨十二點四十五分寫來的信。信中說他從我臉書內容注意到我最近情緒焦慮，影響睡眠，他提醒我要調節情緒，改善身體和睡眠狀況。那時老師已經飽受部分媒體與政府人士鋪天蓋地的攻訐與抹黑，在他精神承受這麼巨大壓力時，卻還注意到我的情況，寫信安慰我；我讀信時不禁淚流滿面。相對於老師的關心，我這個做學生的卻無法替老師分憂止謗，心中真是慚愧。

認識老師近二十四年，看到老師一路走來，對學生與臺灣學術全心全意的付出，在公共事務上也竭盡所能。我完全不能理解，對於這一位為臺灣付出這麼多心力的老師，為什麼如今要舉全國之力，只想毀掉他的名譽與人格？用盡一切造謠抹黑手段，只想將他徹底擊垮在地？我真的不懂，什麼時候臺灣社會變得這麼沒有公道，這麼殘忍無情？臺灣的人情味何在？

我人微言輕，甚至無法站在老師旁邊保衛老師。但我誠心呼籲所有認識老師的學生和朋友們，大家勇敢站出來，用各種方式為老師發聲，讓支持老師的聲音散播出去，讓老師知道他並不孤單。老師加油，您是我們永遠不會被擊倒的 Kuan Sir。36

雖然身在風暴中心，危疑處處，但管中閔走在馬路上，卻時常有人會特意走過來向他點頭致意，打招呼說：「管爺，加油！我們支持你。」有時是老人，有時是年輕人。有一次坐公車，司機忽然很開心地笑著說：「今天中獎了，載到管爺！可以去買彩券了。」很多時候，他只是出來運動，吃飯散步，就會碰上認識或不識的人，過來加油打氣。他感到一股來自民間自發的支持力量，那是很樸素、很單純的正義感。他感到溫暖，感到支撐的重量與責任。更重要的是這些聲音讓他相信，「人間正道」還在。他並不孤單。

不過，打擊從未停止，臺北地檢署的傳訊開始了。不知道為什麼，臺北地檢署並未發傳票，而是直接打電話到臺大財金系辦公室，以命令的口吻，跟系上助理說要約詢管中閔，請他務必回電，安排傳訊事宜。系辦助理問他：「請問你是誰，什麼單位？」對方回說是臺北地檢署，但問是哪一位檢察官，對方卻不說。當天管中閔沒有回電。第二天，自稱是地檢署的人再次打電話來，這一次口氣更凶，要他通知管中閔回電。系辦助理有點火大，告訴系主任此事。系主任生氣地說：「下次他打來，你轉給我。」當電話再打來時，系主任直接接過話筒，乾脆地說：「請問你是那位？什麼單位？如果你不說，我怎麼知道你不是詐騙電話？」

系主任如此說，是有原因的。當時司法院正在宣傳反詐騙：詐騙集團會假扮成檢察官、法官，告訴你身分證被冒用、違反證交法被起訴、帳戶被凍結等，民眾遇到此種情況可要求對方出示證件與單位，萬不可輕信……。

想不到對方還是不說。系主任怒了，便回道：「如果你要傳訊，請直接行公文過來，我們來處理，連名字都不說，我們怎麼知道你不是詐騙集團？」他們為什麼不敢說，因為被授意辦案的檢察官也自覺理虧？或者怕名字洩露出去，以後會蒙羞、為人所不恥？

事實上，在傳訊管中閔的同時，北檢已經以證人身分，先後傳訊了五位臺大工作人員，人事室主任黃韻如也是其中一位。黃韻如後來回憶，其實北檢傳訊時所問的，都是一些早已在教育部報告過的事實，就是管中閔申請出國的次數、時間、申請程序等。她有點無奈地表示，事實就是這些，說再多次也一樣。但，人被傳訊到北檢，確實還是會怕。那種心理壓力是無形的，很怕從證人轉成被告，問題就麻煩了。

此時，有新聞報導說，管中閔也被傳訊了。但他不是作為證人，而是被告。四月十八日，《自由時報》以「北檢辦管中閔案 擬安排特定地點就訊」為題報導：

臺灣大學校長當選人管中閔被檢舉違法赴中國兼課等多項爭議，臺北地檢署依涉犯「國家機密保護法」分他字案調查中；據悉，北檢原擬於本週以被告身分傳喚管到案說明，但因媒體緊盯守候，檢察長與承辦檢察官十六日開會後，突致電管取消本週傳喚，檢察官不排除前往特定地點就訊管。

北檢偵辦此案保密到家，承辦檢察官已調閱管中閔入出境紀錄，並向國發會等單位取得管申報赴中的明細和相關資料，另於十三日密訊五名臺大教務處行政人員，訊後均請回。[37]

這是北檢放出的消息，不過管中閔終究未曾收到任何作為被告的傳訊。

16 自爆的教育部長

就在司法單位全面出動傳訊的同時，行政院也啟動了。

四月十四日，潘文忠辭職；兩天後，四月十六日，行政院即迅速宣布新的教育部長由吳茂昆接任。

行政院政務委員兼發言人徐國勇表示：「吳茂昆博士是美國休士頓大學物理博士，曾任美國阿拉巴馬州大學物理系教授、美國哥倫比亞大學應用物理系教授、國立清華大學材料科學中心主任、行政院國家科學委員會主任委員、副主任委員、中央研究院物理研究所所長及國立東華大學校長。」

兩天換一個部長，如此迅速，無縫接軌，讓新聞界免不了質疑是行政院長賴清德對潘文忠處理管案不滿，早已決定要換人，潘文忠是被逼著下臺的。而新人選吳茂昆也早在四月十日就與賴清德會談過了。

毫無疑問，比起潘文忠，吳茂昆的資歷確實很亮眼：美國博士、美國哥倫比亞大學教授、前國科會主委、中研院物理所所長、東華大學校長，放在各部會之間，都很傑出。

然而，出乎人們預料之外，在這個漂亮的學經歷之下，隱藏著無數炸彈。一旦入閣，開始連環爆！一天一爆，令人目不暇給。[38]

二〇一八年四月十六日，吳茂昆上臺當天，即有東華大學教師爆料指出，他在東華校長任內溢領教師獎助金，被監察院要求繳回一百七十二萬元。

監委調查報告指出，吳茂昆擔任東華講座教授期間，未履行該校講座設置辦法所訂立的講座教授授課義務，又支領該校頂尖人才獎勵金，違反同辦法不得領取相同性質補助的相關規定，吳茂昆的作法有疏失、的確不恰當；教育部應督促學校檢討改進，歸還溢領款項並議處疏失人員。

針對吳茂昆「校長任內溢領獎助金」的指控，行政院只回應吳沒有自肥，卻並未說他有無繳回一百七十二萬元。

隔天，四月十七日，臺北市議員參選人游淑慧爆料指出，吳茂昆曾擔任中國國務院下的中國科學院顧問。中國科學院，簡稱中科院，於一九四九年十一月在北京成立，是中華人民共和國科學技術方面的「最高學術機構」，類似於臺灣中研院位階的機構，直接隸屬在中國國務院下，官方色彩濃厚，吳茂昆能擔任其顧問，這比到一般大學去兼職講課，情節更為嚴重。

有學者爆料指出，吳擔任中科院顧問之時，正是他擔任東華大學校長期間，他未釐清爭議，不應上任。民進黨應該用檢視中研院院士管中閔就任臺大校長的同一標準，檢視部會首長。

吳茂昆發表聲明回應：「臺灣中研院物理所和中國國家科學研究院，自二〇〇八年起簽署合作協議，雙方研究人員彼此參與相關的學術交流活動。與該院的合作也就僅在學術的、短期的、演講交流等活動。」

陸委會則表示，中國科學院雖屬《兩岸人民關係條例》禁止擔任的黨政軍機關範圍，惟如個案僅為諮詢性、非常態性或名譽性的顧問，或非固定編制，或無核心權能，尚不致違反《兩岸人民關係條例》規定。

對此，有學者批評：這是典型的雙重標準。

四月十八日，羅智強加入爆料：吳茂昆在二〇〇四年曾任中國「西部超導材料科技有限公司」技術顧問。「西部超導」母公司是西北有色金屬研究院，是中國「軍用」稀有金屬科研生產基地，曾獲「高技術武器裝備發展建設工程突出貢獻獎」、「國防科技創新團隊」等殊榮肯定；而二〇〇四年，吳茂昆正在擔任國科會主委。

羅智強表示：一個部長級的科技高官，在擔任國科會主委的同時，到有中共軍方色彩的機關當技術顧問，這中間難道不需要去查一下有無違法？有無涉及洩密？「照民進黨平常扣人賣臺的標準，早該拖出去槍斃了！」

游淑慧則加碼爆料：二〇一〇年時，吳茂昆擔任中研院物理所所長，掌握了臺灣高階的超導技術，然而中國西部超導公司網頁寫著，公司自成立以來，圍繞「服務國防、造福人類」的企業宗旨。看來公司業務確實跟軍用脫離不了關係。

對於「遭爆擔任大陸軍事企業顧問」，吳茂昆的回應只有三個字「莫須有」，並無任何說明。四月十九日，吳茂昆仍無視各界質疑，正式上任教育部長。然而在四月二十四日赴立法院備詢時，即面對另一項「侵占東華大學專利」的指控。

市議員候選人游淑慧率先爆料：吳茂昆擔任東華校長時和學生共列為發明人的綬草專利，專利權屬於東華大學，卻遭吳茂昆和其成立的公司登記為自己的專利。

國民黨立委柯志恩在立法院質詢指出：資料顯示，二〇一五年二月美國師沛恩生技公司成立，吳茂昆掛名公司負責人，該公司向中國申請發明專利，當時吳茂昆任東華大學校長，一個國立大學校長怎能赴美設公司？疑似違反《公務員服務法》，是行政重大瑕疵；且該發明專利在臺灣屬於東華大學，為何在中國卻掛在吳茂昆名下，是否完成技轉程序？甚至中國專利公告上更被列成中國臺灣，申請人亦非東華大學，涉嫌侵害國格，以及東華大學專利所有權。

吳茂昆則對外申明：美國師沛恩沒有任何資金，也沒有股東、股權乃至獲利，連專利都尚未申請到。

吳茂昆還解釋：美國申請的國際專利合作條約（Patent Cooperation Treaty，簡稱ＰＣＴ），是綬草專利2.0，跟當初團隊在東華大學研究的專利不同，兩者差在萃取技術不同，綬草2.0是學生之後開新創公司「師沛恩」後再重新研發，至於綬草1.0的專利已申請到臺灣及美國專利，並由團隊成員、東華大學教授翁慶豐向東華申請專利補助，亦技轉給另外一家生技公司。

但吳茂昆說：因為中國是ＰＣＴ組織的會員國，發現了該團隊在美國的綬草2.0申請案，因此自行公告，把團隊的國籍臺灣改成中國臺灣省，並非主動去中國申請。

連串的指控讓吳茂昆聲名狼藉。作為教育部長，所有綠營曾指控管中閔的罪名，吳茂昆卻「加倍奉還」，以更嚴重的錯誤繼續自爆。社會大眾開始檢討他適任與否，但他並無羞愧，昂然對外自稱「我是一個沒有做過錯事的人」。

事實上，臺大的老師、學生已經對教育部的違法不發聘書非常不耐，特別是吳茂昆的形象與言論，崩壞了教育應有的尊嚴，遂決定進行抗議。四月二十三日，臺大師生發起了一場自發的「還我校長」運動。由幾個學院的老師開始連署，並在臉書上成立粉絲團專頁。

〈還我校長 黃絲帶的關懷〉

本週是期中考週，也是本校新任校長聘任案的關鍵週，我們想邀請全校師生員工一起集氣，一起祝禱同學們順利通過考試，校長聘任案也順利通過！祝禱ＡＬＬＰＡ！

我們的新任校長管中閔講座教授於一月五日依法當選為校長，至今已逾百日，卻因不明原因無法上任。我們不想與人爭辯，只想在傅鐘下發出沉痛的呼聲：給我們一個校長！還我校長！

這所大學，人稱全台第一學府；這所大學，在七十年前曾有一位名「傅斯年」的狂校長隻身將國家暴力阻擋在校門之外；這所大學，在五十年前曾出了一位名「殷海光」的狂教授不懼威權政府的威脅恐嚇，執意為民主法治把脈，為自由主義掌燈；這所大學，曾在三十五年前為學生自治、大學自主吹起號角，為臺灣的民主化點起熊熊烈火；這所大學，曾在二十五年前自訂校長選舉辦法，選出自己的校長，結束了官派校長的陋習，寫下台灣高教史的新頁，讓當時的教育部未敢表示異議，即發出聘書；這所大學，曾在十年前闖進世界百大，是華人世界第一所進入百大的大學。如今，她在各方面都衰退了，十個月無正式校長更使校務與校譽雪上加霜。曾使台大人感到無上光榮的傳統將斷送在這一代人的手中嗎？

這所大學的精神奠定於傅斯年，紀念傅校長的傅園與傅鐘是經典般的存在，與台大的歷史同其不朽。傅校長留下的精神遺產，一是「貢獻這所大學于宇宙的精神」，一是傅校長的遺言「歸骨於田橫之島」（田橫之島指臺灣）。宇宙精神啟發了臺大自由開放的學風與追求真理不畏強權的正氣；「歸骨於田橫之島」是紮根斯土、擁抱斯民的情懷。「宇宙精神」與「歸骨台灣」的精神並行不悖，鎔鑄這所大學獨特而偉大的傳統。每一代的台大人都有護持這個傳統的責任。

四月了，度過了一個沒有正式校長的杜鵑花節，再度過這個期中考，我們即將迎接畢業的季節，我們將經歷史無前例的無正式校長的畢業典禮嗎？對於畢業生和觀禮的家長，臺大將以何面目對之？從公民社會的角度看，大學是自由精神的堡壘，台大更是堡壘中的堡壘，一旦失守，將是台灣民主法治全面潰敗、倒退到威權時代的起點。台大是自由的最後防線，台大人應該為整個社會堅守住這一最後防線！

百日了！不能再等了！台大人應該站出來保護自己的學校！連自己的學校都無法保護的台大人還能奢言獻身於社會和宇宙嗎？在這歷史性的一刻，台大人的作為將證明這究竟是一所偉大的大學，或只不過是一所浪得虛名數十年的大學？

感謝郭大維代理校長與行政團隊堅忍守護臺大的情操！感謝三月二十四日台大校務會議代表捍衛大學自主的風骨！感謝管中閔候任校長忍辱負重，為了大學自主與台大福祉堅持到底的大勇！既不屬行政團隊，也不是校務代表、學生代表的師生員工不能再沉默了！

為了你！

為了台大！

為了你的台大！

請繫上一條黃絲帶，請在你喜歡的樹下、窗前、書包或單車繫上一份祝福！

以下發起人（依姓名筆畫）——

李錫鎮（中文系）、沈冬（音樂所）、沈瓊桃（社工系）、徐聖心（中文系）、徐立中（分子醫學研究所）、康韻梅（中文系）、陳昭瑛（中文系）、張素卿（中文系）、張麗麗（中文系）、楊申語（機械系）、劉文清（中文系）、蔡振豐（中文系）、蘇宏達（政治系）、盧桂珍（中文系）、黃弈珍（中文系）、徐芳敏（中文系）[39]

針對外界質疑管中閔為什麼沉寂不發聲、是不是神隱的批評，粉專也在四月二十五日這一天提出了反擊：

〈管中閔候任校長為什麼不說明？〉

最近常聽到有人說管老師為何不出面說明？起初這是民進黨帶起的風向，眼看獨董、抄襲與大陸兼職都無法成案，奧步出盡，已經沒步了，於是改攻「管爺未出面說明」。這一次的風向算是帶得成功，連支持管老師的學生都有點不知如何應對。就法的角度來說，既然卡管的理由為莫須有，則管老師如何自證無罪？無罪推定不是法治基本認知嗎？於是仍有人說，就算於法不必說，於情於理也不必說嗎？我們想說的是於情於理可說可不說，要看情境而論。

今天我們想從不同角度看管老師為何不說明，原因是台大校長的位子不是官位，不是官派或選舉而得的位子。如果今天管老師還是內閣閣員，他一定會立刻說明。他不說明是因為對台大校長之位的敬意，這個位子是台灣學術界無比高貴、莊嚴的位子。尊崇這個位子，也就是尊崇台大，他不能把這個位子當作官派或選舉得來的位子，汲汲營營為保官位而說明，那將是辱沒台大校長之位，也是辱沒台大。

大學校長之位理應是學術祭酒之位，出任者理應是受到禮聘。從官派校長到校務代表普選，再到今日的遴選，逐漸具有禮聘的輪廓，是一良好的趨勢。將來若能做到遴選過程的完全保密，以及由遴選委員會直接聘任，那就有可能真正落實禮聘的精神。

今日政府羞辱的不只是一個他們欲除之而後快的前朝官員而已，他們羞辱的是理應尊崇的大學校長之位。這蠻橫無理的最內在心理是對知識真理的恐懼，是極端的反智，反智可以是老莊式的返璞歸真，也可能是極權統治的種子。現在看來是後者，真讓這種子萌芽，那將不只是威權復辟，而是更可怕的情況。大家豈能不關注事件發展，並努力避免最壞的情況發生？[40]

此文之重點在最後，即執政者所羞辱的，不只是臺大校長，而是對知識與一個價值系統的摧毀。此種摧毀的最大後果即是社會不再有一個公認的價值觀，凡事以政治權力為標竿，以政治顏色為號召，再沒有是非判斷的準則。在統獨政治意識形態的號召下，社會走向對立，民心走向分裂，法西斯式的你死我活鬥爭就可能來臨。這才是最讓人憂心之所在。

事實上，管中閔沒有出面的原因，一如前述，二月到四月，他幾乎都在醫治眼疾，不是在醫院，就是在家中趴床，生存於苦刑困境。四月下旬終於恢復了一點，但因未擔任校長，系上的課仍要繼續進行。生病期間他請一位中研院朋友幫忙代課，現在要認真補回來。

反諷的是，這時反而沒有記者找他。即使他每天都到系裡上課，卻無人問津。他自己當然沒有出面約記者的理由。因為所有的質疑，無論是選舉辦法、兼職問題、聘任與否，若不是遴委會該回答，不然就是該由臺大回答，他沒有理由自己跳出來申辯，好像非得到這個位置不可。他被質疑「神隱逃避」，卻也只能再一次「百口莫辯」。

然而，正是四月二十五日這一天，教育部第二度召開管中閔案的會議。這一次，原本是諮詢對象的吳茂昆已成為主持人，作為教育部長掌控會議。

或許因為吳茂昆接連被爆出赴中科院任顧問，以及與大陸學術交流有關的諸多問題，這一次的調查重點不再是管中閔赴廈大兼職，而是將方向轉回學術倫理與「副董選獨董」的遴選爭議。

根據《上報》〈教育部拔管過程　蔡碧仲是幕後最大推手〉一文所描述，相關過程有諸多轉折：

……到了四月二十五日由當時甫接任教育部長吳茂昆主持的第二次跨部會諮詢會議，在蔡碧仲、周志宏等人輪番發言強攻管中閔兼任獨董問題後，會中討論焦點也迅速急轉直下，「變調」轉為鎖定管中閔與蔡明興的利益迴避問題、事先未向臺大遴選會及其他校長候選人揭露此一關係及遴選會是否有瑕疵等。

當天會中，率先發難的周志宏以有如法官「辦案」方式，咄咄逼人追問與會的臺大代表關於管中閔申請獨董同意是哪一天？管申請及臺大核可擔任台灣大薪酬委員會跟薪酬委員會是何時？臺大是否是先簽核同意，事後才發函給台灣大等問題。

對此，臺大代表說明，在臺大實際作業上，學校正式發文通知晚於兼職起日，有九十五%都是這樣。把這一年內三十七筆兼職情形裡面，分五個時間點，在兼職申請提出時，對方來文晚於兼職起日的，三十七件內就有十一件；系所務會議通過日晚於兼職起日的就有十九件；校長核定日晚於兼職起日的就有二十九件；產學合作簽訂契約晚於兼職日期有三十四件，「所以很多通案都是這個樣子」。

不僅如此，針對教育部行文移民署索取管中閔所有入出境資料，移民署官員在會中也直言，教育部來文所需資訊，是否符合公益必要性之「必要範圍」，教育部的文義不是很清楚，「很難判斷公益大於私益」。但蔡碧仲則當場反嗆，移民署上次有來開會，大家都講得很清楚，現在卻說教育部發函不清楚，「那今天來開會作什麼？」他強調，這件事是攸關臺大校長遴選案，已經耽擱這麼久，此事對於國家、社會公益之影響，難道不夠重大？

原本應是出席釐清管中閔赴中適法性疑義的陸委會邱垂正，也轉向質疑管兼任台灣大獨董的問題。他先是坦言，依目前現有資料來檢視，管中閔是否有赴陸兼職，查證上確實有困難，仍然需調閱入出境資料，過程曠日廢時，建議教育部是否另案處理，與校長聘任案脫鉤處理。接著，邱垂正話鋒一轉呼應蔡碧仲的說法，指管中閔未揭露擔任台灣大獨董資訊，蔡明興也未主動迴避，有違反利益衝突迴避原則之虞，「係屬適法性上之重大瑕疵的問題，建議教育部作為聘任參酌依據」。

在此之後，跨部會諮詢會議旋即定調，從原先要討論管中閔是否有違法赴中或違法赴陸兼職等，轉為聚焦鎖定在管中閔兼任獨董的爭議。此時，主席吳茂昆詢問蔡碧仲，如果真的把管中閔聘任案退回去，遴委會完全是違背了適法公正的原則，沒辦法接受這樣的結果，「這樣子的決定，他們會不會回來挑戰我們的適法性？」

蔡碧仲則回稱：「他可以行政救濟。」但吳茂昆仍不放心追問：「遴委會提出嗎？」蔡強調，要看受到不利的對象是誰？「比如以管教授來講，他有意見」，但行政程序本來就是這樣，「不是說我們說了就算，到了我們這一關我們要做決定，然後下面他才有辦法去做（指管中閔可提行政救濟），不能擱著」。

只不過，對於這樣的說法，教育部人事處代表在會中提出疑慮，直指在教學現場，很多教授兼職問題都是追溯生效，這個制度不是因為個人，「如果管案建立這樣的標準，基於教育主管機關的立場，我們是不是應該考慮後面的影響性？」

但蔡碧仲依舊堅持，這是利益衡量的問題，畢竟管中閔違法事證這麼明確。他強調，現在要選的是全世界排名都很前面的大學校長，老百姓到底對我們有什麼期待，現在如果不趕快處理，就變混淆了；趕快做，做了以後還有救濟途徑可以判斷，「繼續弄下去總不是辦法，最好的方式就是趕快處理，不管怎麼處理要趕快處理。很多事情懸而未決是最差勁的，還要再開公聽會嗎？我們的書面意見都是可受公評的，可以供各位參考」。

在蔡碧仲發言後，吳茂昆隨後立即當場作出裁示，「我們聚焦在遴選過程」。對此，蔡碧仲則頗為認同地說：「有把握的部分，我們盡力考量，把理由寫清楚。」[41]

由此一過程可以見出，主導者是法務部政務次長蔡碧仲。他不僅對各單位頤指氣使，甚至對移民署直接開罵：「那今天來開會做什麼？」其氣勢之強悍，連吳茂昆都畏懼三分。蔡碧仲定調之後，教育部似乎有了法律依據，同時在周志宏再三提到要「速戰速決」的要求下，決定盡快對管中閔案下手。

四月二十七日，教育部在網站發信一則最新消息，正式公布對臺大校長遴選結果的處置辦法：「重新回到校長候選人推薦資格初審階段，並依序完成三階段程序。」該聲明在黃昏時始發布於教育部官網，為保存歷史文件，此處全文引用：

〈教育部對臺大校長遴選結果之說明〉

發布單位：教育部

公立大學受全國納稅人委託，教育我們的年輕人成為具有全人人格及專業技能的國家棟梁。因此，尊重學術，維護學術自由，建立學術誠信是大學必須具備的基本準則。大學校長是學校的領航人，因此，大學校長的遴聘，當然要接受較高道德標準的檢視。

臺大在（民國）一〇六年由政府提供之經費超過六十七億元，全校師生達到三萬七千人。就結構面來看，該校預算及師生人數已經超越某些政府的行政機關，因此，臺大校長的遴選作業程序不能輕忽。就學術面來看，臺大是我國高等教育的領頭羊，臺大校長必然要接受更嚴格的檢驗。遴選，是為選出帶領台灣最高學府的領航者，臺大的校長遴選方式，是由該校遴委會自訂出三個階段的程序，環環相扣；從被推薦人資格初審、遴委會第一次的個別推薦投票、校務會議代表第二次投票、最後，再由遴委會進行最後之票選，如此的設計，亦可看出臺大對於校長遴選過程的重視。

然而，本部在詳細檢視此次臺大校長遴選的整個過程中，遴委會委員及被推薦人有經濟法律上重大利益未迴避的適法疑慮，臺大亦未善盡幕僚單位應有之責任，進而形成對其他被推薦人的偏頗與不公平競爭，同時，亦出現明顯有違背學術誠信規範的情況。而在（民國）一〇六年一月三十一日臺大遴委會的會議上，教育部亦透過本部代表提出應注意校長遴選過程中，各階段的完整程序，但，遴委會並未正視。

學術誠信是建構一所大學的基本原則，但在這次臺大校長的遴選過程中，學術倫理、基本誠信並未被彰顯，甚至是被含糊以對；遴委會亦未遵守其自訂之各階段遴選基本準則，綜上所述，因此教育部無法接受臺大遴委會此次的遴選結果並駁回臺大遴委會的決定，本部亦要求臺大及臺大遴委會要重新在符合其自訂之校長遴選相關規範中，應就被推薦人所提供之相關資料文件進行所有的檢視，並在進行完整的推薦及遴選程序作業後，再依程序報部。[42]

教育部的立論基礎是「臺大預算經費六十七億由政府提供」及「臺大師生三萬七千人，超過很多行政機構，所以教育部有權力管理。其次是判斷遴選委員會在「利益迴避」上有疑慮，造成候選人的不公平競爭，所以要求「臺大及臺大遴委會要重新在符合其自訂之校長遴選相關規範中，應就被推薦人所提供之相關資料文件進行所有的檢視，並在進行完整的推薦及遴選程序作業後，再依程序報部」。換言之，這不是不聘任管中閔的問題，而是整個推翻遴選委員會的正當性與合法性，校長遴選必須從頭開始，一切重來。如果教育部這份公文的立論可以成立，那麼《大學法》就可以廢了。因為教育部才是最終裁決者，校長選舉是無效的。

這一份公文，敲響了《大學法》的喪鐘。

教育部應該很清楚此一公布的震撼，因此特別選在星期五下午，下班前一刻，才對外發布，有意讓媒體記者無法追蹤部會首長，做直接訪問，也無法找到教育部官員做回應。了解新聞運作的人都知道，這是有意讓新聞經過一個週末，趁著大家都休假，熱度冷卻，以減少衝擊。這就是教育部的小小「陰謀」。

此一決定，有如一顆震撼彈，迅速在臺大與教育界炸開。

如果教育部的公文可以成立，那臺大的整個遴選過程都是違法的，每個學者、遴選委員都是非法的共犯。

對這樣一個全盤否定的聲明，臺大自然無法默認。針對教育部聲明，臺大校長遴選委員會隨即發出回應聲明指出：

臺大校長遴選委員會在遴選過程中，依法行事，克盡職責，戒慎遵守各項「迴避原則」及「利益衝突」規範，對於他人所加諸本委員會之「重大行政瑕疵」指控，並「駁回管中閔臺大校長資格，重新進行遴選」，完全無法接受，並深表遺憾。

根據《台大校長遴選委員會作業細則》第九條迴避規定，本會原訂草案為「……或有具體事實足認其執行職務有偏頗之虞者，候選人得向本會舉其原因及事實，或由本會委員主動提議，經本會議決後，解除委員職務」。嗣經教育部發函指示，上述草案中之「或由本會委員主動提議」等字與規定不符應予刪除。教育部之指示使本會遴選委員不具有請求其他委員迴避之機制，如今教育部指控本會違反迴避原則而有行政瑕疵，本會實不明白其道理何在？

遴選委員會由二十一名委員組成，其中學校代表九名，校友代表及社會公正人士九名，其餘三名由教育部指派。本委員會自成立以來，共召開五次會議（其中第五次會議係於今年一月三十一日依教育部要求而加開）。其間依法完成「公開徵求接受推薦」、「舉辦公聽會」、「訪談候選人之相關人士」、「舉辦治校理念說明會」及「辦理候選人面談」，於一月五日經由兩輪投票，選出管中閔教授為校長當選人。並於一月三十一日加開之第五次會議中，依據姚立德委員建議，逐條審視討論近七小時，再次確認「遴選過程並無疑義」。何來教育部所指控「本部代表提出應注意校長遴選過程中，各階段的完整程序，但遴委會並未正視」？

《台大遴選委員會作業細則》第九條規定如下：

有下列情形之一者，經本會確認後，解除其職務：

（一）因故無法參與遴選作業。

（二）與候選人有配偶、三親等內之血親或姻親或曾有此關係者。

（三）有學位論文指導之師生關係。

本會委員有前項不得擔任委員之事由而繼續擔任，或有具體事實足認其執行職務有偏頗之虞者，候選人得向本會舉其原因及事實，經本會議決後，解除委員職務。

於遴選程序中，並無任何候選人向本會請求解除蔡明興委員之遴選委員職務，蔡明興委員亦不符合上述三種應當然解除職務之事由，因此蔡明興委員擔任遴選委員之資格並無問題。教育部指派之三名遴選委員有充分之機會參與遴選過程並表達意見，足見遴選程序並無疑義。

教育部在過去百日期間，多次以「據報載」之公文，要求本委員會回覆，超出正理常規。政治力介入拖延新校長上任，導致臺大校務延宕，戕害大學自治，所有紀錄將在高教歷史上永遠留存。[43]

隔日，雖然是星期六，臺大校方仍發出聲明：

〈國立臺灣大學聲明〉

二〇一八年四月二十八日

本校校長遴選委員會於一〇七年一月五日依法辦理校長遴選，順利選出管中閔教授為校長當選人，一切合乎規定，並送教育部聘任。教育部於昨晚做出不聘任的決定，本校深感錯愕，並對教育部的決定表達遺憾與強烈異議。教育部此舉不僅是對大學自主精神之重大斲傷，造成校內對立與不安，也恐造成大學校長遴選之寒蟬效應。不僅不利於我國高等教育之未來發展，也已經對於臺灣大學發展產生重大負面影響。

本校將於教育部公文正式送達後依法因應，值此期間，學校行政團隊亦將堅守崗位，盡力維持校務與教學正常運作。44

這件事也激起文化界的憤怒，四月二十七日夜，前文化部長龍應台在她的臉書發文指出：

〈載入史冊的今天〉

教育部拖延任命台大透過遴選機制選出來的校長當選人三個半月。拖延的理由一再變動。過程中台大被迫召開三次會議：第一次，學術倫理委員會召開，結論是，所謂抄襲案不成案。第二次，遴選委員會不得不開會，結論是，認定當選無疑義。第三次，被迫召開臨時校務會議，結論是，五個所謂「有問題」的提案全部「擱置」。「擱置」，不是字面上「不予處理」的意思，而是一個正式的行政作為，認為「不應該成案」。

台大的三次會議、三次檢視、三次結論，都被教育部拒絕。

在這一百多天內，教育部讓台大沒有校長。今天拿出最後手段：台大遴選會所選出的校長，不予聘任。

我跟台大沒有淵源——我這漁村的孩子沒考上台大。

我跟管中閔湊巧共事過，但是我們的業務交集不多，也無暇建立私交。他會不會是臺大最好的校長?-I don't know and I don't care. 我不是遴選委員。

但我知道的是，他是台大經過正規程序產生的校長。

所以，我知道幾件根本的事：

我知道，大學的自由、獨立，是民主社會的核心價值之首要大宗。

我知道，尊重程序正義是民主制度的核心棟梁原則，絕不可破，一破就是大崩潰。

我曾經擔任行政院政務官，因此我知道，對於社會矚目、影響深遠的重大事件，不論是哪一個部的業務，最後的主導者、決策者、拍板定案者，是行政院長。

我曾經是中央政府的部長，因此我知道，對於社會矚目、影響深遠的事件，行政院長一定會負責任地向總統詳細報告，分析利弊。

所以，不要告訴我，這是教育部一個單一部會做的一件事。它，不是。

今天，二〇一八年四月二十七日，教育部拒絕任命台大獨立選出的校長，我知道的是：

這是一個台灣百年民主追求史上一個里程碑的日期。這個日期標註了：

在總統蔡英文的許可、行政院長賴清德的拍板下，決定做出了。他們身為政治人物的從政史上，留下一個紀錄：為了一黨之私，他們破壞了「大學自主」的核心精神。

在民進黨作為一個拿「民主進步」為招搖旗幟的政黨史上，留下一個紀錄：這個黨為了獨占權力，踐踏了民主進步的關鍵原則，就是尊重大學獨立、自由的精神。

在台灣大學作為台灣最重要的大學校史上，今天留下一個紀錄：它的師生在捍衛自己獨立而自由的空間上，失敗了。

遴選委員們，你要說什麼？

校長候選人們，你要說什麼？

全台灣其他的大學校長們，你要說什麼？

未來被這個政府邀請、「許可」做台大校長的人，你要說什麼？

在台灣百年來的民主自由的追求史來說，今天是一個一定載入史冊的日期：二〇一八年四月二十七日。

歷史，會審判的。遲早而已。

但是今晚我傷心。我傷心的是，當審判的日子到來，該被審判的被審判吧，但是幾代人幾十年近百年來一滴淚、一滴汗、一滴血、滿腔辛酸所建立起來的包容、開放、溫潤又講究公平與寬容的台灣，正式進入崩壞。而我們，和我們清純可愛的下一代，都逃不掉。[45]

龍應台所堅持的是「大學的自由、獨立，是民主社會的核心價值之首要大宗。我知道，尊重程序正義是民主制度的核心棟梁原則，絕不可破，一破就是大崩潰」。而臺大可能是這個崩潰的開始。

次日，龍應台仍繼續召喚抵抗，在臉書呼籲臺大人要站起來。同時，她的憤怒指向知識分子的「沉默」。「這沉默的聲音太巨大、太震耳了，尤其在百年歷史的迴廊裡」。龍應台臉書全文如下：

〈台大，請你抵抗〉

在政府公然「入侵」大學自主的一百多天裡，全台灣的大學校長們至今沒有發過一個聯合聲明。

大學校長們的核心責任在捍衛高等教育的獨立人文精神，面對政府強權的侵害卻選擇沉默，這「沉默」的聲音太巨大、太震耳了，尤其在百年歷史的迴廊裡。我認為將來的歷史會凸顯他們的嚴重缺席。

遴選委員會在這期間承受了極重的壓力。我們從小被教育的所謂「疾風知勁草」，在價值的泥沙俱下裡已經不被當一回事了，但是，懇請了解：

今天的一步退讓，就是台灣價值的大潰堤。今天的少年，將沒有未來。今天的我們，將無路可退。我們胼手胝足建立起來的開放社會，將付諸流水。

台大終於有一個歷史的機會，證明它的獨立精神、人文厚度，是台灣不退的堡壘。

台大，請抵抗到底。

遴選委員，請勇敢，請堅強。

台大遴委會名單：姚立德、鄭瑞城、鄭淑真、劉緒宗、黃長玲、何弘能、袁孝維、李琳山、沈冠伶、廖俊智、周筱玲、梁賡義、黃鵬鵬、陳維昭、蘇慧貞、梁次震、蔡明興、彭汪嘉康、洪泰雄、林彥廷。[46]

17 喪家之犬

一如歌德（Johann Wolfgang von Goethe）所說：世間萬事萬物，無非是一種隱喻。四月二十七日這一天，教育部發給臺大公文的夜晚，或許是對管中閔的命運，乃至於臺灣知識分子命運的一種隱喻。

任誰都無法料到，這晚管中閔竟如喪家之犬，徘徊在自己家門口，有家歸不得……

就在教育部跨部會會議的紛紛擾擾中，外界都以為管中閔正在沉著應戰，批評他的人說他「故意神隱，傲慢不理」，卻沒有人知道，管中閔只是像受傷的狼，不想讓人看到他受傷的樣子，躲起來療傷。

只有他的妻子知道，他狀況有多麼不好。視網膜剝離的眼睛雖然漸漸復原，但兩眼的視差讓他缺乏距離感，時常撞東撞西，達敏要隨時在旁邊照看著，以免他跌倒受傷。

更麻煩的是，他沉鬱的症狀更加嚴重了。

四月初，當法務部介入調查他的大陸兼職案，甚至打電話到臺大財金系辦公室要傳訊時，助理都有讓他知道。但依照民進黨的政治指控手法，他會被安上什麼罪，誰也不知道。北檢是以被告傳訊他，如果他去應訊，會不會被當場收押、能不能回來，誰都沒有把握。依照檢調單位的唯權力之命是從、政治鷹犬的辦案風格，他的案子會辦成什麼罪，已無人知悉。

他甚至認為，他們可能隨便構陷一個罪名，不管是違法兼職、違法赴大陸教學交流，乃至國安法等，隨便安個罪名，讓他去坐牢都不無可能。管中閔一旦坐牢，校長問題就解決了。

沉鬱無助，所有焦慮無處排解，他的妻子達敏最清楚。一個聰明開朗、隨時都可以幽默逗她笑的丈夫，變成一個沉默寡言、愁眉深鎖、心火燃燒的男人。

最嚴重的是他依舊無法躺下來睡覺。夜裡，眼睛疲累得該休息了，他應該躺下入睡，可一躺下，胸口就翻江倒海般翻騰，焦灼的鬱火壓得胸口無法呼吸，幾欲窒息。他只能逃命般地坐起來，像無法呼吸到空氣一樣，大口喘氣，喘得胸腔呼呼作響，直到時間讓一切平息下來，才能靠在枕頭上、靠著床，半假寐似的，讓自己休息。

四個月下來，一夜復一夜，他變得憔悴、蒼白、退縮，甚至有一點畏懼和人打交道。怕多說話，也怕說錯話，怕隨便一句話被人引用，即成為入罪的證據、攻訐的口實、名嘴口水的標靶。

四月中，達敏的弟弟從國外回來，到家裡來探望他們。達敏弟弟和管中閔感情特別好，一見面往互相調侃打鬧，笑語不停。可他一見到管中閔蒼白黯然的臉色，就驚訝地不知說什麼好，只好說幾句問候的話。管中閔只回答了「還好」，便臉色黯然地垂下頭。問到臺大校長的進展，他說北檢將他列為被告調查，他也不知道自己會不會被抓去坐牢，說完搖搖頭，無奈地回到自己書房。

他一走進去，達敏的弟弟突然大哭起來。「他，怎麼會變成這樣！管中閔，從來沒有這樣啊，他怎麼變這樣了！」弟弟說。

來自各方的攻擊，不知伊于胡底。他感到疲倦、無力、絕望。更多時候，他想到自己牽連了許多臺大的同事，讓他們被調查、被傳訊，心中歉疚不已。

有一天，他帶著妻子去找陳維昭，說明他知道校長受了很多委屈。但外面仍有諸多攻擊，他問陳維昭：「我是不是該宣布辭去校長的當選資格，讓問題到此打住？」陳維昭問他為什麼這麼想，他回答：「這個過程太折磨，從總統府到教育部、到各個部會，甚至是跨部會的諮詢會議。現在情況則更誇張，用各種資料來整人，整臺大。不僅自己身心備受折磨，而且也害了臺大，很多臺大同仁都被整、被傳訊、被迫害，當然也讓陳校長被司法單位傳訊，真是抱歉！是不是我該退出，讓事情到此打住？」

陳維昭看著他蒼白的臉，勸道：「都已經走到這裡了，再等一等吧，遴選委員會都沒有退了，你何必退呢？現在情勢慢慢在改變，或許，以後會不一樣的，我們再看一看吧。」

管中閔聽了默默點頭，決定一起撐下去。

達敏很怕管中閔內心的鬱結、憂愁、恐慌、懼怕，會凝結成病，於是每當有以前的學生來看他，她總是鼓勵他們招朋引伴地多來看看他，甚至鼓勵他們每週找一天下午，帶點東西來跟他聊聊天，一起喝下午茶。

結識一輩子，她從未覺得這個男人如此脆弱無助，如此需要扶持。為了解開他心中的鬱結，她試著找他去看電影，並約朋友來家裡聊天。

四月二十七日晚上有一場張學友演唱會，而隔天是達敏的生日，為了慶祝，朋友早早在一月時就替他訂好票。可誰知道幾個月後，事情會演變成這樣。誰能料到這一天黃昏，正是教育部正式宣布臺大校長必須重新遴選的時刻，時機何等敏感。

為避免被人認出來，他們低調地用海報遮住臉，躲在演唱會暗處，心想應該也沒有人會認出來。可不知道為什麼，不知是後排坐了媒體記者，或者是其他人認出來了，總之，網上很快傳出「發現管爺」、「很高興和管爺同框」的訊息……。消息一走漏，網路上迅速大量轉傳。

演唱會結束，兩人一走出門口，就有大批記者圍了過來，鎂光燈集束照亮他們，照得管中閔本來在黑暗中看演唱會的眼睛一陣刺痛。一瞬間，管中閔以手遮光、瞠目結舌、倉皇不堪的畫面上了新聞。

「管爺，管教授，請問你，今天教育部決定退回臺大的遴選結果，要臺大重選校長，請問你有什麼看法？」

「教育部說臺大校長退回重選，請問你有什麼看法？」

「你認不認為教育部拔管是不是成功了？」

「你要不要回應？」

「你會怎麼反擊？」

媒體拿著教育部剛剛宣布「臺大校長選舉無效」的新聞，上前追問。這是當天最重大的頭條新聞，新聞圈炸開了鍋。記者到處找管中閔，遍尋不著，卻不料他帶著妻子，就坐在演唱會的觀眾席中。

誰會料到教育部會在這一天公布呢？各種問題向他拋了過來，甚至尖銳得隱含責難的意味。他只能用手盡量遮住眼前的強光，臉色蒼白，拉著妻子，逃難一般擠在人群中，試圖擠開鎂光燈的包圍，殺出一條路走出去。

然而，記者都沒有讓開的意思，擋成一排，硬要逼著他回答。此時，他的朋友趕緊從旁邊擠過來，站在他的前方，一邊擠開人群帶路，一邊小聲對他說：「我有車子，等一下會開過來，我帶你們回去。」他只能茫然地默默點頭。好不容易擠出人群，坐上了車，繞過街道，車子開回到住家附近，還沒到門口，已見家門外簇擁了一大堆記者，ＳＮＧ車停滿巷子口。

「天啊！這邊也這樣。」朋友嘆了口氣。

管中閔一看也驚訝得不知如何是好，心中毫無準備，也不了解實際情況，無從回應。他只好先請朋友把車子停在稍遠的地方，想找個機會，偷偷溜回家。但從街道另一邊遠遠望去，記者太多了，根本沒有任何縫隙。攝影機像一長排的機關槍，架滿街道邊，二十幾個記者圍在他家門口議論，四下觀望，只等他現身，大家準備一起掃射。

他只好轉頭對妻子說：「我們先別回去，繞幾圈看看。」他們繞著街邊走，還是找不到穿過記者包圍的機會。最後，他只好跟妻子說：「我們去附近的麥當勞躲一躲。」兩人找了個角落，面對牆壁，背對外面。麥當勞裡只有幾個玩手機的年輕人，暫時安靜下來。管中閔焦躁地坐著，惶然失措，滑著手機想看看到底發生了什麼事。兩人挨了一個多小時，夜裡十一點半，眼看記者也該走了，兩人商量著回去看看。可剛剛走到巷子口，仍看到十來個記者還在，像狩獵者般四下張望。管中閔只好再帶著妻子繞著僻靜小巷繼續走。為避免被發現，還得找暗處，像個小偷。

管中閔想到自己本來好意帶達敏出來聽演唱會，是為了幫她慶生。明天就是她的生日，卻不料此刻有家歸不得，像一對亡命鴛鴦，更像是喪家之犬。他一瞬間感到悲愴，忍不住對妻子說：「達敏，對不起。」他眼眶泛紅，牽著她的手說：「生日快樂！」兩行眼淚，從達敏的眼中流了下來。

也不知兩人走了多久，直到他看見電視臺記者都收工了，SNG車線路也都收拾起來，才帶著妻子走回家。

達敏記得，從那之後，他每天早上醒來，總是先握著她的手說：「達敏，對不起！」她知道他無法躺下睡覺，其實比她還辛苦，卻每天如此對她說，令她心疼無比。她知道，就憑這一點，跟著他亡命天涯，也值得。

即使身處這樣艱難的日子，管中閔仍沒有低頭，隔日依舊在臉書發表貼文〈我們必將贏回大學自治〉，作為對教育部的回應：

> 二○一八年四月二十七日是臺灣高等教育的一個轉折點，臺灣大學的校史，以及中華民國的歷史，都將記下這個日子。
>
> 就在這一天，教育部否定了臺灣大學校長遴選委員會於今年一月五日合法選出的新任校長資格，既無視一月三十一日遴選委員會針對校長遴選結果所做「毫無疑義」的決議，更漠視三月

二十四日臺大臨時校務會議對於質疑遴選過程的提案所做「擱置」的決議。這是臺灣爭取大學自治歷程中的重大挫敗，教育部的這項決定也將因違法踐踏大學自治而被載入史冊。

從一月十日臺大函請教育部聘任新校長開始，在長達一百零七天的期間內，教育部在行政上荒腔走板，令人駭異。教育部配合部分媒體，一再以「據報載」為理由（最近一次甚至列出高達四十九項傳言），反覆質疑臺大的遴選程序與結果。教育部既不願採納臺大的調查結果，以及第三方的正式函覆說明，反而羅織罪名來否定臺大合法的遴選結果；如今更自居司法官，未審即判定校長當選人有「違法」事證。教育部種種作為，能不「外慚清議，內疚神明」嗎？

過去三個多月，為了阻止教育部發聘，各種對我個人無所不用其極的抹黑，鋪天蓋地地襲來。這些不實指控不僅企圖毀滅我的人格與尊嚴，更在學界與社會塑造了恐懼的氛圍，使許多人對這種不公義的現象噤若寒蟬。面對一波波的媒體攻擊，我多數時候沉默以對。但沉默不代表默認，清白也不能由自己口述；我選擇的是讓校方的調查與事實證明謠言的錯誤。我相信臺大過去的老校長們，也絕不屑於與汙衊他們的人互擲泥巴，互噴口水，甚至相互扭打。

有學校老師問我，在面對持續數月的毀滅式攻擊時，我是否曾經感到害怕？「Yes, most terribly」*，我的確因此而身心俱疲。但我也知道不能因為龐大壓力而放棄，更不能在威脅恐嚇下低頭。我若放棄，多年來學界前輩們努力爭取的大學自治就將成為泡影；我一旦低頭，社會或許就此萬馬齊喑，重新墜入威權的深淵。所以我的堅持從來不是為了校長這個職位，而是為了大學自治得以延續，以及臺灣曾經信仰的公義、正直和誠信能夠伸張。

政府的權力或許可以阻礙學校的決定，但不能改變我們捍衛大學自治與學術自由的決心；政府或許可以恣意濫用權力於一時，但終將無法逃過人民和歷史的審判。在這個關鍵時刻，我將和臺大師生站在一起，面對威權，絕不妥協，堅持保衛臺灣大學九十年來的光榮傳統。

我們必將贏回大學自治，臺灣大學也將因此屹立不搖。[47]

他挺直了腰桿，站起來應戰。即使被逼得有如喪家之犬，也絕不讓敵人看見他的脆弱，抵死抵抗，不讓敵人看見他倒下。這一夜，他的命運，是臺灣命運的隱喻？還是臺灣知識分子喪失學術家園的象徵？

---

*作者註：「most terribly」借用自電影《最黑暗的時刻》對白。

18 教育界的怒吼

隨著教育部的公函，臺灣教育界、文化界對教育部破壞大學自治精神、公然粗暴下令臺大重選、侮辱學術尊嚴，產生集體的反彈。

四月二十八日晚上，不滿教育部的臺大師生相約，在象徵臺大精神的傅鐘前集結，綁上黃絲帶，並且召喚全國學生一起參與黃絲帶運動。

古老的傅鐘前，樹枝、欄杆上皆掛滿了鮮明的黃絲帶。師生高喊著：「還我校長，大學自治。」

一些文化人也來了，在這裡相遇。

「好久不見了啊！你也來了。」如此巧合，幾位知名的作家，居然同時出現。

「老天啊，我們以為臺灣已經民主化了，大學自治，學術獨立，想不到他們竟然可以這麼蠻幹！粗暴！野蠻！」

「一朝回到戒嚴時代！」

「那些當年大喊『自由之愛』的學運分子，一日掌權，完全墮落，沒有一個有一點骨頭，沒有一個出來說話！」

「更糟糕的是那些號稱大學自主、教育改革的學者，居然被收編，叫教育部出來管管臺大，真是知識分子的恥辱！」

四、五月的臺大校園，春風溫潤，杜鵑花盛開。久別重逢的文化人，坐在傅鐘旁邊，像回到大學時代，坐在夜色中聊天，細細回味臺大幾十年堅持自由主義精神的歷史，也反思墮落的學界，為墮落的風骨感嘆不已，久久未曾散去。

在隨後的幾天裡，傅鐘下總是這樣，聚集著自動自發前來的師生，在這裡議論著自由主義與五四運動。

「啊！今年是五四運動九十九年，明年要百年了！」

「聽說，有人要在五月四日那一天發起罷課。臺灣真該找回五四運動的精神。」

「臺灣需要重新啟蒙，找回德先生、賽先生，找回獨立思考的精神。」

有些老師，沉靜的談論著，也有些學生，坐在一旁，靜靜聽著。大學精神，本來就應該是這樣，獨立思考，自由討論，自主追尋。校長只是一個學園的維護者，他的使命，是維護學園的獨立自主，讓每一個生命，在這裡追尋，在這裡成長，在這裡自由開放，最後長成為他自己的樣子。這才是校長的使命吧。

傳鐘，像古老的叮嚀，為誰在敲響？

吳茂昆粗暴下令重選的舉止激怒眾人，學術界更廣泛的反響也開始了。

四月二十八日，中華民國國立大學校院協會發出批判的聲明：

一、大學是社會公共財，有其獨立性，需要與當前社會和政治保持適當分野。國立大學校長遴選委員會，由各大學獨立推選五分之四的委員，並與政府代表共同組成，來自大學外部的委員比例超過校內委員，顯示委員會並非屬於學校。遴選委員會係獲得大學完全授權的社會公器進行校長遴選。遴選委員會決定人選後，依《大學法》送至主管機關聘任，完成遴選程序。

二、基於大學自治精神，政府不應干預遴選結果。依大法官解釋，大學自治屬於《憲法》第十一條講學自由之保障範圍。此外，大法官釋字第三八〇號解釋文明示：「國家對於大學自治之監督，應於法律規定範圍內為之，並須符合《憲法》第二十三條規定之法律保留原則。」釋字第四五〇號解釋文：「國家對大學之監督除應以法律明定外，其訂定亦應符合大學自治之原則。」

目前「國立大學校長遴選委員會組織及運作辦法」如有未盡之處，應與時俱進予以修訂，但現行制度仍應受到尊重。……[48]

中華民國私立大學校院協進會也在四月二十九日發出聲明——〈這是大學自治最黑暗的時刻〉，提出強烈的批判。49

……（前略）教育部對大學之監督，應於法律規定範圍內為之，並須符合大學自治原則，此乃大法官釋字第三八〇號、第四五〇號等解釋一再揭櫫的憲政法治意旨。有關臺大校長候選人資格及特定遴選委員應否迴避的爭議，業經合法組成且包括三位教育部指派代表在內的遴選委員會多次開會討論審議，確認沒有疑義。類似涉及學術自由的專業決定，除非有明顯之重大違法情事，否則，連司法機關都必須選擇尊重，不得任意推翻，遑論職司大學監督的行政機關。

遺憾的是，教育部竟然毫不避諱以政治決定凌駕專業決定之違法疑慮，將臺大校長遴選委員會歷經五次開會討論的決議，交由相關部會政務官組成的跨部會專案諮詢小組，進行欠缺法律依據的實質審查，兼為該部預設的駁回決定背書。

臺灣大學固然是國立大學，惟校長遴選涉及的是公、私立共通的大學自治事項，私立大學對執政者同樣有所期待，自不能置身事外。

臺大校長遴選爭議的負面發展，是大學自治有史以來最黑暗的時刻。本會對於教育部就本案未能依法行政、不尊重大學自主的舉措，實難認同，特聲明如上。50

二〇一八年四月二十九日下午三點，擁有百年歷史的清華大學，師生在清華園裡針對「民主與學術自由」發布聲明。四位先後任校長共同出席：劉兆玄、劉炯朗、陳力俊及現任校長賀陳弘。

在昏暗的一刻，清華大學由黃一農和李家維擬稿，交出一份直面歷史的聲明，批判當世，傳給未來世。

〈清華大學四二九宣言〉

一九九一年，在這個校園裡發生了驚動台灣社會的「獨台案」，清華大學歷史研究所碩士生廖偉程等五人，因閱讀史明的著作《台灣人四百年史》而遭逮捕，並擬以內亂罪判處唯一死刑。當時清華師生即使對此事的政治理念極為分歧，但仍群起抗議，全台灣各大學與知識分子也第一時間站出來聲援，結果促成了知識界大團結，不僅調查局副局長高明輝因此辭職，更廢除了刑法第一百條以及《懲治叛亂條例》。自此，大家都以為台灣領先所有華人社會，為後代子孫確認了思想自由、學術自由與言論自由等天賦人權。

但當台灣政壇首度出現總統、副總統與教育部長皆出身高教體系的組合時，最近卻發生如此荒腔走板的台大校長遴選案件，我們擔心這會是台灣墮落的開始，謹發布以下宣言：

人類的主要價值在文明，
台灣的重要價值在民主。
大學不僅是要傳承以及創造知識，
更應該要捍衛台灣這塊土地的價值。
我們應該要有免於恐懼的自由，
我們繫上黃絲帶，
我們誓言與所有曾經努力過的人民們，
不論立場是否相同，
一起捍衛台灣民主與學術自由。

我們懇切呼籲執政黨裡的「台大人」，不要忘記當年在台大訴求「自由之愛」的初衷；我們也呼籲在野黨明確表明你們以後面對類似事件的態度；我們呼籲所有厭煩藍綠惡鬥的台灣民眾，大聲說出我們對這些政治人物的要求。

我們要求蔡總統：

一、教育部收回此次台大遴選事件的成命。

二、立即修改大學法，由遴選委員會自主決定各大學校長的人選。

三、落實黨政軍退出校園，還給校園乾淨自主的空間。

宣示於清華園，二〇一八年四月二十九日[51]

四月二十九日，中研院院士、香港城市大學校長郭位，在《聯合報》民意論壇發表文章〈政府帶頭破壞大學自主 奢談國際認可〉，批判了此一倒退、反國際化的行為。

彩虹有七種顏色，政治立場、社會人士也各有七彩顏色。只要遵守法規、做出學術貢獻，大學認可七彩光譜上各角落的師生，不論個人的政、經、性別、出身、社會背景。我出身非主流社會，曾受聘美國的大學，當過多年工學院院長、國家能源實驗室高級管理團隊，也聘請過來自不同背景的七彩教職員工。這是國際標準，也是美國高等教育傑出的重要原因，不必贅述。（中略）

……

我不清楚管中閔在七彩光譜上的輕重位置，但是這一點並不重要，因為臺大是個大學。經過近四個月的折磨，教育部前天以低下的手段，否決臺大遴選委員會的推舉，顯然並非他有違規之舉，否則一月五日後的一、兩天，甚至幾個小時之內就可以下此決定，哪裡需要大砲打小鳥，在架起層層關卡之後，史無前例也於法無據地組成跨部會「政務官」級的政治諮詢專案小組，聯手研擬取消任命。

政治霸凌高教，國際罕見，臺大遴選事件卻不是臺灣近年的特例，就此而言，政府較百年前的軍閥還等而下之。

臺大校長遴選，管中閔被推薦，本人並無所失；臺大因此停頓，影響也許有限。不管是誰的主意，春風何處好？盜亦有道，戴著面具抹黑他人，轉型不正義，有違臺灣純樸的本土文化，政府帶頭破壞「大學自主」的核心價值，沒有資格要求國際認可。[52]

作為當事人，管中閔在四月三十日於臉書發文〈天無照甲子，人無照天理〉作為回應：

我母親年輕時就在臺大註冊組當一位基層職員，從林小姐、管太太、管媽媽到管奶奶，直到退休，她還是那樣一位基層職員。

小時候，媽媽在如今小小福旁那棟一層的老辦公室裡工作，而我就在旁邊，跟其他小朋友玩泥巴、玩彈珠和尪仔標（馬糞紙圓標）。那是物質匱乏的時代，小孩能擁有幾顆彈珠或幾張尪仔標，就很滿足珍惜，每當掉了一顆彈珠或折損了一張尪仔標，對小時候的我，那是非常心疼的事。

臺大，生根在血肉的生命風景

我家就是一個極為普通的小公教家庭。

父母對我的影響在兩個層面，這兩個層面看似矛盾、卻帶著拉鋸的張力。一個是他們的生命態度。我父母面對職場、成就或人生的態度一直是：不爭、平安就好。小時候，我常常在晚上睡著之後，半夢半醒之間，聽到父母談到他們在職場升遷的機遇，然後媽媽總勸父親說：「算了，平安就好。」

另一個是對我的期許。我小時很會念書，父母對我的期待也很高。在當年，能讀臺大幾乎是一個人能邁向社會成就的保證。小時候我在臺大校園玩泥巴，身邊來來去去都是讀臺大的大學生，父母與身邊的大人總相信我未來也會是讀臺大、有成就的人。

所以當我建中畢業，卻差點考不上大學、讀文化大學繼續「由你玩四年」、渾渾噩噩，打麻將聽搖滾，我父親當時對我非常失望，幾乎有四年不曾跟我講話。

去年底，我當選臺大校長。腦中第一個想到的就是邀請我高齡九十多歲的父母親出席就職典禮。心想，一個曾讓他們徹底失望的魯蛇小孩居然可以當上臺大校長，對他們來講應該有獨特的價值。另外，對我媽媽這樣一輩子都在臺大校園基層當個小職員的人，能親眼看到自己兒子當上臺大校長的那一刻，對她這一生應該也很有意義。我父親聽到後很高興，立刻說他要參加。我母親一聽到臺大校長就職典禮，第一反應卻是馬上想到會有太多大人物在場，她不敢，說她不要來參加。

當時，我壓根不可能想到，最終根本不會有什麼管中閔就任臺大校長的就職典禮。

對我這樣一個從小在臺大校園玩泥巴長大、臺大小職員的小孩而言，從我當選臺大校長後，面對持續的政治恐攻與媒體司法操弄、到教育部四二七駁回臺大校長當選人的處分，最巨大、最深層的剝奪與衝擊，不是被拿掉臺大校長這個職位，也不是被荒唐荒謬的行政機關「準褫奪公權」，不再具有參與臺大校長遴選與當選可能的個人基本權利，而是被從根剝奪、毀壞，我自己生命經驗曾相信、信任或擁有的一切事物，臺大之於我個人的生命場景，學術自由與大學自主的社會體制，以及我們根深蒂固相信的民主、司法、各種憲法價值，甚至所有的社會信任機制。

這一百多天以來，我的生活世界，好像突然之間立足的地板垮陷了、頭頂的天花板也崩塌了，像是孤身扶手走在抖顫、毀壞中的危橋，踏一步腳底就可能踩空，摔向黑漆漆的深處；在橋上往下凝視，只有虛無的深淵回望著你。這一百多天，我最大的體會就是知識可以透過語言文字傳遞，但個體生命的經驗卻無法言傳；那一切嚙咬、折磨你的生命經歷，最終，還是只屬於你個人。

對我而言，現在已不只是大學自治、學術自由或民主等外在的事物，更是純粹內在的，屬於我自己生命內在的。對我來講，這是生命還剩下什麼、要留下什麼的選擇與堅持。

臺灣崩壞

面對這三個多月來的種種風雨，我能堅持到今天，就想守護兩個核心價值而已。一個是大學自治與學術自由。另一個是，面對當下信任崩壞、分裂內耗、價值混亂的臺灣，如何創造社會信任機制的核心價值，讓臺灣走出重複循環的困境。我從校長遴選期間治校理念就在談，臺灣現在需要的，是從民間路線、從下而上的社會工程。這個信任崩壞、分裂內耗、價值混亂的社會，首要是找到重建社會信任機制的起點。回首來看，這次和前一次臺大校長遴選過程中，為什麼很多候選人都談傅斯年，也是一樣的；**因為真正的社會心理需求，亟需一個正直正派的價值象徵，然後從這個價值象徵從頭打造臺灣信任機制。**

大學自治是學術自由的骨幹。政治力透過不斷恣意干涉否決臺大校長聘任案，甚至一路動員族群仇恨，將臺灣的大學自治與學術自由徹底空骸化。如此一來，臺灣的大學與學術，還剩下什麼精神資產？臺灣的自由與民主，又還有什麼值得對外彰顯或標榜的正面具體意涵？

權力者「吃銅吃鐵」，連臺大也要硬吃下來！

走出學院與知識圈，對生活在這塊土地的一般人而言，大學自治跟學術自由跟他們是很遙遠的。但這三個多月，我走在路上，很多人給我鼓勵和打氣。親身跟基層民氣接地氣，我感知這種支持的草根力量是超越藍綠、超越階層與族群的。我知道他們支持的其實未必是我個人，而是一種想找回正道、找回良知、讓臺灣回歸正軌，這種鬱悶已久的社會力。

孫震前校長在新年團拜時講，權力者這兩年來「每件事都傷害很多人」；這群權力者一次又一次傷害了這些、那些社會群體，但有沒有真正追求什麼「正義」？有沒有追求什麼真正的「公共性」？有沒有追求什麼真正的「臺灣價值」？沒有。臺灣只是變得更崩壞、價值更混亂；人們不只看不見希望，更擔憂腳下迅速流失安身立命的社會土壤。

權力者這三個多月的「拔管」行為，大家有目共睹。許多基層的人們呈現的憤怒很直接、很有力。他們憤怒的原因不是大學自治或學術自由，而是對執政統治集團、對權力者在各種國家名器、職位上貪得無厭的不滿，「吃銅吃鐵」（臺語），如今連臺大也要硬吃下來！

連威權時代也要尊重、即使校長官派時也不敢大剌剌吃相難看的臺灣大學，我們當前的國家領導者卻可以如此難看、如此惡劣，動員所有國家機器，就是要硬吃下來！

「天無照甲子」。這群權力者「人無照天理」！這才是民間對統治者三個多月來，強蠻「拔管」，貪得無厭，極度憤怒不滿的根源！[53]

教育部長吳茂昆的一紙公文，不只是對臺大，更是對大學自治與學術自由，乃至於自由民主核心價值的否定。這不是拔不拔管的問題，而是核心價值的大崩潰。管中閔此文再三強調堅守學術自由，並重建分裂臺灣的信任機制。然而恰恰是當權者，以蠻橫的一紙行政命令，違反《大學法》的精神，破壞學術自由，並且用暴力仇恨語言，在撕裂社會的信任。誰能奈何？

19 新五四運動

當吳茂昆發出的公文點燃知識界、教育界的怒火之際，他自己的地雷卻不斷自爆，加速崩毀了教育部的信譽與尊嚴。

五月一日，根據媒體報導：新任教育部長吳茂昆除了被爆料在二〇一五年任東華校長時，在美國加州開立生技公司[54]，更曾任大陸官方研究機關顧問，時間長達數年。

現在，更流出監察院曾發函，吳茂昆於二〇一二年、二〇一三年、二〇一四年的請假日數都超過一百四十三日，甚至達一百六十日，嚴重高於《公務員服務法》所規定。據ETtoday報導：

> 根據監察院發文，吳茂昆任職國立東華大學校長期間，在一〇一年請假一百六十日，占應工作日數六十一點五%；一〇二年請假一百四十三日，占應工作日數五十五%；一〇三年請假一百四十三日，占應工作日數五十五%。
>
> 依照公務員每年應上班約兩百六十日計算，吳茂昆請假天數過多，「涉差假浮濫及自請自核，值勤日數無人管理，且違反《公務員服務法》第十四條公務員不得兼職之規定」，目前已由委

員進行調查。[55]

一邊是要求臺大重啟遴選，違反《大學法》自治精神，並以超高道德標準，干涉臺大的遴選程序；另一邊，卻以無下限、低道德、圖私利、違法兼職兼任、開設生技公司、任大陸顧問等事情，失去一個教育部長應有的尊嚴，更成為千萬學子價值觀的反面教材。然而，行政院竟是讓這樣的教育部長，成為卡住臺大校長的絆腳石。用那麼髒濁的絆腳石，卡住需要學術清譽的臺灣大學校長，確實太反諷，太讓社會反感了。

在吳茂昆負面新聞的推波助瀾之下，從臺大開始，新一波的大學自主運動，向各大學擴散。

四月二十八日，臺大師生開始集結傅鐘綁黃絲帶抗議之後，每天晚上都有師生在傅鐘前集結，黃絲帶愈綁愈多。臺大那些原本安靜、認真研究的教授，終於無法再忍耐，決定站出來了。

臺大中文系李錫鎮、徐聖心、康韻梅、陳昭瑛、張素卿、張麗麗、劉文清、蔡振豐、盧桂珍、黃奕珍、徐芳敏，音樂所沈冬、社工系沈瓊桃、分子醫學研究所徐立中、機械系楊申語、政治系蘇宏達等多位臺大教授及學生，從各方發起臉書活動「還我校長，黃絲帶的關懷」，並號召師生於五月四日週五下午開始「五月四日爲臺大而戰遊行活動」，全校師生在傅鐘集合「罷課二十一分鐘」，向傅斯年的「鐘聲二十一響」致敬，同時宣讀「新五四宣言」和陳情書，下午五點向代理校長郭大維遞交陳情書；下午五點三十分由傅鐘遊行至校門口；下午六點舉行「愛臺大，爲大學自主而戰」燭光晚會。

〈新五四罷課宣言〉

致臺大師生與全臺高教界：

「四二七事件」為臺大歷史寫下黑暗的一頁。身為臺大人，沒有冷眼旁觀的權力，只有挺身而出的義務。

傅斯年校長說過，不許把大學作為任何學術外目的的工具。今天，執政當局卻將臺大視為政治操弄的工具，使校內師生、全臺同胞陷入對立與內耗的險境。

傅斯年校長說過，辦大學為的是學術。今天，臺大追求真理的獨立精神，被七道金牌、多封電郵與無數言論的詭詐機心所斲喪。

傅斯年校長說過，辦大學為的是青年，為的是我們的國家與世界的文化。今天，教育部卻不心繫學子、不尊重大學自治、不尋求教育理想，坐在權力的高位上，傲慢地好鬥逞勇，導致斯文掃地。

臺大是臺灣高等教育的龍頭，臺大校長是提升臺灣學術與創造臺灣價值的領航者。在這一百多天與教育部的纏鬥中，臺大的未來、發展、遠景、希望，已經沒有人在乎，只剩下謊言、抹黑、偏執與兩敗俱傷的人身攻擊。我們必須沉痛地宣告，向下沉淪的臺大，將是臺灣高教界不遠的殷鑑，也是未來臺灣的縮影。

為此，我們宣布：踏出課堂，集結在傅鐘，罷課二十一分鐘，以回應二十一響的自由之聲。為了臺大、高教界與臺灣未來，老師們暫停傳道，以行動表明立場：拒絕教育部命令，還我臺大校長！我們要為臺灣高教守住最後防線，在歷史轉折的黑暗中奮力一搏，奪回原本屬於臺大的光榮歷史與光明未來！[56]

在校外的聲援方面，臺北商業大學、臺灣中國科技大學等七所技職大學，於四月二十九日發起「我們不再沉默」全民連署，連署活動發起人爲臺北商業大學校長張瑞雄、臺灣中國科技大學校長俞明德、德明科技大學校長徐守德、聖約翰科技大學校長艾和昌、東南科技大學校長李清吟、東方設計大學董事長李福登、文藻外語大學校長周守民。

連署宣言表示：「大學自治和學術自由對於大學運作良好至關重要，並且是臺灣社會未來可持續進步的重要關鍵。更重要的是，大學自治是確保科學進步、有正確研究條件的關鍵，有利於整個人類社會。……在當今國際高教競爭嚴峻而島內朝野對峙環境下，堅守大學自治作爲核心原則不僅具有高度的相關性，而且在社會發生問題時大學可以作爲公正的仲裁者，一旦大學自治失守，社會將失去依賴，臺灣將紛擾不斷。因此我們呼籲教育部應該尊重大學自主，放手讓大學自治。」[57]

活動至五月四日止，合計有近十萬人連署。同時，幾所國立大學，如清華、交通、師大等校的師生，也呼應臺大，校園裡綁上了顏色鮮明的黃絲帶。

大學教授和學生主動站了出來。臺大中文系、臺大財金系、臺師大師生、政治大學、成功大學、交通大學、中央大學等，紛紛發出宣言及聲明，在校園流傳簽署。一場師生共同動員的社會運動，隱隱然向全臺灣擴散。

為了召喚「新五四運動」，由臺大老師組成的「臺大自主聯盟」在五月一日發表聲明，題為〈為自由，為法治，衛時代價值〉：

各位在意台大前途、相信法律制度與關心國家未來的朋友們，我們都要回來了。經過了這麼久的沉默，背負了這麼大的壓力，並承受了這麼多的委屈，我們必定要站出來了。今天，我們不會退縮，我們不會投降，我們要站穩腳步，繼續走向我們一貫堅持的真理之路。

回顧台大悠久的歷史，早從羅宗洛校長、傅斯年校長，爾後歷任校長到我們身處的今天，台大維繫了一項優良傳統，根深蒂固而不可動搖，那就是堅決反對政治力介入校園。所以我們走過了威權時期，挺過了白色恐怖，在多數人噤若寒蟬的年代繼續寫著我們的光輝。我們也走過了解嚴、開放，見證了民主法治的種子在臺灣發芽結果。但這些日子以來，政治黑手的陰影再度籠罩大學自治的花園。但請看，我們面對的不再是心繫國家前途的公僕，而是自私自利、心狠手辣的政客；我們要抵抗的不再僅是子虛烏有的抹黑造謠，而是蠻橫無理的各類霸凌與國家暴力。我們合理悲觀地推測：學術政治化的夢魘已然成真，臺灣將要退回到那個令我們不忍回首的黑暗年代。

更可怕的是，這個政府正走向恣意妄為的不歸路。就像脫韁的野馬，法律制度已經無法規範她的行徑。教育部不理會本校依法的遴選結果、不理會遴選委員會與臨時校務會議開會的決議，一再地、違法地、瘋狂地要求本校「做出回應」、「澄清疑點」或「開會討論」。這種非法的手段、褊狹的胸襟與對民主價值的踐踏，令我們感到悲哀。這一百多天以來，教育部不願以平等尊重的態度相互溝通，而是以輕蔑的公文或草率的聲明敷衍了事。台大身為高等教育的標竿，台灣學術界的龍頭，我們不能忍受這種粗暴無禮的對待。我們之所以必須接受公眾的高標準批判，那是知識分子應有的謙卑與寬容；但我們絕不屈從於違法恣意的權力霸凌，這是知識分子永遠無法被拔除的傲骨。教育部不在遴選過程中提出疑義，卻又要在結果不如意之後故作道貌岸然，推翻自己先前已做成的決定，如此作為失去的不僅是政府應有的誠信風範與守法義務，還有大家多年來奮力維護的大學自治。大學自治早已成為台灣社會的共識，如今竟遭到如此破壞，難道是身為台大人的我們所樂見的？難道是曾經為此流淚、流汗、流血的你們所樂見的？難道是生活在民主法治社會下的台灣人民們所樂見的？

今天，將是台灣學術史上最關鍵的日子。放棄屈服的人，不會被遺忘，反而將永遠被世人唾棄。挺身而出的人，必將在我們的歷史中永遠傳頌。大學自治的制度根基正搖搖欲墜，我們有責任，也有義務將它扶正。我們肯定將會遇到阻撓、碰上困難。但為了我們一貫的堅持，難道不值得放手一搏？我們一定會面臨嘲諷，遭逢羞辱。但台大九十年來的傳統，難道我們忍心看著她毀於一旦？我不想談成功或失敗的問題，風險評估是陰謀家在做的事。我的心中只有永恆不朽的基本價值，為了它們，我願意成為台大的鬥士，我敢於成為學術的勇士，我更甘心成為捍衛文明法治與制度尊嚴的烈士。當明天的太陽升起，無論我面對的是文攻還是武嚇，身為一個台大人，我不會顫抖，我不會恐懼。我相信終有一天，真理正義的光輝會再度照耀台灣。

我們公開呼籲：

第一、教育部必須終止三個月來蠻橫荒唐的違法脫序舉措，立即依法發聘。

第二、賴揆公開道歉，並依法追究相關失職人員。

第三、台大校長遴選會不得重啟遴選作業程序。

第四、每一個有風骨的知識分子皆應拒絕參與二次遴選。

我們公開召喚：

第一、所有力挺大學自治的朋友們與所有台大人於二〇一八年五月四日星期五下午四時起，返校參與「捍衛大學自治：台大新校歌發表音樂會」活動。

第二、二〇一八年五月十二日上午九時返校參加「台大返校日：共赴校難」活動，替校務會議代表加油打氣，並在母校提前慶祝母親節。[58]

值得注意的是，這一次參與的很多老師，都不是過去熱衷社會運動的活躍分子，反而大多是專注於教學、鮮少參與政治異議活動的學者型人物，如今要參與，有如重新學習。和那些長期參與政治異議活動的學者相比，他們的吶喊，顯得有一點「初體驗」的生澀、靦腆和純真。然一旦站上了臺，他們認真地訴說心中的不平義憤，一種真誠與理念的力量開始湧現。比起那些熟悉政客語言的場子，他們的發聲反而更讓人感動。

五月四日晚上在臺大校門口舉辦「愛臺大，為大學自主而戰」燭光晚會時，就是這樣的氣氛。主持的學者與來賓大多是社會運動的生手，很多人都是初次面對群眾，開始學習，努力維持一場抗爭場子應有的熱絡。

其實，並不需要熱絡的氣氛，因為來參加的，都是為了聲援臺大；會來臺大的，都是為了聲援管中閔，為了支持大學自主精神。活動參與的群眾有五、六千人，從臺大校門口擴散到羅斯福路上，向內則延伸到校園。從現場來看，臺大師生占了五、六成，其他校外來的文化、藝術、學術、媒體等各界人士占了五成。

我在現場，目睹了很少出面的學界前輩、知名作家、創作歌手、媒體新聞人等，互相招呼，彼此打氣。口中最常出現的一句話就是：「太過分，真的太過分了！」

那一天管中閔並未到場。不過，他特別訂購了兩百個包子，向六點開始就來現場、餓著肚子堅持參與的師生朋友致意。

他內心其實也很想去參加，很想直接表達對當局惡霸傲慢的抗議，但為了避免讓當局抹黑說他在幕後操控，終究忍住了。「就讓它保持一個純粹的學生運動吧！」

值得注意的是，民進黨當局沒有放棄利用學生來干擾大學自主運動。

五月四日當天，自主聯盟在傅鐘前舉辦活動時，反管學生特別來鬧場。兩派學生爆發衝突，就在雙方口角衝突之際，臺大資管系五年級學生潘儒鋒突然自稱遭人從背後勒頸，跌倒受傷，自行至醫院驗傷，開出右腳踝扭傷、胸部挫傷的驗傷單後，前往羅斯福路派出所提告。

反管學生用手機把這個過程拍下來，由臺大學代會前議長王羿方提供給媒體。畫面中，臺大資管系五年級學生潘儒鋒被前駐韓外交官劉順達拉扯衣領，鏡頭因推擠而晃動，再轉回來，潘儒鋒已經倒在草地上。

當時很多媒體記者在場，有媒體找出畫面的帶子，想用在新聞上，卻在帶子上看到潘儒鋒自己用手掐脖子、自己用力倒地的畫面。媒體記者用慢動作解析，整個過程更為清楚。[59]新聞一出現，立即有網友酸他是「戲精」，自導自演。自此他被網路戲稱為「臺大自掐哥」。

臺北市議員參選人游淑慧則在臉書貼出一張截圖，質疑潘儒鋒曾表示需找人幫忙錄影，「被動手我才比較好領年中獎金」。潘儒鋒最後透過臉書辯稱那些話純屬戲言，也為自己思慮不周表示道歉。

從三月二十四日臺大校務會議中，那些使用民進黨最擅長的議事規則、臨時動議，試圖干擾會議進行的學生，到五四那一場精心籌劃的反管戲碼，「臺大自掐哥」的精算演出，不少臺大教授都可以看得出來，反管策劃的背後，一定有「更高」的上層人物在籌謀劃策，才能同時指揮臺大學生、老師、媒體、電視，以及行政院的跨部門會議。

唯一讓人感到不可思議的是，一九六〇年代至一九九〇年代，臺大學生運動曾經強烈批判的，是甘為政治鷹犬的「職業學生」，然而二十一世紀的臺大學生，反而自甘墮落，淪為政治附庸，當起職業學生，還演出得不亦樂乎！而臺大學生會曾幾何時反而淪為政客與政治口號的傳聲筒，失去大學的自主與尊嚴。

20 危機四伏的校務會議

一如「臺大自主聯盟」所憂心，五月十二日要召開的校務會議是一場險惡的對決。會議的主旨，是討論如何因應教育部四月二十七日重啟遴選的來函。

這一次，反管、卡管的矛盾徹底激化。從上午八點開始到下午一點三十分，進入表決程序的共有三個提案，其中兩項提案是希望「重新遴選」，另一項提案則要求教育部盡速發校長聘書。

第一項提案由臺大經濟系教授鄭秀玲提出，要求臺大邀請校內法律學者組成專案小組研議，釐清校長遴選相關問題與後續行動。此外，還要解散遴選委員會、重新改選遴選委員。再者，確認校長候選人無不法情事，盡速進行校長重新遴選。

第二項提案為臺大心理系教授徐永豐、臺大農業經濟系教授官俊榮聯合提案，要求教育部應依《大學法》規定盡速發聘管中閔為校長，必要時臺大也應依法尋求救濟。而新校長就職前，應由代理校長郭大維依法正常行使校長職權。

第三項提案為臺灣大學電機系教授、校長候選人之一吳瑞北提案，要求教育部依《大學法》處理校長遴選等大學自治事項，並組成專案小組研議後續風險與提出意見。最後，經校務會議同意後對外聲明，同時重啟遴選。

這三項提案中，只要第一、三案通過，臺大就要宣告重啟遴選。唯有第二案，是要求教育部盡速發聘管中閔。會議一開始就有學生提議開放臨時動議，讓學生可以提案，但後來現場校務會議代表投票，以贊成六十六票，反對四十六票，決議維持先前程序委員會的建議，僅討論排定的案子，不得提出臨時動議。經校務會議投票表決後，第一案有四十六票贊成，七十六票反對，四票空白，確定不通過。第二案七十六票贊成，四十三票反對，三票空白，兩票廢票，確定通過。第三案五十五票贊成，六十六票反對，三票空白，確定不通過。臺大終而維持了大學自主的尊嚴。

遴選委員會發言人袁孝維在後來的回顧中，仍不免感到心驚。因為，每一場校務會議都可能被拔管勢力翻盤，如果是這樣，必將帶來「遴選委員會要不要聽命於校務會議」的難題。

遴選委員會不是校務會議選出來的，而是由更高階的各院系依照選舉辦法推選出來的選舉人團，有其制度性規範。一個低階的校務會議如果可以推翻更高位階的遴選委員會，否定其合法性，那以後還怎麼遴選校長？再其次，如果遴選委員會拒絕重開，校務會議有權力將它解散嗎？那就像對選舉結果不滿意，美國的中選會可以解散選舉人團，重組投票人，選舉重新開始，那還需要民主制度嗎？這跟獨裁國家有什麼不同？

事實上，有些在威權時代反對國民黨的自由派學者，對這種情形也實在看不下去了。有一個學者私下說：「賭輸就翻桌，沒有一點風度，跟流氓沒有兩樣。」他們反而批判起執政者的霸道獨裁。袁孝維感覺到，臺大的風向，慢慢在變了。

校務會議之後，管中閔在十三日邀請媒體茶敘。還沒當上臺大校長、被懸在半空中的這個「懸校長」，卻提前為臺大的財務困難請命，呼籲社會各界捐款給臺大，因為「今年高教深耕計畫，臺大僅獲得每年十八億元，只有『邁向頂尖大學』第一期三十一億元的六成」。

他也公開向蔡英文喊話：「再過七天，下個星期日就是五二〇，希望蔡總統不要讓拔管案的政治風暴愈滾愈大，成為五二〇就職演說的不可承受之重！」「期待蔡總統以其政治智慧與高度，盡速停止這場政治風暴的無限擴大蔓延，未來七天是最關鍵時日，要不要做、怎麼做，就在她的一念之間。」[60]

隔天上午，蔡英文就接受周玉蔻的電臺訪問，直接回應管中閔說：「這不就是要總統政治介入嗎？」她指出「管案」教育部要依法處理，這是「教育專業」的問題。「我們看到有些人試圖把它政治化，這樣反而不好。」[61]

然而，隔了二十幾天後，蔡英文就請王金平約了遴選委員會召集人陳維昭到她的官邸談話，想尋求陳維昭的支持，以重啟遴選。蔡英文總是對外宣稱：沒有政治力介入，不會以總統身分介入，但私底下的作為，往往是另一回事。

任誰都看得出來，管案的風波持續擴大。已經從教育界，延伸到學術界、文化界，乃至於成為學生運動。

有經驗的政界人士憂心忡忡，紛紛提出建言。呂秀蓮提出看法表示：「……遴選委員會的遴選程序如有任何違法不當瑕疵，應由利害關係人依相關法律另外進行行政救濟。類比《公職人員選罷法》規定，選舉結果於中央選委會宣布投票結果後確定，若有異議，利害關係人得另行提起選舉無效或當選無效之訴。法治是民主的根基，法治的核心原理是人人平等，不因人而異。基於此，我們雖屬不同政黨，但願超越藍綠，共同呼籲：不挺管，只挺法治！」[62]

前行政院長張善政則發出聲明指出：「……一，不論當選人是誰，教育部按照臺大遴選委員會的選舉結果公告當選；二，另案處理兼職及選舉過程的爭議。如有明確證據顯示兼職或選舉涉及弊端，再依相關法規處理，包括可能最嚴重的撤銷校長職務。」[63]

然而，行政院發言人徐國勇隨即回應：「公立大學校長的聘用權在教育部，當然有准駁的權力。」行政院的態度明確：大學自治權已被教育部收回。

與此同時，一些新聞談話節目開始帶風向，將管中閔選上臺大校長「抹紅」為「紅色勢力間接滲透臺灣學術」，試圖將學術問題轉為統獨鬥爭。

21 第二位下臺的教育部長

一如教育部的拔管計畫幾乎由法務部政次蔡碧仲主導，臺北地檢署也動起來了。五月二十三日，國民黨立法院黨團召開記者會指出，臺大校長遴選委員近日陸續遭臺北地檢署約談，荒謬的是，約談並未以正式書面通知，而是用電話告知，約談者也只留下手機。不過，當遴選委員進一步問想要了解約談的時間地點、對方是哪一位檢察官，北檢皆以「偵查不公開」為由拒絕透露，僅說到現場就知道，使遴選委員們人心惶惶。

事實上，臺北地檢署對遴選委員的約談自四月十三日就開始，這一波約談臺大參與遴選工作人員（如人事室主任黃韻如等）及遴選委員的行動，如果從時間順序來推斷，應與前面所談的五月十二日的校務會議有關。調查行動整體塑造出一種恐怖的氣氛，以迫使臺大參與的遴選委員心生恐懼，改變他們在校務會議中的態度。

幾位被約談的遴選委員後來反映：明明警政署為攔阻詐騙，提供民眾諮詢管道，一再宣傳「警察、檢察官不會打電話給你」，要小心「假檢警辦案，真詐騙」，但北檢卻只有致電遴選委員，使其在不明究理的情況下，被要求前往辦案機關作證。被約談的幾個遴選委員直呼：「只留下手機，未留官署電話，還以為遇到詐騙集團。」另有幾位被約談的遴選委員則向立委反映：「以證人身分被北檢約談，應以書面清楚告知到案地點、事由等，怎能用電話通知，難道想把遴選委員騙過去，再轉成被告？」

對此，立委賴士葆抨擊：蔡英文總統日前還裝傻問管案如果有政治黑手會是誰，其實蔡自己就是拔管總指揮，教育部長吳茂昆、法務部政務次長蔡碧仲則是哼哈二將。

臺北地檢署隨後發新聞稿指出：「**本署偵辦管中閔等涉嫌背信、偽造文書等案，迄今本署已分四件他案調查中**，為了解相關人士是否涉嫌違法，相關證人之訊問自有其正當性及必要性。」「為了確保當事人隱私，本署由檢察官親自以電話聯繫，訊問的時間、地點均徵得當事人同意，選擇臺北市信義路一段三號四樓、臺北地檢署第五辦公室進行偵訊。對於檢察官採取的約談方式，大多數證人均表感謝與支持。」[64]

對此，被訊問過的臺大遴選委員痛批：這種說法有如「被強暴了，還跟強暴你的人說謝謝」，北檢不是腦殘，就是把大家當白癡。

作為被告，管中閔應是最先被約訊的當事人。「對方」只用電話打來辦公室聯絡，要他前去應訊。臺大財金系辦公室要求「對方」(不知道是不是詐騙集團)，請透過公文寫明單位、事由、訊問時間、地點等，讓大家有所依據，學校比較好辦理。但就是未曾接到來函。

不過，看到北檢的聲明，管中閔才終於明白，北檢要用什麼罪名來辦他。先前是以「赴大陸兼職」的名義，用國安法辦，看起來那個走不通，現在改用「背信、偽造文書」辦。但他實在不明白，自己到底「背信」了什麼，「偽造」了什麼「文書」？

不僅管中閔辦公室接到電話，臺大遴選委員會發言人袁孝維也因作為遴選委員，被通知以證人身分傳訊，教授李琳山也一樣。此外，蔡明興也接到電話。更誇張的是，在傳訊袁孝維、李琳山、蔡明興的同時，陳維昭也以證人身分被傳訊。一時之間，風聲鶴唳。

過去的經驗表明，曾有檢察官以證人身分傳訊，卻突然將證人轉為被告、當場收押的案例。這些臺大教授未曾有過這種訴訟經驗，不知道檢方到底什麼居心，會如何辦理，更何況管中閔這個案子已鬧得沸沸揚揚，檢方有可能聽從上層指揮，政治辦案，以莫須有的罪名先押人再找證據。大家都充滿恐懼。

陳維昭倒是不怕。他接到電話後，大大方方反問對方：「既然是作為證人，我也不必去你們那裡，何不你們到我辦公室來就好了，有事過來談一談。」但對方說，地檢署辦公室內有錄影、錄音設備，約談需要全程記錄，保留證據，不方便移動整套儀器。陳維昭當時已經聽其他人說過約談的事，他心想：教授們都感到恐懼，我既然是召集人，就由我負責去一次說明清楚，省得其他老師也被調查。同時他也想趁機給這些檢察官一點《大學法》的機會教育，讓他們了解《大學法》的立法精神與大學校長是如何選出，所有遴選過程都必須公正公開，不是誰可以違法操作的。

傳訊在信義路一段三號的地檢署辦公室展開。由於是證人，陳維昭不能帶律師，因此心中仍有些忐忑。四月二十三日，從下午三點談到五點，陳維昭將學校遴選法規、從遴選委員如何選出到遴選的過程、管中閔的資格審查、遴選委員的利益迴避、兼職問題及遴選委員的五次會議等，詳詳細細再說一次。說明清楚以後，檢察官都明白了。最後對方卻忽然說：「有一個案件，是人家告你的，我們順便處理一下。」陳維昭心中跳了一下：「我被告了？怎麼我不知道？」

原來是有人告臺大校方郭大維代理校長、人事室黃韻如主任和他「偽造文書」。地檢署問他，有沒有在過程中簽過什麼文書。他坦然說：「就簽過兩次。一次是一月五日，遴選委員會通過管中閔當選，我們每一個委員都要簽名確認。第二次是一月三十一日，教育部拜託我們再開一次會，確認遴選程序。當時每一個來開會的委員都要簽名確認。就這兩次，其他的沒有了。」檢察官說：「哦，這樣就清楚了。」約談就這麼結束了。後來檢察官曾告訴被傳訊的其他教授：陳維昭校長說得最清楚，請他來就來，他是最了解情況的人，多好。但陳維昭心裡想的卻是：我當然是不得不去，更何況，我要趁機教育他們，免得其他的教授再被騷擾。

當陳維昭走出來的時候，看到教育部指派的遴選委員、前教育部長鄭瑞城也來了，中研院院士鄭淑珍也在現場，都正在等候北檢的傳訊。一個前政大校長、前教育部長，只因臺大校長選舉被折騰至此，真是不可思議。他們互相打招呼，只能搖頭嘆息。

陳維昭明白，整個司法傳訊過程就是要讓學者感到恐懼、因恐懼而退出遴選委員，如果遴選委員會宣告解散，就可以重組遴選委員，臺大校長的選舉就宣告無效了。

然而，正是在這段檢察官偵辦的過程中，使管中閔開始覺悟，從大陸兼職到背信、偽造文書，他愈想愈明白，這政府想方設法，存心要致他於死地。若哪一天被什麼假證據，或者自己未曾注意的小單據給套死，他也毫無辦法了。倘若如果，他躲得掉嗎？

管中閔看破了，乾脆死了心。他心想：這情況繼續走下去，最壞的處境會是坐牢。如果有那麼一天，事實上也無處可逃。以舉國、舉黨、四大院（行政院、立法院、監察院、司法院）、幾個部會，召集跨部會會議，一起圍剿，一起找證據獵殺他，他會被套死在哪一條法令上、坐多久的牢，完全無法預料。如果真有那麼一天，不知哪個部會想到什麼辦法，為他定下什麼罪名，也不意外。心理上，他必須要有所覺悟，準備去監獄讀書吧！

這時，管中閔想起林覺民〈與妻訣別書〉。於是每天早上起來，他像與妻子訣別一般，總是會握著達敏的手說：「對不起，我愛妳。」然而，正是這種準備坐牢的必死之心，反而使他心志更強悍起來。「反正都要坐牢了，有什麼好怕的，那就來正面對決，正面迎戰吧！」彷彿從那可能坐牢的覺悟時刻開始，他的心變得堅強起來，對決的心志，更加明確了。也正是在這一段時間，律師蔡玉玲表明，這已經不是一個人的事，而是臺大校長的公共事務，因此要幫他組一個義務辯護律師團。這讓他有了律師的協助，感到安心一些。

就在立法院爆出北檢約談臺大遴委的隔天，五月二十四日，立委柯志恩在立法院再度爆料：「二〇〇五年，吳茂昆擔任國科會主委時赴大陸蘇州出席國際科學理事會，後又轉到杭州參加高新技術高峰論壇，但吳只申請赴蘇州，並未申請到杭州。」對此，吳茂昆立即否認，說自己到杭州也有申請。但柯志恩反駁，她有證據證實吳茂昆未申請到杭州，如果最後證實吳真的沒申請，吳茂昆是否願意兌現「違法就下臺」的承諾？[65]吳茂昆支支吾吾，不願做出承諾。

隔天，五月二十五日，柯志恩在立法院出示科技部提供的公文，證實當時行政院確實未准許吳茂昆參加杭州的會議。依當時《兩岸人民關係條例》規定，政務官不得參加由大陸單方舉辦、非國際主辦的會議。吳茂昆與會不僅是沒申請，而且違法。指控管中閔違法赴大陸開會，並且磨刀霍霍，上臺就立即向臺大開刀，宣告遴選校長重啟的吳茂昆，此時面對一個最為尷尬的困境。他才是明顯而無法抵賴的違法者。雖然他一再對外宣稱，當時他是前往中國參加了兩場國際性會議，這兩場國際會議的行程，事先都已向行政院提出申請，並循程序簽辦，但行政院回函給國科會的公文中，對於香港科大在杭州所舉行的國際會議並未准駁。

由於違法事證明確，吳茂昆在五月二十九日宣布請辭，賴清德隨即批准。擔任卡管頭號打手的吳茂昆雖然下臺，但在短短四十一天任期間，陸續挨告違反《兩岸人民關係條例》、貪汙及侵害東華大學專利等罪嫌，逼得臺北地檢署收案，分由三名檢察官負責偵辦。他被在野黨批評心中沒有教育方針，只是蔡英文政府的「拔管工具人」，創下任期最短教育部長的紀錄，還被譏諷為用完就丟的「拔管免洗筷」。

既然有了坐牢的決心，管中閔乾脆放開了。他心想：無論臺大校長一事最後結果如何，自己終生都會是一名學者，學術園地才是他終極的歸宿。因此，五月三十日至六月一日，他首度離開臺灣，至澳洲雪梨參加國際計量會議。這是他一手創辦的國際會議，二〇一八年已是第十四屆。

臺大方面也展開行動。五月三十一日下午，臺大博士生王宗偉等多名臺大學生發動首波行政救濟，前往教育部提起訴願，請教育部撤銷駁回管中閔聘任案的原處分，聘任他當臺大校長。「雖然訴願結果自知極有可能會失敗，但還是要付出行動，表達大學自主的立場。」臺大學生這麼說。

六月四日，臺大校方向教育部提起訴願，捍衛臺大校長遴選之自主性。六月五日，管中閔本人也向教育部提起訴願，這是繼臺大學生、臺大校方提起訴願後，形成「三路並進」的情勢。依照規定，訴願機關在收到訴願書後三個月內要做出決定，必要時得延長兩個月。所以各界估計，最快九月就會有結果。

22

蔡英文約見陳維昭

就在教育部滿城風雨之際，蔡英文正式出手了。

六月四日下午，陳維昭接到生策會（社團法人國家生技醫療產業策進會）執行長吳明發的來電，原來是陳菊找了前立法院長王金平，希望他可以約陳維昭到總統官邸與蔡英文總統見面，她想了解管案的內容，解決問題。由於現在的輿論對政府不好，她想請教陳校長有什麼想法，商討怎麼解決。

陳維昭對蔡英文並不陌生。在國家生技論壇時，他就曾邀請蔡英文來參加，當時陳維昭有一場演講，介紹生技產業現況，蔡英文坐在臺下聽。那時正是選舉時刻，所以兩人未能多談。但選後，蔡英文以總統當選人的身分，展開產業之旅，南港的生策會是其中一站。那天由翁啟惠安排，陳維昭作為會長接待，和蔡英文談生技產業的發展前景，並一起接受電視臺的採訪。當天蔡英文還送他一本《英派》。

陳維昭認為，如果蔡英文出面，問題應該可以很快解決，就接受了。

接見的過程，陳維昭未曾將之公布，直到六個月之後，臺大校長的問題解決後，陳維昭始帶著「向歷史交代」的責任感，將整個過程寫成坦然詳實的紀錄，發表於《臺大校友雙月刊》第一百二十一期（二〇一九年一月。頁四至六。）。為作為歷史之見證，保存原貌，也因原文中顯露的許多真相是非常珍貴的第一手史料，全文引述如下：

〈六月六日總統官邸談管案〉

文／陳維昭（臺灣大學前校長，臺大校長遴選委員會召集人）

二〇一八年六月四日，星期一下午約二點半左右，我接到生策會吳明發執行長來電，表示王金平院長在詢問我下午四時是否有空，可以到鎮江街立法院研究室討論一些事情。我表示沒有問題，我們就準時在王院長研究室見面。我心想大概是要討論「二〇一八臺灣醫療科技展」的事。因王院長是展會創辦人，我是召集人。

到達時，只有王院長、吳明發和我。王院長表示總統府陳菊秘書長請他協助，看是否可以安排我到總統官邸與蔡英文總統見面，談談有關管案的問題。我表示可以，也很希望能為目前的僵局盡點心力。

其實總統大選前，在生策會舉辦的論壇和當選後就職前的產業之旅第一站：生技醫藥（當時我是生策會會長)，還有一些其他場合，我都接待過蔡英文總統，她還送我《英派》大作，並不陌生。

陳菊秘書長原安排六月六日中午在官邸一邊用餐一邊談，但王院長當天中午自己做主人已安排有餐會，經協調，最後決定六月六日下午四點在官邸見面。

六月六日下午三時五十分，王院長坐車先到臺大醫院大門口接我，然後一起前往總統官邸。抵達總統官邸、先由陳菊秘書長接待，接著蔡英文總統趕到。小方桌，我和蔡總統面對面，王院長在我左側，陳秘書長坐我右側。陳菊秘書長起頭說，王院長可能有大致跟我說明了，因為總統希望了解管案，是否可以請我表示我的看法。

我說，既然來了，我盡量就我所知表達我的看法：首先，讓我先就個人對這件事的看法簡單說幾句：「我認為這完全是一個政治事件，這種事件發生在這個年代很不可思議，而政府的操作手法又太粗糙，因而普遍引起反感，我認為不應為管案讓社會包括臺大，付出這麼大的代價，應該想辦法盡快解決。」然後我把遴選過程從開始到後來的演變就我所知敘述一遍。

接著我們討論的幾個重點如下：

(一)蔡總統提：是否可以再重啟遴選把事情根本解決?(而這正是教育部一再給臺大回文的要旨，可見這是政府要的東西。)

我表示遴委會並無重啟遴選的法源依據。遴選委員會已經依照法律程序完成遴選，選出校長當選人並報部，並無所謂無法選出校長當選人或當選人因故無法上任的情況。

況且臺大校務會議也肯定遴委會的遴選過程及結果並否決重啟遴選，遴委會係受校務會議託付遴選校長，此刻更不可能與校務會議的決議背道而行。

遴選委員完全依法行事，卻遭到司法單位的約談，很多人都心存恐懼，更不可能在沒有法律依據之下去重啟遴選，自陷困境。

（二）總統是否應該介入行政院事務的問題：

這是因為我舉當年行政院長游錫堃欲收回國立大學校外閒置土地及宿舍，引起不小的風波，最後是由陳水扁總統出面協調把事情解決的例子給蔡總統做參考。我把我請託陳前總統的過程，以及陳前總統如何把事情圓滿解決的大致情形做了扼要的報告，並把陳水扁總統給我的回函影印本一份交給陳菊秘書長。該回函刊載在《臺大校訊》第七百十一八期（九十二年十月一日）。在信裡，陳總統除了說明他在處理該事件所做的努力之外，也表達了他受母校栽成、培育的感恩，和對母校發展的關心和期許。

我是期待蔡總統，不管原來的壓力來自哪裡，她應該可以出面協調解決。不過她的說法是她不能介入行政院的事務，而且兩件事的性質也不完全一樣。

（三）對我所說「這是政治事件」，蔡英文總統似乎有點在意，試圖否定政治介入的問題：

其實，教育部姚次長在一月三十一日的遴選委員會，就提到說教育部受到很大的壓力，我當時回說，我當然知道你們受到壓力，不然教育部不會有這段期間這些奇奇怪怪的動作，也因為如此，我們今天才不得不再開這個會，就是希望能夠幫忙教育部解套。本來一月五日完成遴選並報部之後，就沒有遴委會的事了。（一月五日，遴選委員會圓滿選出校長當選人。一月七日，我以召集人身分宴請委員，慰問大家的辛勞，所有委員包括教育部指派的三位委員幾乎全員出席，不管支持的人是誰，大家都很高興終於圓滿完成遴選任務。）

有關政治介入的問題。蔡英文總統在談話中表示，這或許不是政治壓力，而是社會觀感所帶來的壓力。不過，王院長和我都無法認同這樣的說法。我說對拔管引發的侵犯大學自主事件，社會上不認同教育部作法的明顯占大多數，王院長也說數據顯示不認同的約占七成以上。

（四）隨後進入法律問題的論辯：

蔡英文總統表示她是學法律的，要談談一些法律的相關問題。

我們之間的辯論：包括遴委迴避的問題、獨董揭露的問題、遴委會選出後教育部監督審核的適法問題等等。

我就我所了解範圍，一一說明，並證明遴委會在整個遴選過程的審慎與適法程序的堅持。因為牽涉的問題的確太複雜，最後蔡英文總統要求不要再繼續辯論法律問題，讓我們談點別的。

（五）其後蔡總統提出幾個問題包括：

其一、企業遴委太多：但我認為二十一位之中有二、三位企業人士不算多。她想知道幾位企業人士是何人推薦的，我報告是由行政會議推薦，行政會議則是由校長、各院長等一級行政主管組成。說她總覺得臺大跟企業關係太密切是個問題。

其二、學生代表一人太少：我認為這是遴選委員會組織法的問題，有其整體考量。當然，這是可以討論的，如果大家認為太少，可以修法。

其三、管中閔一直都沒有出面說明：這點我沒法代表管中閔，因此不表示意見。

其四、地檢署約談遴委的問題：她說她很關心這件事，在她主政之下不容許這種情況發生。不過，據她去了解，地檢署只是以「證人」身分幫忙了解案情而已。我說不管以什麼身分被約談，一般人都會害怕，能免則免。王院長也說，確實大部分人都會嚇壞。在我和蔡英文總統的談話中，陳菊秘書長在旁簡單記下要點。

談了約一個小時，因陳菊秘書長預定外出而不得不結束。王院長表示：今天很難得有如此深入溝通的機會，如今雙方都已充分表達各自的想法和看法，接下來的事就由陳菊秘書長去處理了。

臨去時，蔡總統在門口送客，我表示我比較關心臺大的發展，擔心臺大一旦繼續掉下去，將來就很不容易爬上來。總統並沒有對此做回應，只是又再次提到，她認為臺大最大的問題是跟企業的關係太密切。事實上，我不知道她所指的是哪個企業跟臺大關係太密切的問題，她所說的問題又是什麼問題，或許校長可以去了解。

在這次會談中我想表達的意旨是：

一、遴選過程完全合法也合乎程序，沒有重啟遴選的理由和法源。

二、拔管事件的起因是因為教育部受到外來的壓力，不管它是政治壓力還是什麼壓力，解鈴還須繫鈴人，必須從壓力的由來去處理。

三、不管壓力來自哪裡，蔡總統可以考慮以總統的高度出面協調解決。

四、不宜讓臺大乃至整個社會因管案繼續付出代價。

一個鐘頭的談話內容，有些相當瑣碎，僅就記憶所及，向我臺大師生同仁及校友們摘要做以上報告。[66]

這是二〇一九年一月，陳維昭發表在《臺大校友雙月刊》的文章。當時臺大校長的案子已通過了，風波已平息，照道理講「船過水無痕」，他並不需要留下什麼。顯然，陳維昭在事件過後，仍願意以當事人的身分，平平實實、不加任何評論地詳細說明，記錄存真，乃是為了留下見證。質言之，如果他未曾留下見證，以後任人言說，以臺灣政治人物的抹黑塗白、各說各話，事情會被寫成什麼樣子，誰也不知道。陳維昭確是非常有智慧的「大校長」。

二〇二二年，陳維昭在接受我的訪談時，對當年的對話仍記憶清晰。特別是有關地檢署約談遴選委員一事，蔡英文當場說出「地檢署只是以證人身分幫忙了解而已」，這就說明她完全了解情況，包括地檢署以什麼名義約談、約談什麼人，都在她掌握之中。那麼，她否定「政治力介入」的說法，就顯然是託詞了。

事實上，陳維昭見過的總統有好幾任，從李登輝到陳水扁、馬英九，總統有多大權限，願意付出多大力量幫忙，他心知肚明。他也說得這麼明白，管案的阻力，來自教育部所受到的「政治力介入」之壓力，這個壓力不除，教育部也無法決定。若以總統的影響力，自然可以消除。但蔡英文不願意承認，反而置身事外。

他特別提到當年行政院長游錫堃欲收回臺大校外閒置土地及宿舍的問題，陳水扁交代了游錫堃，問題便解決了，他將這個過程告訴蔡英文，就是為了說明，陳水扁可以，妳當然也可以做到，只要交代賴清德一聲就可以了。但顯然蔡英文拒絕了。

他也明顯感覺到蔡英文和其他總統有所不同。陳水扁、馬英九都是校友，會「校長、校長」

地叫，對母校很親切；言談間，總會問「學校還有什麼需要？我們可以幫什麼忙？」。但蔡英文給人一種距離感，客氣而無法親近，沒有什麼溫度。

23 葉俊榮有溫度的溝通

二〇一八年的臺大畢業生，是最特別的一屆。他們要舉行一場「沒有校長的畢業典禮」。在畢業典禮上，校長為畢業生撥穗本來代表畢業生一如稻穗或麥穗，成熟了之後，可以撥開稻穗，展翅高飛。然而今年沒有校長。

有些臺大教授認為，無論教育部如何處理，臺大既已選出校長，就應邀請管中閔作為「特別貴賓」，和幾位前校長坐在一起，上臺致詞，以此表明臺大的立場。但代理校長郭大維不同意，只同意讓管中閔坐在臺下，和一般來賓一樣。管中閔因此拒絕出席。但作為「已選出的未上任校長」，他還是在臉書上發文為畢業同學祝賀。

〈面對自滿年代的臺大校訓——給畢業生的話語〉

在今天這個特別的日子，我謹藉著小小的臉書版面，向各位畢業的同學說聲「恭喜」。

傳統的學院畢業典禮會舉辦「撥穗禮」。在學位授與的儀式中，畢業生頭頂四方帽，帽上垂下的流蘇位於自己的右邊，授位人——通常是校長——將流蘇撥到左邊，表示學生圓滿完成學業，得到相當的學位。從右到左的撥穗，意味著求學者的思想從青澀到成熟（如同稻穗或麥穗的成熟），撥穗之後則將具備進步、批判、改革的思想能力。尼采曾說：「謙遜基於力量，傲慢基於無能」。愈飽實的稻穗腰彎得愈低。基於力量的謙遜，應該是一個人裸命面世，從接受命運、承擔命運到改變命運，最關鍵的德行之一。

文學家石黑一雄在二〇一七年諾貝爾文學獎得獎演說〈二十世紀夜〉中指出，回頭來看，自柏林圍牆倒塌以來的年代，似乎是自滿的年代、是錯失機會的年代。「如今極右派意識形態，和部落式民族主義不斷滋生擴展。種族主義以它過去的形式，以及如今更新版、更方便於行銷的形式再度興起，它有如深埋地底的怪獸，在我們文明的街頭底下騷動。」石黑一雄沉重地說：「如今我們似乎欠缺進步的訴求可以把我們團結在一起。」

的確，科技的進步和許多觀念的轉變，都在拉開不同世代間的差距。不少學者稱一九八〇年後「銜著滑鼠出生的一代」是「數位原生代」（digital natives）；而二〇〇七年後「銜著智慧手機出生的世代」，再十年後、也就是臺大創校百年時，也將從這個校園畢業。在一九九〇年代中期出生的你們，剛好位於這兩個世代之間，未來必將成為兩者間的橋梁、扮演承先啟後的歷史角色。面對信任崩壞、分裂混亂的自滿時代，如何重建社會信任機制，跳出相互仇視、相互牽制羈絆的螺旋困境，把所有在臺灣的人重新團結在一起，將是你們未來最主要的任務。

一九四九年，傅斯年校長留下臺大校訓：「敦品、勵學、愛國、愛人。」我過去心裡總縈繞一個念頭，如何在當前這個自滿而又混沌的時代，讓校訓這八個字能夠「與時俱進，其命維新」，仍然成為新世代臺大人的精神資產？我認為，「敦品勵學」所展現的就是「基於力量的謙遜」，勵學以蓄積力量，而敦品方能謙遜；「愛國愛人」的基礎則是「社會信任機制」，唯有信任方能愛人，能夠重建（或維繫）這樣的信任機制才是真正的愛國。這兩點，不只是我對當前環境與這個時代的反思，我相信也會是未來新社會乃至新科技的核心價值。

校訓的八個字早已賦予了臺大人與眾不同的精神內涵。我在此刻重新詮釋校訓的意義，就是希望提醒所有臺大人，不會忘記自己對這個社會與時代無可替代的責任。以上一些想法，謹此敬贈各位畢業同學，並祝願大家未來出類拔萃，超邁群倫。[67]

在一個撕裂的時代，在部落化、仇恨政治當道的時代，被政治無端攻擊到體無完膚的「待上任校長」管中閔念茲在茲的、想對未來的學生交代的，居然仍是「信任」。一顆缺乏信任的心，是無法愛人的；一個缺乏信任的社會，是無法愛國的。重建這樣的信任機制，臺灣才有希望。

然而，放眼臺大校長選舉過程，選後學界的寒蟬效應，這個時代，還剩下多少可以信任的人？可以信任的言語？可以信任的信念？

一如龍應台對教育部的批判，拔管事件所招致的是學術價值的大崩壞。學術界目睹政治力如此粗暴干預、如此拋卻大學自治精神，甚至長期介入校園，忍不住發出了抗議之聲。

七月三日，中央研究院院士會議通過王德威院士等人提案：「請教育部遵照《大學法》規定及精神，執行校長聘任事宜」，以八十票通過（一百三十八位出席）。此次提案，唯一讓學界訝異的是，前臺大校長楊泮池竟然是投下擱置票的其中一人。也就是不贊成提案。據《聯合報》報導，許多臺大校友和師生感到十分訝異，認為楊泮池的作為，根本無視臺大兩次臨時校務會議支持遴選委員會的決議，促請教育部速聘管中閔。對此，臺大人不免感到失望。

七月六日，由臺大前校長李嗣涔號召成立的「全國大學自主聯盟」成立（包括全臺十四所大學），並舉辦國際記者會，邀請到了臺、清、交、政大等十二所學校教授，有的代表個人，有的以副校長和前校長身分出席，聯合呼籲教育部盡快聘請管中閔上任。

李嗣涔在記者會上說：「今天產生一個國際的笑話，臺大沒校長，教育部沒部長，為什麼沒部長？一個有良心的人，一個願意遵守法治的人，他怎麼敢接現在的教育部長，他不敢接的。」李嗣涔雖然說得非常尖銳，但如果不是教育部違法濫權，怎麼會走到這一步？

七月中旬，在各界的壓力下，吳茂昆辭職後一直懸缺了五十幾天的教育部長一職，終於有了新的人選——由內政部長葉俊榮轉任。

葉俊榮願意從內政部長轉任教育部長，確實出乎各界意料。葉俊榮曾在私底下向臺大教授表明，他的任命，是得到蔡英文與賴清德同意的，他們都希望他能以法律的專長、臺大教授的資歷和人脈淵源，處理好臺大校長案。質言之，進退兩難的管案即是他被任命的緣由。

七月十六日，葉俊榮在上任記者會上說：教育部過去一段時間的處境，可以用「風雨飄搖」來形容，目前橫在面前的兩大關卡：臺大校長案及一〇八課綱案，都非常困難。葉俊榮宣示會把握上任黃金期，盡速處理好這兩大難題。

針對高度爭議的臺大校長案，葉俊榮在受訪中表示，他會把握上任後的一、兩個月黃金期，不再讓此案延宕下去，避免對臺大、教育部和整個社會造成更大的傷害。

他提出三大原則：「**第一是高度重視臺大學生在一個健全運作大學下的學習權益，以及臺大作為臺灣教育旗艦的角色與精神。第二是臺大校長遴選聘任的盡早確定。第三是對遴選機制及相關程序的重視。**」[68]

基於此，他提出三個方向：第一個是沿用前部長吳茂昆所做的重啟遴選，但臺大不肯；第二個是臺大正在走的司法程序，但等法院認定拖太久，對學校不利；前兩條路堵塞的情況下，他要開第三條路，「做有溫度的溝通討論，結合各方的共同努力，勇敢找出一條路」。

解鈴還需繫鈴人，校長遴選案的關鍵，在臺大校長遴委會。如果遴委會認定遴選過程並無疑義，教育部絕無不聘任的理由，更無拒絕聘任的權力。這一點葉俊榮相當清楚。所以隔了兩天，七月十八日，剛就任的葉俊榮就來拜訪陳維昭。兩人開誠布公地談了一個多小時。

陳維昭還記得，葉俊榮一開始就表明，他已當過內政部長，對官位並不戀棧，會接受教育部長的任命，是為了來解決管案。接受之前，他曾和蔡英文、賴清德談過，他們授權他來處理好管案，所以他是「有授權也有誠意來解決管案的」。至於授權的條件是什麼、有沒有底限，他並沒有明說。

陳維昭一如往常，坦率地將臺大校長遴選的來龍去脈說明一遍，並明確告訴他兩個意見：第一，整個遴選過程合法也合乎程序，沒有理由，也沒有法源，重啟遴選。第二，拔管事件的起因是遴選結束後，教育部受到外來壓力，不管是什麼壓力，必須從壓力的源頭去處理。

陳維昭看得非常清楚，問題關鍵不在臺大，不在遴委會，也不在教育部，而是背後的政治壓力。陳維昭禮貌地說：「遴選委員會能做的都做了，一切都是在《大學法》的規範下進行的，你是耶魯大學的法學博士，是行政法的專家，學養深厚，應該知道怎麼處理。」

過了幾天，七月二十六日上午九點三分，葉俊榮來電希望再度見面，於是約了下午兩點半來拜訪。

這一次他擺明了說，希望能好好解決。因此，不管是遴選委員蔡明興的利益迴避問題，或管中閔的獨董兼職問題，兩者都是制度不完美所產生的爭議，然而都不是重大明顯瑕疵。

葉俊榮交給陳維昭一張字條，表明了他的處理原則，內容是：獨立董事的迴避以及利益衝突都不是重大瑕疵，可以依法聘任，只要遴選委員會再次聲明確認此爭議都不影響遴選結果，教育部即會依法聘任。

他希望遴委會不管是開會，或以任何形式達成共識，對一月三十一日會議紀錄中之部分文字可以做更明確的確認，並提出簡單的參考稿。

遴選過程中的小瑕疵，主要有兩點：有關管中閔的兼職沒有寫在校長競選的資料表上，未盡告知之實；還有就是蔡明興作為遴選委員有利益迴避問題。整個遴選過程是合法的，遴選委員會只要承認這個瑕疵，重開一次會議就可以。

陳維昭認為，這些瑕疵不是問題，管中閔的獨立董事有沒有揭露根本不是問題，校長選舉的表格上，不可能把一個教授幾十年全部兼職都寫出來，那要寫多長？他們當然只會選擇寫出自己的學術專長與優點。更何況，以前沒有這個規定，怎麼可以說他違法？坦白說，如果要全寫出來，會寫多長你知道嗎？

後來教育部要教授每年填寫兼職調查表，這已經是管案之後的規定了，怎麼可以追溯？不能用現在教育部的規定來要求重來。

至於利益迴避，法令上本來就沒有規定，也不影響選舉結果。況且，此時有人正在提告管中閔「偽造文書」，而陳維昭涉嫌「掩飾犯行、涉嫌圖利」，如果承認有瑕疵，那不正是自己承認有問題，落入提告者的陷阱嗎？

陳維昭的說法清清楚楚，讓葉俊榮無可反駁，只好轉圜說：「那我們來談點別的。」

最後，葉俊榮只好用拜託的口吻說：「可否拜託你再開一次遴選委員會議，再確定獨董的揭露和利益迴避問題，沒有影響投票結果，這樣教育部就可以據以重新處理。」陳維昭說：「可是我們已經開過確認的會議了，要用什麼名目再開呢？再開也是一樣啊！」然而葉俊榮還是再三拜託，要遴委會再開一次，再次確認，行事上才比較好辦理。他承諾，只要再開過一次會議，他一定會讓管案通過。

此時，陳維昭心中明白，教育部需要一個臺階下。彼此未曾明言的是，葉俊榮如果要推翻吳茂昆曾發出的公文，就得有個推翻的理由，才能再起另一份公文。陳維昭願意相信葉俊榮的誠意，畢竟，葉是他擔任校長時的臺大教授，彼此有信任的基礎。

陳維昭原本預計七月三十日到三十一日再次召開的遴選委員會議，因為臨時舉行太匆促，且正逢暑假，一些委員已帶著家人出國旅行，或有公忙出國，出席人數無法湊齊三分之二，便轉而透過電郵尋求共識。他私底下聽到有委員抱怨說：「早已經確認過了，還需要什麼會議，問題在教育部，不是遴選委員啊，我們再怎麼開也沒有用。」但他也只好請大家多多忍耐，幫臺大的忙。

作為召集人，陳維昭清清楚楚記得，來回討論的過程，花了八天的時間，經過兩輪修正，二十一位遴選委員中，一位迴避，二十位委員參與投票，十五位同意，即有四分之三同意此聲明稿，才對外正式發出。討論過程的郵件全部建檔留存，長達十二頁，且每一位委員都有表達意見。

教育部次長姚立德次長也作為遴選委員參與討論，經他提出修正意見後，最後文字內容為：**「為求周延，針對管教授之推薦人於本校『校長被推薦候選人資料表』之『個人基本資料』中，未揭露管教授擔任台灣大哥大獨立董事等兼職情事，而遴選委員已議決其為校長當選人乙節，本會謹此再次確認，此並不影響其遴選結果。」**後來葉俊榮在回答立委柯志恩的質詢時也坦承，當時即看過這一段文字。換言之，教育部次長姚立德的修正稿，是經過部長葉俊榮審核確認的。

八月二日，經過所有遴委確認過的聲明，函送教育部，同時發送給新聞媒體，公諸於世。這份正式的聲明，將此次遴選委員會議的緣起與目的，說明得清清楚楚，也等於給教育部一個臺階下。

〈臺大校長遴選委員會聲明全文——請教部盡速聘任管教授為新校長〉

本會肯定葉俊榮部長分別與召集人及數位遴委懇談，期望藉由有溫度的溝通，解決臺大校長遴選事件的爭議。基於對新教長的尊重、並回應新教長解決僵局的誠意與努力，本會依教育部一〇七年五月四日函再次確認本次校長遴選過程皆依相關法令進行，無明顯重大瑕疵，適法有據。

本會於一〇七年一月五日選出管中閔教授為臺大新任校長，之後受教育部要求，再次於一月三十一日召開會議。此次會議中，所有委員已明確知悉管教授兼任台灣大哥大獨立董事、審計委員會及薪資報酬委員會委員，亦查明校內審查程序時間點與公文。至於教育部認為遴選過程中有重大資訊揭露未盡完整，實屬法令制度未明確規範所致。歷經近七小時之充分討論與審視相關法規與文件後，才做成以下之書面決議：「本會自成立至今，作業程序皆依相關法規辦理。本會確認一〇七年一月五日管教授之當選資格，並無疑義。」所有與會之遴選委員，皆於會議紀錄上簽名確認。

為求周延，針對管教授之推薦人於本校「校長被推薦候選人資料表」之「個人基本資料」中，未揭露管教授擔任台灣大哥大獨立董事等兼職情事，而遴委會已議決其為校長當選人乙節，本會謹此再次確認，此並不影響其遴選結果。

本會已依法完成校長遴選，且兩次校務會議（三月二十四日及五月十二日）之決議皆為維持本會之決議。因而本會在回顧所有遴選程序並了解教長所關切之議題後，再次籲請教育部應盡速依法聘任管教授為臺大新任校長。

臺灣高教面對外部強大壓力，更需加強內部和諧，以堅守學術自由並維護大學自主為宗旨，方能提升大學教學研究的能量及水準，培養具競爭力之一流人才。臺大是臺灣高教的旗艦，其校長遴選制度與程序的重要性不言可喻。外界對這次遴選相關程序的各項意見與指教，本會虛心受教。加以近期臺灣各公私立大學之校長遴選，爭議事件屢有所聞，未來本會願意基於本次遴選之經驗，向臺大及教育部提出校長遴選程序及制度改革的建言，與臺大及教育部共同為臺灣高教的發展、提升臺灣高教國際競爭力持續努力。[69]

這一份聲明可謂是「面面俱到」的陳述。既肯定了葉俊榮的溝通誠意，也說明遴委會的善意回應，同時還對外界的批評，準備提出改革建言。這可以說是給足了臺階。

這一次，教育部終於有了正面的回應。葉俊榮對媒體表示，遴選委員會已展現善意，接著教育部會做適當處理。

八月三日，教育部次長姚立德特別打電話給陳維昭，說校長的事情可以辦理了，希望臺大指派一個行政人員當窗口，跟教育部密切聯繫。也有媒體推測，八月十日前，應該可以發聘書了。

陳維昭心中終於落下一塊大石。

24 大逆轉

世局如棋步步驚，本以為即將解決的難題，幾天後卻來個大逆轉！

八月十二日，因葉俊榮要隨同蔡英文訪美，公文先延擱了下來，要等部長回來批。

蔡英文此行是率團赴巴拉圭致賀，並前往中美洲友邦貝里斯進行國是訪問，訪問期間為二〇一八年八月十二日至二十日，重點是去程過境美國洛杉磯，返程過境休士頓。美國對她行程的安排與態度，是外界觀察的重點。以往臺美關係緊張時，曾有同意過境卻不能下飛機的窘境。但此行非常順利，蔡英文去程與返程都與美國僑界聚餐，並舉行演講，參與者都有上千人。蔡英文在美國見到不少僑界人士，聽取他們的意見。

誰都未曾料到，蔡英文對管案的態度竟因此產生巨變。

葉俊榮從美國回來的隔天，八月二十二日上午九點四十分，就立即打電話給陳維昭表示：「承諾的情勢有變，聘管作業已被高層喊停。」他的口氣有點無奈，但還是說：「原則上，大方向不變，但需要一段時間靜觀其變。」對此，陳維昭只覺得莫名其妙。怎麼一趟美國行，事情就變了，到底發生什麼事呢？為此他特地記下接電話的時間。

關鍵出在管中閔嗎？他在蔡英文之前，先去了美國。他所演講的其中兩個地方，洛杉磯和休士頓，偏偏是蔡英文隨後抵達演講的城市。他彷彿先走了一步，讓後來的蔡英文很沒面子。有傳言說：那種拚場較勁的情勢，讓當地的獨派頗為不悅，在蔡英文耳邊不斷抱怨，批評蔡政府處理管案的軟弱無能。

事實上，管中閔不是此時開始出國的。早在六月二十二日至三十日，他就曾赴大陸的大連、瀋陽，參加「東北計量研討會」，並發表論文。這是他出事後二度出國。他未曾料到的是，出國的期間，或許是離開是非之地，心情為之一鬆，晚上睡眠的困擾，竟得以緩解，他至少可以躺下來，安安心心地睡覺。

到了七月，他決定接受美國臺大校友會的邀請，去做幾場演講。美國的臺大校友，許多已是國際知名的學者，各自在美國長春藤大學任終身教授、系主任等，他們曾在臺大校長案的爭議過程中，紛紛連署、發聲明、刊登報紙廣告，以示對大學自主精神的支持、對教育部的批判。

休士頓臺大校友會在六月十六日召開大會，針對休士頓的臺大校友會會長謝元傑發函給校友，表示校友會對遴選事件採取「尊重臺大與教育部的決定，但不支持任一方」的立場，表達不滿。臺大校友周永綱、白先慎、周禧、曹裕璜等人致函謝元傑表示：「來信讓我們這些以民主自由校風為榮的臺大校友們感到困擾及失望。」他們要求在六月十六日召開的會員大會，舉行公民投票決定。結果以一百四十五比二十六的壓倒性比數，通過支持臺大五月十二日臨時校務會議的決定（即拒絕教育部重啟遴選的要求）。

美國各地區臺大校友（包括北美臺大校友聯合會、北加州、南加州、大費城、芝加哥、俄亥俄州、德州、大華府、東南區等），在世界日報買下全版廣告，刊出「籲請政府尊重臺灣大學校長合法遴選結果，政治退出校園運作」的宣言，並全文轉載臺大校方的聲明。海外臺大校友的態度相當明確，因此他們特意邀請管中閔赴美演講，以表達支持之意。

七月二十一日，管中閔在南加州臺大校友會第四十五屆年會演講，題目是「臺大新價值，臺灣新意志」。出席的臺大（與其他學校）校友約五百人。他在演講中強調，臺灣的困難之一是社會出現空茫和冷漠的現象；而臺大則正錯失在亞洲高教市場競逐的機會。要改變冷漠的厭世代，臺大與臺灣都必須為年輕人創造機會。臺大要積極向未來大學轉型，成為以學習者為主體的新形態學習中心；臺灣要重新理解社會變得冷漠的癥結，並重新塑造更開放、更具創意的新意志力。將來，臺大的新價值之一就是參與打造臺灣的新意志，奉獻於臺灣的未來。

八月十二日，他在休士頓的美南臺大校友聯誼會演講，題目是「變革：從臺大出發」，當天出席餐會約五百人，加上來聽演講而不參加餐會的兩百餘人，總共超過七百人，場面盛大。他在臉書發文表示：「非常感謝朱經武校長抽空參加，並擔任演講介紹人。我也遇見國中時的谷夢華老師，以及數位國中和高中同學前來參加，表達支持。」

八月十五日，管中閔訪問休士頓時，應萊斯大學校長 David W. Leebron 夫婦邀請午餐，並有一九九六諾貝爾化學獎得主 Robert Curl 夫婦、萊斯大學社會科學院院長 Antonio Merlo，以及休士頓知名臺商劉明剛夫婦共同參與。餐會中，大家對大學國際化議題與如何吸收國際學生有許多討論，Leebron 校長亦介紹他如何建立萊斯大學與亞洲大學的聯繫。Leebron 校長近四十年前曾來臺灣自助環島旅遊，他表示至今仍印象深刻。

八月十八日，管中閔應北美臺大校友會聯合會的邀請，在灣區聖克拉拉會議中心（Santa Clara Convention Center）以「變革：從臺大出發」為題（與休士頓演講相同）演講，出席者一千餘人。他在臉書發文：「在週末能匯集這麼多人遠道來聽演講，令人感動。演講內容延續我當初治校理念中所說：變革是臺大的唯一出路。變革不只是為了回應臺大（或臺灣高教）當前所面臨的挑戰，也是為了回應臺灣社會的期待，讓臺大有機會向未來大學轉型，在臺大創校第二個一百年，仍能繼續引領臺灣的未來。」

其中兩個演講地點，與蔡英文重疊。雖然他的演講行程早早就安排好，卻變成有一種拚場較勁的味道。

管中閔的場子熱烈，是否招致海外獨派的不滿，因此向蔡英文反映，或者有人去告狀，讓她非常不悅，又或者當地獨派有強烈批評的聲音，導致蔡英文變卦了呢？誰也不知道。

但顯然，蔡英文很可能在行程中直接對同行的葉俊榮下達了清楚的指令，否則葉俊榮也不至於下了飛機，就對陳維昭表明無法維持承諾，讓自己難堪。

後來也有媒體報導指出，這是由於八月二日臺大遴選委員會的聲明之後，引起獨派大反彈所導致。報導指出，八月三日，臺灣社、北社直接開記者會，批評臺大遴委會的聲明完全「昧著良心說話」，要求臺大校長遴選要「依法行政」，不能用政治性妥協。[70]其後行政院長賴清德在八月六日接受專訪時特別講，管案最好的依據就是「依法行政」，用語和臺灣社、北社如出一轍。

臺大校長遴選候選人吳瑞北，則以「擔憂新任教育部長葉俊榮直接聘任管中閔，會造成其他候選人權益喪失並難以回復」為由，向法院遞狀聲請假處分，主張「在訴願等臺大遴選相關訴訟判決確定前，教育部不得在未重啟遴選下，逕行做成臺大校長聘任的行政處分」，[71]以阻擋葉俊榮真的發出聘任書。

同時，監察院在八月十六日針對臺大校長案通過糾正案，認定教部及臺大皆有明顯重大違失。這是由監察委員高涌誠和張武修主要負責調查。調查中釐清管中閔的兼職時序，認定其兼任台灣大哥大獨立董事部分，是在校方核准其書面申請兼職後才兼職，但兼任台哥大審計委員會委員及薪資報酬委員會委員兩項職務的部分，則違規兼職在先。至於臺大處理兼職流程是否有瑕疵，監察院報告直指「臺大長期未依法行政」，僅有十八點四六％之專任教師遵照規定，於學校核准後始就任兼職職務，相較於國立大專校院專任教師兼職者平均有三十一點九一％符合規定，「臺大顯然不足為各校表率」。[72]

這項糾正案的滑稽之處在於：合法的只占了十八％，而對比的國立大學則有三十一％，其餘竟有八十一％及六十九％非法，那麼大部分非法的原因到底何在？監察院難道不該出來說清楚嗎？不說大問題，卻在計較十八％與三十一％的差異，豈不滑稽？問題關鍵不在臺大，也不在教育部，而是依照《公司法》辦理，只能如此。臺大又能如之何？

教育部因長期未有效督促、輔導各國立大專校院落實《公立各級學校專任教師兼職處理原則》第八點規定，也遭監委糾正。

這項調查表面上各打五十大板，對臺大影響不大，卻直指臺大違法，這讓教育部有擋住臺大校長案的理由。當然，實際的情況一如前述，如果不立即執行董事職務，選出薪酬委員會與審計委員會，公司根本不能運作。這根本是《公司法》的漏洞，而不是管中閔或臺大的問題。監察院其實是明知故責，睜眼說瞎話。

問題是，葉俊榮要改變原先對陳維昭的承諾，往後要如何辦理？

八月二十六日下午，姚立德特地來拜訪陳維昭，轉達葉俊榮在電話中說「情況有變」的事，並表示「上級的指示是希望遴委會重啟遴選，並且可以從一月五日最後階段中的五位再投票選出，並要求蔡明興迴避」。

陳維昭仍明確表示，整個遴選程序合法，實在找不到重啟遴選的理由和法源依據。更何況姚立德從頭到尾，全程參與，連八月二日的文字修正，都經過葉俊榮的參與，他當然知道，道理上怎麼也說不過去，只能默然而返。

九月初，姚立德又來電。預約九月三日下午三點半，葉部長與他要一起來拜訪。陳維昭知道，此次同來拜訪的目的，無非是要說服他召開會議重啟遴選。他猶豫了一下，在三日上午，傳訊息給姚立德，取消了下午之約，並且在簡訊中，拒絕未來進一步的接觸。連同姚立德與葉俊榮的電話與簡訊，都一律不回。

葉俊榮後來頗為委屈地對外說：他打電話、傳訊息給陳維昭校長，他都「已讀不回」，即是自此開始。

九月十日，葉俊榮召開記者會，宣布他處理管案的新原則，發表兩千多字的書面聲明〈捐棄成見　走出僵局——完備遴選程序　確立新校長正當性〉，細數他一路處理管案的心路歷程，但所有說法都只是論述，真正的論點是：

> ……經過這些溝通的努力，臺大在八月二日將校長遴委會討論後提出的聲明，函送教育部。台大遴委會以「聲明」的形式，作為對教育部要求其重啟遴選程序補正瑕疵的回應，並再次確認管教授的校長當選人資格，同時也就外界對這次遴選相關程序的意見和指教，表示願意基於本次遴選經驗，向台大及教育部提出校長遴選程序及制度改革的建言。我必須強調，台大遴委會提出聲明補正遴選瑕疵的作法，相對於原來僵局下的零溝通，是有進步的，也是值得肯定的。但或許是因為是暑假期間，有遴委不在國內或另有行程，無法召開正式的會議，讓遴委可以充分交換意見並對相關爭議做完整的處理，而使得該次「聲明」仍未能充分回應教育部一〇七年五月四日函中所指出包括候選人與遴委在同一營利事業兼職未揭露等的關鍵爭議。尤其對於重啟遴選程序上的處理方式，以及有關解除遴委職務之議決或迴避部分，未能形成明確的開會處理結果。未開會而單以「聲明」呈現，並沒有確切釐清程序瑕疵的疑慮，相當可惜。再加上後來發生了以下兩個重要的事情，更使得臺大遴委會該次的聲明，無法緩解外界對遴選程序瑕疵的疑慮：

一、首先，監察院經過數個月的調查，於八月二十日對臺大及教育部提出糾正案。監察院糾正案文中明確指出管教授與遴委蔡明興在台灣大哥大分別擔任獨立董事與副董事長，其相當之利害關係甚明。具體的事實包括，管教授曾於一〇六年八月二日就台灣大哥大「董事長、副董事長一〇五年年度酬勞發放建議及一〇六年年度調薪案」進行審議。這與教育部五月四日函中提到可能影響遴選公正性的關切是一致的。

二、其次，此次臺大遴選的其他候選人向本部提出陳情，表示管教授與遴委蔡明興的利害關係未揭露，已造成遴選結果偏頗，依「國立大學校長遴選委員會組織及運作辦法」第六條第二項規定，應由遴委會議決是否解除委員職務事宜。

在監察院糾正指出資訊未揭露的遴選瑕疵，以及直接利害相關候選人提出陳情應依法處理的情況下，再綜合考量教育部一〇七年五月四日函請台大轉請遴委會重啟遴選程序補正遴選程序瑕疵的要求，我必須懇切要求台大校長遴委會正式召開會議，以實質開會方式釐清並回應這些疑慮。先前暑假期間許多委員出國造成召開會議困難的情形，隨著暑假的結束與新學期即將開始，應已經有所不同。這次的會議，除必須確實依循正當行政程序的原則外，也應就監察院糾正情事及影響遴選公正性問題有完整的解決，尤其是以下的兩點事項：

一、首先，遴委會在重新開會時，必須先行議決遴委蔡明興先生應迴避或解除職務，才續行相關程序。

二、其次，回應教育部一〇七年五月四日發函請台大重啟遴選以補正程序瑕疵的要求，請遴委會至少應回到一〇七年一月五日第四次遴委會，從台大校務會議推薦之五名候選人開始依法進行遴選，並就其決定結果，報請教育部聘任。

這樣的作法之下，不是要求其重新開始公開徵求候選人、審查候選人資格、訪談、治校理念說明會、面談、校務會議推薦投票這一輪又一輪的遴選程序，而是對於遴選程序過程中，切入與所關切程序瑕疵有關聯的節點，使得遴選程序可以去補正所關切的瑕疵，讓學校有機會再做檢討。……[73]

葉俊榮的聲明，等於否定了陳維昭特地為他舉行的會議，讓所有程序重回原點。文中所謂的五月四日教育部去函臺大，其實是四月二十七日所公布的重啟遴選內容，只不過公文是五月四日才發出。

葉俊榮此說一出，意味著臺大校長遴選的補正已再無退路。

無論葉俊榮開始的長篇修辭如何漂亮，它明擺著只有一條路：重回一月五日的校長遴選，而且是先把蔡明興排除在遴選委員之外，以避開獨董的利益迴避，然後才重選。而重選的五個候選人，仍是最初那五人。也就是說，所謂「有溫度的溝通」、「誠意溝通兩個月」的說法，其實都是虛的，一切只是回到吳茂昆四月二十七日下給臺大的那一道指令：回到一月五日，五名候選人，重啟遴選。

對陳維昭來說，這是真真確確地違背承諾。

葉俊榮曾經向他承諾，再一次召開遴選委員會議，再確認一次，校長的問題即可解決。他做到了，變卦的卻是葉俊榮。葉俊榮甚至指責陳維昭八月二日的聲明是不合法的，因為許多人出國，視訊會議不算。依此而論，葉俊榮透過姚立德所修改的文字，都是白改的、做假的？而且，更誇張的是重回一月五日未遴選之前，五個人重新開始，那此前「再開一次即可」的說法算什麼？

這是把所有的努力，幾次拜託遴委重新召開的會議，必要的程序正義，一概否定了。也就是說，以前的作法是錯的，陳維昭要自認錯誤，一切重來。

然而，就算要一切重來也不可能了。因為四月二十七日，教育部長吳茂昆下令臺大校長重選，遴委會發表不服從聲明，遴選委員之一的臺大法律學系教授沈冠伶即在五月二日發表聲明，辭去遴委會委員職務。而臺大學生會長在八月一日改選，遴委中的學生代表已換人，遴委已非原來的二十一人，要如何重開呢？

時移勢易，人事已非，重開遴委會也無法維持原有的選舉公正性。

更荒謬的是，校長候選人吳瑞北所提起的訴訟，以「擔憂新任教育部長葉俊榮直接聘任管中閔，會造成其他候選人權益喪失並難以回復」的理由，向法院遞狀聲請假處分，主張「在訴願等臺大遴選相關訴訟判決確定前，教育部不得在未重啟遴選下，逕行做成臺大校長聘任的行政處分」。問題是吳瑞北一開始就從八個候選人之中被刷下來了。他連候選人的資格都沒有。

如果陳維昭依葉俊榮的要求做了，從五人開始選起，那不就等於讓吳瑞北的指控變成合理的，那是不是要從頭開始選舉，一切重來？陳維昭認為：葉俊榮這是「挖坑給我跳，簡直太不夠意思了」。

多年後，陳維昭回憶起來，並不生氣，面帶微笑，淡淡說出「挖坑給我跳」，一切都雲淡風輕。

但他當時已決定不接葉俊榮來電。

對此，管中閔的回應則是：葉俊榮引用監察院的糾正案，是不是為了要給特定媒體與政治力量「交代」或「交心」，他不願多做評論。但他指葉的這段說詞，不但對企業實務不了解，也是對法定的「揭露義務」與「利益迴避」，「大玩魚目混珠的修辭學」。管中閔直言：「葉底藏花的功夫很精彩，但人民的眼睛很雪亮。」

臺大遴選委員會發言人袁孝維也受訪表示：葉部長身為法律人，卻從頭到尾沒說出要求臺大重啟遴選的法令依據何在？更不能理解的是，為什麼教育部要求至少候選人變為五位之後重啟遴選？為什麼不是最早的八位？或者最後兩位？這是依據什麼法規？

同樣地，臺大學生會也不領情。他們聲明三點：

一、五位候選人之中已有人表明不再參加遴選，此案走不通。

二、遴選爭議要回到開始的候選人資格投票，一切重新開始。

三、校長遴選委員會失去民意代表性，必須重組遴選委員會。

這就意味著，臺大選舉一切重來。

更麻煩的是五位候選人，要不是「無法回答」，就是不回應。沒有人說有意願要重選。很顯然，各方都不滿意。葉俊榮提出了一個各方都不接受的難局。

事態很清楚，這個提議的關鍵在遴選委員會，如果陳維昭不受理，遴選委員會不開會處理，法理上，再怎麼樣也不能解決。所以葉俊榮開始急著要找陳維昭解釋，想再溝通。他不只自己打電話、透過各種人情傳話，也找姚立德來勸說陳維昭重新召開遴委會，但陳維昭都是「已讀不回」。

後來，當葉俊榮一再被問到臺大的事情時，只能苦笑說：「我一直要跟陳維昭校長溝通，打電話，傳訊息，他都『已讀不回』。」說得非常委屈，卻不說他如何違背承諾。

25

「做人」的重量

對陳維昭來說，所謂「補正五月四日教育部要求，臺大重回到一月五日遴選程序」，根本是荒唐的。任何民主程序，都不該這麼做。這正如候選人參選前，所有的手續都辦好了，候選人資格審查也通過了，甚至初選也都通過了，於是才能夠進入最後的五人決選。等到決選結果出來，不如你意，你便說，選舉前的資格審查有問題，選舉過程有瑕疵，一切重來。要重新審查候選人的資格，選舉人的資格也要過慮，不符合資格的要排除，重新選舉，否則選舉結果不算數，將走完的程序完全推翻。

如果這樣的說法可以成立，那還有程序正義嗎？還有民主嗎？還需要選舉嗎？難怪當時有學者評論說：就如同大家都承認遊戲規則，願意接受才入局。想不到遊戲輸了，就說規則不公，「賭輸就翻桌」。

「該說的，都說了，該做的，我也做了。你違背承諾，還要逼我做不對的事，挖坑讓我跳，那我只好不理你，隨便你要怎麼辦！我只能已讀不回。」陳維昭無奈地說。

事實上，身為臺大教授二十幾年的葉俊榮應該很清楚陳維昭的為人。擔任校長任內，他就首開風氣之先，基於大學自治原則，創下多項改革先例。

一九九四年一月五日《大學法》修正施行後，依《大學法》第一條明訂「大學應受學術自由之保障，並在法律規定範圍內，享有自治權」，公布實施十天後，臺大校務會議通過軍訓、護理課程改為選修。此後更進一步修正學則，決定學校自訂全校共同科目必修科目事宜，成為第一個實施課程自主的大學。

當時的教育部長郭為藩對此頗有意見，找他溝通，陳維昭不為所動。隔年，全國大學校長會議做出決議，軍訓、護理仍維持大一必修課，大二始開放選修。陳維昭仍不動，直等到一九九五年五月，大法官會議做出釋憲的解釋，支持臺大選修的決定，教育部終於無話可說。[74]陳維昭對大學自治精神的認知與堅持，他不畏教育部的骨氣，葉俊榮不會不知道，得到「已讀不回」的結果，應該是意料中事吧。

事實上，各方壓力也排山倒海而來。

臺灣相知的朋友了解陳維昭的性格，從醫界到企業界，沒有人會來關說一句話。

有一個住在北美的退休教授，以一種權威的口吻勸他：你只要辭去遴選委員會召集人的職位，這些事就都與你無關了，你也不必再負任何責任。你就放手，讓他們去處理就好。如果你願意這麼做，我可以去跟「他們」講，給你一個「適當的安排」。

這位同學畢業後出國留學，長期待在美國，一直支持獨派，是有名的獨派大老，跟民進黨淵源深厚，有能耐「跟上頭」說上話，這一點陳維昭並不懷疑。但他可能不知道，陳維昭早就曾受邀擔任副總統，而且不止一次。宋楚瑜來邀請過，他拒絕。二〇〇七年馬英九競選總統時，請金溥聰和葉金川來拜訪，特別邀請他搭檔擔任副總統。當時馬英九聲勢看漲，當選應無懸念，答應了未來便是副總統之尊。他也拒絕了。

馬英九當選後，總統府開始聘請一些人擔任資政和國策顧問，有意請他擔任資政。那一天他和王金平剛好有事餐敘，王金平很高興跟他報喜訊說：「恭喜啊，剛剛在總統府開會，馬英九通過了要聘請你當資政。」陳維昭當場說：「不行啊，你趕快跟他說。我不行，我不想擔任什麼資政。千萬把我拿掉，免得發出了公告，外面知道了，再讓我去拒絕，面子上不好看。」王金平很不解地說：「這是很高的榮譽職，又不必上班，很多人在爭取啊，他們好不容易選上你，幹嘛要拒絕？」陳維昭說：「我在臺大校長下臺的時候，早就說過了，臺大校長是我想做的最高職務。這是我的榮譽，別無所求。」後來直接打電話給前臺大教授、當時的總統府副秘書長高朗，請他轉達馬總統。高朗表示：「不行啊，我們會議都通過了，你如果拒絕，我們無法交代。」然而陳維昭依然堅定地說：「你一定要幫我辭掉，不然到時候被拒絕了，你們會不好看，很不好意思。」

高朗知道他心意已定，便不再堅持。

這位北美的獨派大老可能不了解這些往事，所以提出這種要求，自以為開出誘惑的條件。然而對陳維昭來說，權勢利益，猶如過眼雲煙，有何可戀？對於不了解自己的人，他連一句多餘的解釋都沒有。

陳維昭當然很清楚，如果他辭去遴選委員會職務，遴委會就失去召集人，整個委員會就宣告解散了。一旦解散，教育部就有理由推翻過去的選舉結果，要求臺大重組遴選委員會，那麼前任遴委會的所有合法性、正當性，都宣告瓦解，一切重來。臺大若重組遴委會，重新選校長，則所謂大學自主、學術獨立的精神，也都土崩瓦解了。臺大學生會提出聲明要解散遴選委員會，就是這個目的。

陳維昭深知自己是關鍵人士，只要他宣告辭去遴委，整個遴委會就瓦解了。但他如果這樣宣告，就意味著他前面五次召開的遴選委員會、遴選校長的合法性、所有的會議、發出的聲明，乃至於所說過的話，都宣告違法，他將信用破產，也將成為破壞大學自治精神的歷史罪人。遴選委員會可以重組，人一生的信譽，絕不可能重組。他怎麼可能做這種事呢？

多年後受訪時，他回想起來，只是微微一笑，淡淡地說：「當時我本應回他說，我是想顧朋友的感情，但我以後要怎麼做人？」

「做人」兩個字，很輕，也很重。輕的是，有的人根本不在乎；重的是，做一個有人格、有尊嚴、有信譽、有骨氣的人，這頂天立地的「人」字，是一輩子的。

臺大學者曾私下流傳著他無私的氣度、無畏的精神，然而他從未對外公開說過什麼強硬的話，也未曾透露誰給了他壓力，只是不卑不亢，凡事公開、公正、公平，堅定維持著遴選委員會的合法地位、合法選出的結果，要求教育部依法行政，聘請臺大校長。

只要他站在那裡，遴選委員會就像一座山，教育部無法越過，也無法抹去臺大已合法完成遴選程序這件事實。綠媒、親綠學者對管中閔的所有指控，如果不能推翻這座山，就只能是空包彈。這也是為什麼北美的臺獨大老會直接關說陳維昭，要他辭去遴委的原因。

仔細回想，從蔡英文到王金平，從教育部到地檢署，從遴選委員到臺大師生，從老朋友到身邊的同學，陳維昭一路受到來自四面八方，多大的壓力。那真不是一般人所能想像。

陳維昭溫和堅定，微笑以對，沉穩堅持，從未動搖，用一個知識分子的風骨，守護《大學法》自治精神的最後堡壘。

然而，隨著二〇一八年九合一大選的接近，更猛烈的風暴正襲捲而來。

26 九合一大選的逆轉

九月下旬，隨著十一月二十四日九合一選舉的迫近，政治情勢愈發詭譎緊張。勞工的一例一休政策，讓勞工、企業主與消費者都苦不堪言；軍公教人員的年金改革，導致許多退休公務員與退休老師的退休金縮水；有的老師因為要扶養家人，生活困難。農漁民的生計困境，讓南部的農漁民怨聲載道。兩岸關係的緊張，也使得許多商機被關上。偏偏，促轉會副主委張天欽又對外申明轉型正義就是要當政府的「東廠」，也就是用「轉型正義」為名來迫害忠良，自甘墮落的言詞，讓社會為之嘩然。

在這之中，臺大校長案是最不可思議的怪現象，已經換了兩個教育部長，還要再打壓下去，對校園民主、學術自由的傷害，讓知識分子感到憤怒傷心。

此時九合一縣市長選舉，就變成一種集體憤怒的投射，而韓國瑜則成為投射的中心點。許多退休的軍公教人員志願赴高雄擔任志工，南部的農民自主動員起來幫忙。雖然由政府收買的網軍依舊進行網路宣傳戰，卻無法抵擋社會的集體憤怒。用選票教訓民進黨的傲慢，已成為民意的主流。臺大是知識分子的指標，對管中閔的迫害，更是學者與學生不滿的焦點。

形勢動盪，民進黨更加著力打口水戰，軍公教、勞工、管中閔等話題，更為激烈地在節目上交火。

管中閔和陳維昭都感受到了政治風暴的壓力。

在這樣的氛圍裡，監察院對管中閔的調查並未停止。十月五日，監察委員王幼玲、蔡崇義要約詢管中閔，但管以眼疾復原慢，先委請律師向監委請假。

此項調查在三月就立案，要調查赴中兼職。主查的監委王幼玲說：調查管中閔兼職案與臺大校長遴選案沒有關係，調查的樣態很平常，過去監察院也查過很多兼職案，還是希望管中閔來說明。

然而，在調查過程中，監察院透過調查權，從財政部取得管中閔二十幾年的報稅資料，從剛回臺時的政大兼課，到中研院，乃至到大學的演講，不知道用什麼「方法」，不斷透露給媒體。於是包括管中閔的房屋、土地、稿費、獨立董事兼職收入、出差旅費、夫妻財產等，全部被公諸於世。更誇張的是，包括出差旅費有沒有重複報銷，也在調查之列。

管中閔覺得匪夷所思的是：他知道有些人會利用大陸的邀請，申請出差，因大陸有招待機票與旅費，回來之後仍在學校報銷。他未曾這麼做，也叮嚀助理小心不可重複，原因純粹是因為有費用就夠了。「想不到有人會以小人之心度君子之腹，簡直滑稽。」他只能感嘆人心難測。

十一月二十二日，九合一選舉投票前夕，管中閔在臉書發一則以〈臺灣人民與臺灣民主的勝利〉為題的短文：

選前兩天，很多人對選舉感到焦慮，也有人關心我選後的考量會是什麼。即使投票尚未開始，我其實已經看到選舉結果。我看到的不是當選的名單（我沒有這種神力），但我看到了甦醒的人心，澎湃的民氣，以及浩浩蕩蕩的人民力量。

民主在臺灣並未崩壞。臺灣的主流民意仍然堅持民主法治，所以人民唾棄知法玩法的政黨鷹犬，反對不公不義的政權，更反對完全執政、完全貪婪的當權者。選舉結果將再次證明：臺灣人民與臺灣民主的勝利。

如同臺灣的主流民意，臺大的主流民意就是反對迫害校園民主與堅持大學自治。也如同這次選舉結果一樣，臺灣的校園民主與大學自治一定會獲得最後勝利。在堅持守護臺灣校園民主的這條路上，請與我繼續同行。

楊牧一九八八年的詩：

我秘密的湖泊錚鏗
解凍，雷鳴加速
水色澄清（初識
之眼）悠然波動了，只見一叢多瓣
大紅花在風裡盛放，有情，集中
複沓，如劫後的歌

十一月二十四日，九合一大選開票。社會觀感普遍認為這一次大選是蔡英文自二〇一六年五月二十日上任後的首場全國性選舉，不僅是蔡英文第一任期的期中考，也是民進黨全面執政後的檢驗，更是二〇二〇年總統大選的前哨戰。

選舉結果：一如管中閔所預期的「臺灣的主流民意仍然堅持民主法治，所以人民唾棄知法玩法的政黨鷹犬，反對不公不義的政權，更反對完全執政、完全貪婪的當權者。選舉結果將再次證明：臺灣人民與臺灣民主的勝利」。縣市長選舉，國民黨取得十五席，民進黨贏得六席；縣市議員選舉民進黨也大敗。多數縣市首長政黨輪替，形成地方政治版圖藍大於綠的局面。對民進黨這次慘敗的分析不少，包括各種政策的檢討，乃至於經濟成長、就業、年金改革等，但最重要的恐怕是全面執政後的傲慢。選舉結果一出來，社會氛圍很快改變了。

敗選後，蔡英文立即發出〈給黨員的一封信〉，內容提到：

……當我為了降低社會衝突，刻意在價值分歧的議題上，選擇沉默或模糊時，人民不會因為我的沉默而停止分裂。我雖然做出決策，但沒有站在第一線領導，這導致了社會更分裂。支持者不知道要如何辯護，反對者則聲音愈來愈大。我們被夾在中間，想要求取兩邊的平衡，卻被兩邊攻擊。

過去這兩年多來，在很多議題上，我們希望時間換取空間，也能有較多的時間，和不同意見者溝通，但一拖再拖的結果，終究導致人民的不耐與不滿，讓支持者失去熱情，甚至讓整個臺灣有一種被困住了的感覺。

為了盡快止血，蔡英文隨即辭去黨主席，隨後行政院長賴清德、總統府秘書長陳菊也跟著請辭，但後二者皆獲得慰留。十二月一日，行政院召開檢討會議，環保署長李應元、農委會主委林聰賢、交通部長吳宏謀為敗選扛責，請辭獲准。此舉被解讀成為內閣止血，遭到網友批評「砍些無關緊要的官」、「最該走的不走」。

不過，據媒體報導，這只是「第一波」，很快就有「第二波」。而被外界點名下臺的內閣名單，包括教育部長葉俊榮、經濟部長沈榮津、外交部長吳釗燮、駐日代表謝長廷等人。但社會各界也同時質疑，在學術界問題最大的臺大校長案，要如何處理？此案不處理，民進黨要如何止血？

十二月十日，立法院教育及文化委員會一早就審理教育部預算，部長葉俊榮在會前即向記者表示，遴選過程有瑕疵，就去面對它、處理它，至於處理的機制，基於尊重大學的角度，還是希望遴選委員會能面對這些爭議，若可以有好的處理的話，很快地教育部就有能力去處理。希望臺大校長遴選委員會盡快針對遴選案開會，更透露現在離解決問題只有「一步之遙」。75

也正是這一天，管中閔在他的臉書發文，記錄他參加施明德回憶錄發表的講話：

在一個特殊時間（十二月十日，美麗島事件發生日），特殊地點（喜來登飯店，以前軍法看守所的地點），參加一個特殊活動：施明德主席回憶錄《能夠看到明天的太陽》的發表會。承施主席好意，我也有機會上臺講話（如下）。特別的下午，值得一記。

接到主席的邀請後，我問自己，作為一個成長於臺灣舒適安逸的環境，沒見識過革命，不曾經歷過苦牢，更難以想像是否「能夠看到明天的太陽」是什麼樣絕望心境的人，我能夠講些什麼呢？

在一位曾經兩度被宣判「無期徒刑」，坐牢二十六年以上，又曾絕食超過四年半的政治良心犯面前，我們的任何經歷都顯得微小而單薄。對於一位領導黨外運動，開啟了那個時代多少年輕人心靈（包括我）的民主前輩，以及曾經發動百萬紅衫軍天下圍攻，卻又極度自制的總指揮，任何頌揚似乎都只是贅詞。

我人生中第一個震撼教育來自一九八〇年春的美麗島軍法大審。當時我印象最深刻的一張照片是，在看來冷冽肅殺的法庭上，只有主席手插口袋，嘴角掛著一絲微笑；是的，即使是照片，我都看得出那是充滿不屑的冷笑。當時我正服役於東引，看著飄洋過海而來的大審報導，心情激動，於是在當地軍報《東湧日報》留下一段隱晦的心情紀錄：「陽光停息，大地震動，在一九八〇的某處，苦雨正在下降。有時不免驚懼的懷疑，這個年代是否已成虛構的一部分。」

一九九七年時，我有機會參加一場主席的生日聚會，那是我第一次認識主席，主席也沒拿我當外人，大家談笑風生。酒酣耳熱的時候，主席談到當年無限期絕食，然後被送到三軍總醫院強制插胃管灌食的往事。那個絕食不是在媒體環伺下的展演，而是在宣示理念（解除戒嚴、釋放政治良心犯等）之後，孤獨地走向一場對身體的殘酷折磨。他完全可能在社會大眾毫無所知的情形下，痛苦而寂寞地死去。我不知道一個人要有怎樣的決心、勇氣和意志力，才可能這樣頑強地堅持，而且「雖九死其猶未悔」。

今年三、四月那段時間，我因眼疾臥病，醫生雖禁止我看手機，但我還是會偶爾偷看。四月八日，我驚訝地看到手機中有主席兩天前傳來的簡訊：「挺住！屈服，大學自治就壽終正寢了！」、「堅定而優雅！」我回了簡訊後，主席的簡訊很快又來了：「依舊堅定而優雅！」、「不可以屈服！否則就是背叛理想跟原則！」

相較於當權者曾加諸於他的痛苦和磨難，我當時的遭遇真是微不足道。而我，不僅得到來自主席的鼓舞，更有許多來自學校和社會的支持，那還有什麼理由不能夠繼續堅持？如果說我曾從主席的身上學習到一些精神，那應該就是對理想和原則的堅持了。

歷史的洪流中，多少風雨都會過去，再大的浪潮最終也會退去，唯有堅持理想和原則的才能留下。主席就是留下來的一座城堡，而我希望我也是城邊留下的一塊碑石，上面刻著：「堅定而優雅！」

管中閔藉此表白自己堅持理想和原則的決心——堅定而優雅。

十二月十一日，臺大自主聯盟召開「還我校長　臺灣教育不能等」記者會，提出「還我校長」

口號。臺大自主聯盟指出，教育部長葉俊榮所說的「一步之遙」，不能要求合法行事的臺大遴選委員會開會重選，而是違法的教育部要承認錯誤。他們並且對總統蔡英文、行政院長賴清德喊話，希望在大選挫敗之後，應傾聽民意、展現誠意，發給臺大校長聘書。

記者會中，管中閔也以臺大教授身分出席，但他只是低調坐在臺下，靜靜地聽，沒有上臺發言。後來他提早離席，面對大批媒體記者，他只回說：「這不是我來這裡的目的，我不想講，謝謝。」

或許是「政治止血」的急迫性需要，十二月十一日這一天，找不到管道與陳維昭溝通的葉俊榮只好拜託王金平出面邀約，請陳維昭去立法院辦公室見面。礙於王金平的情面，陳維昭也心存一念之仁，希望葉俊榮在九合一大選後，態度會有所轉變，於是仍去赴會。

下午六點三十分，陳維昭到達王金平辦公室時，前內政部長李鴻源也在會客室裡，很顯然是王金平請他一起來的。李也是臺大教授，上午在臺大自主聯盟的記者會上，他指出臺大遴委會的原則與處理程序無誤，該轉變一念的是教育部。

王金平為緩和氣氛，先是感謝陳維昭願意來討論，也相信葉俊榮有誠意解決問題。葉俊榮很客氣地打招呼，但他所提要求並沒有改變：希望遴選委員會重新再開一次會，針對監察院及候選人所提出的質疑，把蔡明興排除在遴委之外，澄清獨董問題，把原來的問題補正，由原來五個人重選，若一樣是管中閔當選，教育部一定會辦理發聘書。

王金平也用和事老的態度勸陳維昭：如果重選，一樣是五個人，只要沒有蔡明興，符合利益迴避原則，依照原來的十二票，少了一票也沒影響，再選上管中閔的可能性很大，只要這麼辦，就可以解決僵局，否則這樣僵持下去也不是辦法。

然而陳維昭認為：過去已經應教育部的要求，加開過兩次會議，詳細討論各種適法性的規範與遴選過程的程序，並且還再度確認。政府想為管案漂白，明知我們整個程序合法，卻硬要我演一齣戲，說這不是政府要拔管，而是臺大遴委會違法，由我們承擔錯誤的責任，一再逼迫遴委會開會，是否真能解決問題是一大疑問。最重要的是原來的程序，對就對，錯就錯，清清楚楚，何必重來？

「作為一個知識分子，不能只問目的，不問是非。」陳維昭堅定地說。

這句話，對曾是臺大教授的葉俊榮，已是非常嚴厲的批判了。

此時，王金平幫著葉俊榮緩頰說：希望大家有個臺階下，只要再開一次遴選委員會議，事緩則圓，讓事情圓滿落幕。

當著王金平的面，陳維昭也不好直接拒絕，只好沉默不語，不再說話。任由他們一再說，陳維昭只是微笑不語。

這一次會面，就這樣結束了。陳維昭的態度不言而喻。

「再說什麼也沒有用，我的原則都說清楚了。他答應的事，不守信用，再說也沒用。」他後來回憶時這麼說。

事實上，遴選委員會對葉俊榮的「一念之間」和「一步之遙」感到相當不滿。因為教育部等於把問題推回給臺大，彷彿是臺大不配合，這「一步之遙」的校長之路才走不成。

但遴委會在一月五日選出校長後，已加開了兩次會議。第一次，一月三十一日，應教育部要求召開，當時陳維昭還警告過姚立德：「如果會議結束後，教育部到處放火，遴委會不會再擔任救火員。」

第二次，八月二日的遴委會議也是應教育部的要求，為了給葉俊榮臺階下才召開的。明明是在很困難的情況下，還是眾人通過電郵，經過八天反覆寫信討論出來，聲明的內容尚且經過姚立德與葉俊榮的文字修改，通過四分之三委員同意才發出，結果，教育部自己失信，葉俊榮食言，這「一步之遙」根本不是臺大遴委會的責任，而是教育部自己走不過去。

十二月十三日下午，袁孝維等部分遴委和臺大自主聯盟的教授，一起去拜訪王金平，說明葉俊榮所提出的問題，在上一次遴選委員會議就充分討論並確認過了，請王金平幫忙確認，政府高層到底是不是有解決的誠意。王金平只能答應盡量幫忙，也無法做什麼承諾。

十二月十三日，監察院通過包宗和委員、仉桂美委員之調查報告及糾正案，糾正教育部。其很長很長的新聞稿標題為：「教育部認為大學人事權限及大學校長遴選及聘任事宜，非屬大學自治權之範圍，形成『重監督、輕自治』之思維。且教育部對於公立大學校長遴選委員會辦理校長遴聘事項，逕行自行擴張解釋行政程序法主管機關法務部之函示，又對於大學校長遴選案，任令相同之事實，適用法令不一，而為不同之處理，逾越《憲法》第一百六十二條適法性監督之範圍，嚴重斲傷政府信譽及大學自治精神，核有違失，監察院通過糾正教育部。」[76]它所糾正的缺失主要是：

一、大學自治為憲法學術自由之制度性保障範圍，大學自治之發展及其成果，彌足珍貴而應予珍惜，有關大學人事自主權為團體自治權的核心範圍，而大學校長權限之行使攸關大學學術自由的發展，如大學校長遴選不能自主，大學自治如何能徹底落實，顯見大學遴選校長之人事權，自屬大學自治之範圍，亦為《大學法》九十四年修法之立法精神。教育部職掌全國教育業務，負責高等教育政策之規劃，惟卻認為大學人事權限及大學校長遴選及聘任事宜，非屬大學自治權之範圍，形成重監督、輕自治之思維，顯有未當：

> 監察院調查本案，經諮詢國內十五名法政學者與現職或卸任大學校長等人，認為人事自主權，當然是任何團體自治權的核心範圍，因此大學自治包括人事自治權，大學遴選校長之人事權，自屬大學自治範圍。惟職掌全國教育業務，負責高等教育政策之規劃的教育部卻認為，大學人事權限及大學校長遴選及聘任，非屬上開《憲法》講學自由之保障範圍。……[77]

監察委員包宗和、仉桂美的調查報告及糾正案，確認了教育部違反大學自治原則，「嚴重斲傷政府信譽及大學自治精神」，所以必須改正。顯然他們的意見和王幼玲不同調。

十二月十九日，行政院訴願審議委員會於上午九點召開。這是應臺灣大學及管中閔之申請，就臺灣大學校長任用一事，分別依法舉行言詞辯論，以保障訴願人之程序權益。

三方共派出八名代表，包括臺灣大學由副校長林達德代表與兩位委任律師，管中閔由三位委任律師代理與會，教育部則由人事處處長及法制處處長率隊出席。

事後，行政院表示為避免干涉訴願程序之進行，不便透露及評論個案內容及爭點。新聞評論卻認為「卡管案露出一線曙光」。而葉俊榮在事後仍表達「解決問題只是一步之遙」。

同時，臺大自主聯盟帶領師生到教育部抗議，表示：「臺灣大學已經有五百天沒有校長，可以申請金氏世界紀錄了。」

無論從民進黨選舉後的止血，或者來自社會各界的壓力，事實已經很清楚，臺大校長案已經無法再拖了，教育部必須做最後的決斷。

27 葉俊榮的最後任務

十二月二十四日中午，陳維昭在臺大醫院辦公室，十二點三十分，葉俊榮打電話來，他看了一眼顯示的名字，不接。下午兩點三十分，他在一個會議中，接到葉俊榮傳來簡訊：「**校長好，我即將正式宣布聘任管教授為臺大校長，本於法律良心完整論述大學自治，並一肩承擔所有爭議，若有對臺大及遴選委員會有所期待，也請寬容為禱！有機會再向您請安，謝謝！**」

陳維昭回簡訊：「**謝謝，歷史會記下這一頁。**」

雖然是如此回訊，但他心中也不太敢確定他真的會聘任管中閔，因為變數太多。葉俊榮的這個決定能支撐多久，能不能抵擋後面的壓力，誰也沒有把握。

下午三時許，葉俊榮在教育部召開記者會，會中指出，他擔任教育部長後，將此事定位為程序瑕疵，遴選案爭議包括管中閔擔任臺哥大獨立董事的事實是否有揭露，以及當時擔任臺哥大副董的遴選委員蔡明興是否要迴避等。為補正程序瑕疵，他多次和臺大遴選委員會溝通，希望遴選委員會勇敢承擔，再次開會形成議案進行實質討論並做出議決，遴選會七月底雖有對外發表聲明，卻沒有實質開會，等於程序瑕疵補正只做了一半。教育部對臺大遴選委員會再度開會一事已經不抱期待，臺大代理校長已經這麼多天，衡量學生權益和高教發展，加上社會紛擾，決定勉予同意管中閔擔任臺大校長。

他慎重地、一字一句地說：「我們決定勉予，勉強的勉，勉予同意，管中閔教授擔任臺大校長。但是，我們非常強烈地要求，臺大必須在三個月內，針對此次大學遴選過程當中，所產生的程序上的瑕疵，以及過程當中的爭議，包括兼職制度的不完備，以及執行的過程當中，竟然是多數都不合乎規定，這樣的一些現實上的一些問題，加上行政部門怎麼去支援遴選委員會辦理遴選，以及遇有類似這樣遴選委員會有程序瑕疵的時候，學校怎麼樣去承擔溝通、說明、闡述、處理這樣的義務，全盤做程序上的檢討報告，三個月內，對外充分說明，也向教育部報告。」[78]

即使是教育部長葉俊榮已開過記者會公開宣布，但社會各界仍驚疑不定，不知道此一決定能堅持多久。因為民進黨內反對的聲浪太大了，立法委員火力全開，批評葉俊榮，要求他下臺，行政院也接到來自四面八方的壓力。

《蘋果日報》即時報導即指出：「據了解，葉俊榮今天下午一時許傳簡訊給行政院長賴清德，稱『對管案有一些想法』、『要來處理管案』，賴清德回覆，希望「審慎思考」。不料下午三時許，葉俊榮就舉行記者會，宣布「勉予同意」管中閔上任，期間沒有再和行政院報備。」行政院秘書長卓榮泰說：站在院方立場，「非常強烈遺憾」，將和閣揆賴清德研究責任追究問題。

「據指出，因九合一大選民進黨挫敗，卓榮泰日前才行文各部會，要求明年起新政策、政策調整都需要報院後再處理，葉俊榮恐是考量若報院處理，賴清德須親自拍板，進而影響總統大選，才選擇『自行提早拆炸彈』，幫府院解決問題。」[79]葉俊榮向賴清德表達要處理管案後，賴也同步向蔡總統反映，蔡英文對於管案立場一貫是依教育部權責處理，也尊重政院態度。

但葉俊榮一宣布「勉予同意」管中閔上任，民進黨立院黨團通訊群組隨即「炸鍋」，有綠委直言「民進黨下課了」，對二〇二〇年執政不抱持希望；黨團幹部更直批，教育部做出這樣的決定，卻從未和黨團討論，讓人非常失望。

反對派的反應也一樣激烈。臺大教授賀德芬就在臉書寫下八個大字：「國恥日，罷免蔡英文。」行政院秘書長卓榮泰當晚更在臉書痛批葉俊榮，不顧賴揆「審慎思考」的提醒，執意逕辦、棄行政倫理不顧，令人遺憾。還有媒體以這是葉俊榮送給管中閔的「聖誕禮物」加以調侃。

至於管中閔本人，更未樂觀，他剛剛從美國回臺。這一趟從十二月十三日開始，先到義大利開會，轉至美國旅行看孩子，二十四日才回到臺灣。接到朋友傳來的訊息，他仍不相信，回訊息說：「放屁，他們說的話，誰還敢相信？」

他在辦公室接受訪問時只回應說：「沒收到學校通知，什麼事都不知道。」他自己也不確定在民進黨內部批評聲浪下，葉俊榮的「勉予同意」，能「勉強」到什麼程度，算不算最後定案。在臺大沒有接到教育部公文之前，所有人都驚疑還似夢，不敢置信。

就在各方風暴交會的二十二小時之後，二十五日下午一點，葉俊榮面見行政院長賴清德，一如外界攻擊所要求，他非常自知地，當面請辭。據《遠見雜誌》報導，行政院秘書長卓榮泰隨即在下午五點緊急召開記者會，還原葉俊榮請辭的現場：「下午一點葉俊榮見到賴清德，首先針對這次的決定，引發輿論討論與各方意見，表示歉意，表達自己是針對『教育部職權、臺大師生權益以及大學自主下，做此決定，並願意承擔所有責任』，而後旋即請辭。賴清德也沒有猶豫，當場「勉予同意」。隨後由行政院發言人對外發布。

至於行政院會不會改變管中閔的校長聘任案，卓榮泰表示「教育部已經行文臺大，表達職權：『往後看不到任何理由改變這個狀況，基於教育部職權，行政院充分尊重教育部所做的任何決定。』」[80]

然而，如果總統府、行政院有意見，會不會再改變決定呢？

即使當天教育部就以最速件發函臺大，公文指出：臺大報請教育部聘任管中閔教授為新任校長一職，「勉予同意」。公文既出，命令已下，要追就難了。但誰知道執政者會不會用其他名義，或以司法手段，取消管中閔的資格呢？北檢的案子還在辦，背信、偽造文書的罪名如果成立，管中閔能當校長嗎？

唯一確定的是，葉俊榮早已做好準備。獲得賴清德「勉予同意」後一個多小時，他在自己的臉書發文，題為〈承擔與展望〉，對這一段歷史，留下自己的見證。

〈承擔與展望〉

俊榮今天已向行政院遞出辭呈，擔起所有的政治責任。

台大校長遴選案拖延至今，已經對教育造成難以弭平的傷害。而社會的糾結與對立，不該以教育為戰場。

俊榮基於法律良知、教育本位及對大學自治與正當程序的堅持，做對的事，也是該做的事，對職位毫不戀棧。

希望我的堅持與承擔，能讓下一任部長擺脫台大案的糾纏，回歸教育本位，大步向前。也祈福台灣走向正向，發揮實力。

歲末年終，期待教育部能揮別二〇一八挺管/拔管的陰霾，昂揚二〇一九國教/高教的發展。

無論如何，葉俊榮至少維持「法律良知、教育本位及對大學自治與正當程序的堅持，做對的事，也是該做的事，對職位毫不戀棧」。他在最後的時刻辭職，維持一個知識分子最起碼的原則。

二〇一八年十二月二十五日

葉俊榮

28 總統官邸驚駭莫名的會議

然而，事情有可能如此順利嗎？

在沒有上任之前，管中閔從來也不曾放心。一個傾全部黨、政、立法、司法的洪荒之力要全面封殺的臺大校長，會如此輕易放手？

他，不，相，信。

十二月二十六日，即有律師林憲同按鈴控告葉俊榮「瀆職圖利他人」。[81]獨派如炸開了的鍋子，怒火燒向蔡英文。

當天，總統蔡英文在她的臉書上發文指出：

處理台大校長的遴選爭議，當然是教育部的權責。不過，身為執政團隊一分子，教育部長僅在記者會前一小時透過簡訊告知，也未遵照賴院長指示向總統報告，就逕自宣布決策，我跟賴院長都相當錯愕，也讓許多國人感到不解，難以接受。

台大校長的遴選案，之所以引發社會高度爭議，關鍵就在台大校方和遴選委員會在過程中的種種瑕疵，包括：遴選委員會的企業代表，選擇企業獨立董事擔任校長，是否有利益迴避的問題？營利事業代表在國立大學校長遴選制度中所占的比重，是否影響國立大學的自主性？以及，接受遴選的候選人，擔任企業獨董的資訊是否應該事先揭露等等。台大是臺灣最高學府，理應面對社會最高標準的檢驗，監察院也已就本案提出糾正，但顯然台大校方和遴選委員會都置若罔聞。

面對大學自治，即使身為總統，對於校長的人選，也沒有置喙的餘地。但我同樣期待，大學自治應該對程序正義有所堅持。

一個清楚的事實是，無論是台大校長遴選的爭議，或是教育部長的決策，都沒有所謂總統默許的問題，這樣的操作無助於解決問題。政府在處理台大校長遴選爭議過程中，確實遭遇許多困難，例如現行制度並不周全，如果沒有校方積極配合，就容易落入無止境的僵局。對此，政府會深切反省檢討，並虛心接受各界批評。[82]

蔡英文的說法，頗有撇清關係的味道。意即此事的決策，不在她，也不在行政院長賴清德，他們只在事前一小時被告知，所以相當「錯愕」。

然而，她若要說沒有介入餘地，則換下的兩任部長，六月六日請陳維昭到總統府官邸會談的過程，乃至於她可以當場說出陳維昭與遴選委員被北檢傳訊，是作為「證人」而不是「被告」，都足以證明她掌握得很清楚。

換言之，了解行政決策的人都知道，葉俊榮的決定，若非來自賴清德與蔡英文的授權，即使是記者會前一小時被告知，即使是記者會已經召開，都有機會在最後一秒喊停。更何況，還有一小時。

只要來自蔡英文一通電話、一封簡訊，整個教育部，豈能無人可以通知葉俊榮「立刻暫停，回院開會」？整個行政系統，怎可能如此放任部長獨立行事？

說直白了，蔡英文這是一種形式上的「卸責」，她要與這個決策劃清界線。她比誰都清楚，當夜的壓力有多大，後座力還有多強。

葉俊榮宣布的七天後，二〇一八年十二月三十一日，李遠哲到總統官邸和蔡英文見面，新聞未曾見諸報導，所談內容無人知曉，但一年後，李艷秋在她的臉書上卻爆出了驚心動魄的內幕。

二〇一九年十二月三十一日，李艷秋在臉書專頁「李艷秋的新聞夜總會」發布一則名為〈記一年前的今天，在總統官邸一場驚駭莫名的會議〉的貼文，為了見證歷史，茲將全文引用如下：

在披露這段會議紀錄之前，先回到當時的時空背景，二〇一八年十一月九合一選舉結束，民進黨大敗，蔡英文辭去黨主席，多次公開致歉，說「選舉結果清楚表達人民認為民進黨做不好，民進黨都虛心接受」、「國民黨贏了也是民主」、「經濟無感，用人失當，是國人對我們感到不滿的原因」，她謙虛的態度及說詞，大家都還記憶猶新，而在這場面對獨派自家人的會議中，請大家再次審視蔡英文的態度及說詞。

有媒體在年初爆料，李遠哲曾去官邸逼宮，要蔡下台，蔡反問：「我到底做錯什麼？」氣氛火爆。府方當時澄清並沒有火爆談話，但並未否認有這場聚會；現在這份紀錄，揭露的是除了李遠哲逼宮之外，蔡英文在會中還談及諸多議題，包括拔管案以及對葉俊榮、林佳龍、柯文哲等人的評價，另外還有柯文哲的台北市長選舉，民進黨扮演什麼角色。

從事新聞工作，查證與核實是必須堅守的基本原則，這份文件來自於一個值得信賴的管道，消息來源是在現場的人員，由於資料太多，將分次刊出：

時間：二〇一八年十二月三十一日，上午十點至下午一點三十五分。

地點：台北市重慶南路二段蔡總統官邸。

出席院士：王XX、王XX、吳XX、李XX、李XX、李XX、李遠哲、李XX、李XX、周XX、陳XX、陳XX、陳XX、黃XX、廖XX⋯⋯。

第一部，拔管不成，都怪葉俊榮和國民黨文官不配合

蔡總統：管案是一突發事件。其實潘文忠就已準備批管上任，因他被教育部內文官包圍，很難抗拒國民黨壓力。為何會聘葉俊榮當部長？因吳茂昆事件後已無人敢任此職。問過管媽，她有意願，但地方黨部認為她若離開，立委職位不保。范巽綠是次長應可接，但一無博士，又有一個大統派丈夫張富忠，自然不適合。也問過李德財，他也沒意願。後來正好葉從內政部長位子下來，也表示有意願，就請他當了。他認為從法律觀點管一定會贏，所以要我們讓管上任。我和賴告訴他這事不急，尤其大選失利，有別的事要處理。但他似乎認為內閣要改組，所以急忙做一了斷。那天下午他傳簡訊給賴，我正和賴商量事情，就請賴傳話給他，請他慎重。他也答應我若有任何決定，就會先取得我們同意。但最後他卻獨斷獨行，就是抓著賴的一句話：「教育部內的事由你決定。」早知如此，我們收到他簡訊時立即將他開除，就沒有此事了。至於葉為何做此決定，背後是否有壓力或陰謀就不知道了。

昨天陳弱水就坐在這個位子（指她旁邊李遠哲的位置），我告訴他應為自己的權益提出訴訟。不能所有的事都靠政府來做。我們民進黨雖然全面執政，但整個政府官僚體系都還是在國民黨手中。像台大有八十%是靠國民黨的，所以遴選會才會毫無忌憚地和教育部對著幹。我們一點辦法都沒有。

李XX：我當X醫大校長，就建立一套完整的制度，讓國民黨無法作祟。總統說找不到部長，其實不應如此。我認為要從《教育部組織法》修改做起，從底而上改變台灣社會本質，建立主體性。我有下列四大建議……

周XX：我當XX科技大學校長時，也遇到同樣問題。我連任時，沒有什麼黑函，但最後還是落選，就是受到國民黨的排擠，所以以後就不再選了。

廖XX：但這件事涉及大是大非。為管上任一事，許多民眾都痛哭出聲。這對我們建國事業是一重大打擊。

註：陳弱水為臺大歷史系教授，曾任李遠哲特助，參與臺大校長遴選，多次聲稱無操盤、無派系，不承認是李遠哲人馬。

各位關心台灣未來的朋友，這段總統與院士的談話，你看到了什麼？[83]

李艷秋此文發出之後，民進黨方面無人出面否認，總統府也未否認它的真實性。換言之，它的內容代表著蔡英文與李遠哲見面談話的內容無誤。雖然內容不長，卻透露了許多內幕訊息：

一、潘文忠一開始就認為管中閔應該上任，準備發聘，所以他只好用各種不知所云的公文，甚至引用報紙消息，要求臺大回應，想用公文拖磨的功夫，讓臺大與管中閔知難而退。但此計未奏效，賴清德應覺得他辦事不力，因此有意將他撤換，以致他辭職過兩天，吳茂昆就宣布為新任教育部長。了解內閣運作的人都知道，這不是突發事件，而是私下運作約詢，人事皆已談妥底定，才會陣前換將。

二、吳茂昆也確實完成了賴清德交付的任務，以其直接而粗暴的行政命令，直接發公文給臺大，宣告前次選舉無效，要臺大重啟遴選。然而臺大遴委會與臺大校務會議都不承認教育部此令的合法性，以違反《大學法》為由，抗命不從。使教育部自己陷入兩難。

三、最重要的是，吳茂昆以前的諸種作為（特別是擔任東華大學校長任內），讓他的名聲抹上難以澄清的汙點，在各方揭發下，無所隱藏。用這樣「不乾淨」的人，要抹去臺大清清白白的校長選舉，反而讓教育部變成最髒的汙點，形成更大的反諷，引起社會強烈的反感。

四、此時民進黨曾有意要找管碧玲來擔任教育部長。管的意識形態與臺獨完全相同，雖然她的資歷很淺，學養不足，擔任教長來管所有大學，實在德不配位，但談話中真正的考慮反而是她遺下的高雄立委名額不好處理，教育的考量反而在其次。這說法，完全符合蔡英文與民進黨「選舉至上」的思維方式。

五、那麼要不要讓教育部次長范巽綠接任呢？蔡英文的說法很誠實地反映了民進黨內統獨派系對立的觀點。范不行的原因，除了沒有博士學位，竟然還因為她有一個「大統派丈夫張富忠」。事實上，張富忠一直被視為是許信良的人馬，那麼，范巽綠在民進黨內的處境如何，也就可想而知了。

六、至於葉俊榮處理管中閔的事，本來他就認為就法言法，該讓管中閔上任，但九合一選舉失利，蔡英文認為有很多事要處理，並不急迫。而在內閣改組過程中，葉俊榮顯然也聽聞他在被改組的第二波名單上（媒體已經披露過），是否因此使他認定「內閣要改組，急忙做一了斷」，做出「勉予同意」的決定，也讓自己仍保有一點學者的尊嚴，這實在很難讓人無此聯想。

七、葉俊榮事前傳簡訊請示過賴清德，那時賴正在和蔡英文開會，他們沒有反對，只是傳話給他，請他要慎重。蔡英文說：「他也答應我若有任何決定，就會先取得我們同意。但最後他卻獨斷獨行，就是抓著賴的一句話：『教育部內的事由你決定。』」蔡英文這個說法很怪。原因即在於葉俊榮傳簡訊的內容，當然是請示管中閔的聘任事宜，否則他為什麼要給蔡英文看。蔡英文沒有不同意，賴還說「教育部內的事由你決定」，葉俊榮的作法，可以視為蔡與賴所默許。因此她這麼對李遠哲說，其實是在劃清界線，推卸責任。由此也可見出李遠哲真的很在乎。

八、一個重要的插曲是：蔡英文指著李遠哲旁邊的位置說，昨天陳弱水還坐在這裡，他很可能說了臺大校長的事，也提了想法（例如，要蔡英文下令教育部把同意臺大聘任的公文取消之類的，具體的對話，外界無由得知），所以蔡英文才會回答說：要他為自己的權益提出訴訟，不要什麼事都靠政府。這說明了陳弱水有辦法直通蔡英文的內情。而直到此時，司法訴訟仍是蔡英文提出的對策。那麼，由北檢邢泰釗所主持下的北檢，是不是由總統府直接操控呢？對照陳維昭會談時的說法，司法還可以說是獨立的嗎？

九、最重要的是，最後由廖ＸＸ說出來的話：「**這件事涉及大是大非。為管上任一事，許多民眾都痛哭出聲。這對我們建國事業是一重大打擊。**」它意味著管中閔的上任，已不是作為一個校長當選人合法與否的學術事業，而是統獨的「建國事業」、「大是大非」的一部分，足以讓獨派都「痛哭失聲」。

整體來看，最嚴重的或許是最後一點。三天之後，二〇一九年一月三日，被稱為「臺獨四大老」的李遠哲、吳澧培、高俊明、彭明敏聯名發出公開信，呼籲蔡英文把權力交給賴清德，自己退居二線，而且不要再參選連任。這是給蔡英文重大的一擊。

這是我們極不情願、極不希望也極其痛苦的公開信。面臨如此嚴峻、險惡的關鍵時刻；不寫，不僅有愧身為台灣人／台灣公民／綠色價值支持者的立場與身分；如此岌岌可危的情勢，也不容我們再沉默、再姑息、再坐視下去。

兩個訴求：請蔡總統放棄連任、交出行政權　退居二線

我們的呼籲與訴求非常明確：第一、請蔡總統放棄連任的野望，公開宣布只做一任；第二、請總統交出行政權，退居二線，落實《憲法》第五十三條「行政院為國家最高行政機關」的明文規定；由新任行政院長全權組閣。

「九合一」選舉血淋淋的現實擺在眼前，台灣派被逼到牆角，非徹底改弦更張不可。台灣人民已對蔡總統投下不信任票，也給民進黨丟出震撼彈，台灣人民沒有欠總統分毫，百分之百是總統您辜負了台灣人民的付託。……

最關鍵的是，九合一的失敗，被視為是臺灣將要有「被併吞」的危機。

敗選之後，最嚴重且迫切的危機，就是台灣門戶洞開；四都市長既是「九二共識」又是「兩岸一家親」，從南到北連成一氣，台灣形同不設防的國家，中國勢力排闥而入，譬如水銀瀉地，無孔不鑽，台灣的國家安全閥，眼見就要失靈了。蔡總統您還有能力掌國家之舵？本來權力極大化的蔡總統，不只被打趴，而且跛足已現，如今在人民對您能力信任度極小下，還有什麼權威可以領導政府？取信人民？對抗內外交逼的邪惡？[84]

對一般人而言，實在很難想像民選縣市首長，泛藍的勝利，會被視為「門戶洞開」的國安危機，而反對黨的政府首長，都變成「內外交逼的邪惡」。這已不是民主政治、政黨競爭的常態，而是正邪不兩立、敵我矛盾、你死我活的鬥爭。以這樣的臺獨基本教義派思維，去看待臺大校長遴選這樣尋常的校園，並且升高為無限上綱的「國族保衛戰」與「敵我矛盾」，對管中閔懷著那樣深重的恨意，就不是令人意外的事了。

呼應於此的，是一月五日臺大教授賀德芬與臺大獨派教授聯合舉行的記者會，公開呼籲蔡英文，如果她「不贊同九二共識是真心話」，那就請立即撤銷管中閔的任命，因為管中閔就是挺洪秀柱簽「兩岸和平協議」的大將，讓管中閔上任形同出賣臺大、附和習近平。[85]

臺大校長遴選是依《大學法》遴選而產生，沒有法源依據，卻意圖用意識形態為由，要蔡英文以總統權位，撤銷管中閔的任命，這是一個臺大教授會有的民主法治觀念嗎？果如此，以後誰都可以用任何一個意識形態的原因（不管統或獨），拉下任何一個大學校長，那麼臺灣還需要法治、民主嗎？這樣的臺大教授，還曾是「大學自治」的主張者，主編過鼓吹大學自治的《大學之再生》一書，被視為自由派學人，然而，那一點最基本的民主教養，到那裡去了？這樣的提法，不正是授予當權者以無上權力，得以用意識形態為由，實現獨裁嗎？希特勒不正是這樣崛起的？

從李遠哲到賀德芬，跡象很明顯，臺大校長已不被視為是純學術的一所公立大學的校長職位，這已經不是依大學自治、《大學法》而選舉校長的課題，而是「獨派」的生死存亡之戰。唯有上升到這個高度，才能稍稍理解必欲置管中閔於死地的、那深仇大恨的意識形態根源。

任何一個教授，任何人，一旦被釘上「中共同路人」、「統戰代理人」的紅色標籤，即成必須消滅的仇敵，更何況是臺大校長。管中閔從一開始就被釘在仇恨政治的十字架上。

唯有如此理解，才能解釋管中閔為何遭受四面八方圍攻，為何對他如此咬牙切齒，如此深仇大恨，如此無視民主法治的基本原則。當他們認為自己所行的是「建國大業」、民族大義，並妖魔化政治對手，才能不擇手段「殺無赦」，而毫無違反民主法治、違反自由主義原則的自省能力。否則，任何一個正常的學人，任何有民主法治常識的人，任何一個有公民素養的人，在面對一個合法程序選出來的大學校長，都不會如此恨意深重，完全失去理性。

是的，對陽明大學校長，對其他有類似問題的校長，都不會如此。

這樣的仇恨政治，當然不會只對準管中閔。從臺大校長案，到府、院、黨對政治對手的追殺，對抱持不同政見者的抹紅、抹黑，更可看清這樣的本質。

這才是最讓人寒心的暗黑真相。

如果仇恨政治可以對準臺大校長，追殺到他無法承受，幾乎心臟破裂而瞬間窒息，那麼一般人，如何承受？

以此思考臺北駐日本大阪經濟文化辦事處處長蘇啟誠的自殺案，就不令人意外。那種突襲式的全面獵殺，從網路社群平臺到報紙、電視媒體，甚至官方的謝長廷都把政治責任壓在他身上，那種瞬間窒息的感覺，有多少人能承受？

這樣的仇恨政治，瀰漫全臺灣，從政界到學界，從民間議論到社交平臺。它造成信任的崩解，親人的反目，社會的分裂。

蔡英文可以利用這種政治壓迫對手，但當她選舉失敗，李遠哲等臺獨四大老施加於她身上的壓力，不也正是種族主義、仇恨政治的產物？

蔡英文所承受的仇恨，正等同於她施加於政治對手的仇恨。蔡英文用更大的權力，給賴清德更殘酷的仇恨抹黑，用更強大的網軍、更黑暗的手段，打下臺獨四大老所扶持的賴清德，這一切的過程，她當然心知肚明。

將心比心，蔡英文、賴清德能不能稍稍了解管中閔所面對的仇恨與殘酷呢？而被仇恨所撕裂的臺灣社會、人心，又要如何縫補？

29 臺大遲來的校長

面對仇恨政治時代，有近百年歷史的臺大，終究撐過來了。

二〇一九年一月八日，臺大第十二任校長交接儀式，終於在第一行政大樓第一會議室舉行。從二〇一八年一月五日遴選出校長到就任，經過了三百六十九天，教育部換過三任部長，臺大校長終於得以舉行交接儀式。管中閔從監交人、教育部常務次長林騰蛟的手中接過聘書，正式接任臺大校長，結束了臺大五百多天沒有校長的日子。

在交接的活動現場，興高采烈的師生，看到管中閔接過聘書，忍不住大喊「校長好」。現場也有幾個抗議者來鬧場，在底下故意發出噓聲，但很快被支持者用高音量問候與掌聲壓過去。

對管中閔而言，最重要的仍是回到初心，回到參選校長時，心中所懷抱的理想，倘若失去這初心，校長有何意義。

在代理校長郭大維致詞後，由管中閔發表這一篇遲來的校長致詞。全文如下：

臺大一向是臺灣最耀眼的一座冠冕。九十年來，不論臺灣社會如何變遷，政治經濟如何起落，臺大始終是匯聚人才、引領臺灣進步的樞紐。在國際社會眼中，臺大既是亞洲學術研究的重心，也是一貫堅持學術自由的殿堂。近年來，臺大（如同臺灣本身）面臨了許多前所未有的衝擊，競爭力下滑，昔日的光榮似已褪色；如何回應衝擊，重振臺大聲威，正是校內外許多人最關心的事。

一年多前參加校長遴選時，我於是問自己：作為一個校長，除了被動地規劃一些因應策略，我們是否還能有更主動和前瞻的思維？因此，在治校理念的報告中，我提出了「臺大二〇二八，邁向創校百年」藍圖，從空間和時間的軸線上，指出兩個主要發展方向：「國際化」與「大學轉型」。

在「國際化」方面，我強調透過更廣泛的深度國際連結，強化臺大在亞洲高教市場的優勢地位，以確保臺大的國際競爭力，徹底擺脫臺大被邊緣化的可能性。「國際化」雖是老生常談，但近年往往名不符實，我們也逐漸喪失了在國際學術場域中的地位。擴張臺大的國際連結，確保臺大的研究與教學與國際同步，將是我們的當務之急。

如今科技顛覆世界，數據資訊和創意思考已經改變了我們的生活，教育沒有理由還停留在過往的舒適圈中，「不知有漢，無論魏晉」。作為有九十年光榮傳統的臺大，作為持續引領臺灣進步的臺大，我們不能不重新檢視大學教育的內涵與形式，探索未來教育的各種可能性。推動「大學轉型」，既是創新，更是為了確保臺大的研究與教學能與時代同步，在創校百年時仍然能夠領袖群倫。

除了「國際化」與「大學轉型」兩大發展方向，我也期盼為臺大的學術生態與學習環境帶來新氣象。老師是臺大最重要的資產。臺大的學術生態應該更多元，讓老師們潛心追求創新與突破，真正「貢獻于宇宙的精神」，而不是將他們束縛在論文數量的緊身衣中。臺大更有責任讓老師們得以安身立命，心無旁騖地倘佯在學術樂土之上。這些都是我對老師們的承諾。

學生代表著臺大的未來，更是臺灣的希望所繫。我期盼我們的教育，從通識到專業，都能為學生們開啟許多面向國際、面向時代的窗戶。從追求經濟發展的年代走過，我們的學生將不再為工具而學習，而是能體認生命意義，追求創意創新，盡情揮灑心智的有識之士。若能做到這樣，我們方能無愧於臺大的先賢前輩。

我母親於七十年前進入臺大工作，一輩子是教務處一位基層職員，直到退休。母親曾一再說：臺大照顧我四十五年，我永遠感恩；正因為有臺大的照顧，我才能出生於臺大醫院，之後順利成長。而我年少荒唐，沒有機會進入臺大就讀，這曾使我父母親非常失望。我後來離開美國教職回到臺大，勉強算是還了父母的一點兒心願。

回臺二十五年後，我竟然有機會出任臺大校長。在許多人眼中，或許認為這是學術生涯中最重要的里程碑，但於我個人而言，這個職位還有生命中的另一層意義，就是我此生結緣臺大、報恩還願的機會。我視此為我的「一生懸命」，只有全力以赴，絕無反顧。

這個交接典禮得以實現，我要向許多人表達最由衷的謝意。謝謝遴選委員會（尤其是召集人陳維昭校長），臺大校務會議的代表們，許許多多臺大老師、同學和校友們，以及社會前輩與朋友們，在過去一年來對大學自主的堅定支持。我也要對郭代校長與行政團隊在過去一年的艱困局面下維持校務正常運作，表示最大的敬意與謝忱。我更要謝謝我的家人，他們始終站在我身邊，鼓勵我，也支持我，我才能走到今天。

最後，我想借用美國前總統詹森（Lyndon Baines Johnson）的幾句話作為今天講話的結尾：「Yesterday is not ours to recover, but tomorrow is ours to win or to lose.」的確，明天才是我們奮鬥的戰場。傅鐘在前，我將追隨臺大過去老校長們的腳步，與臺大所有老師和同學們共同努力，推動臺大持續向前，直達更輝煌的未來。[86]

30 流星的尾光／監察院彈劾

臺大校長的爭議衝突，至此也該結束了。

然而，劃過天際的流星，在激烈燃燒過後，總留下長長的光之尾巴。

校長已定案，臺大之外的仇恨心輪，還在轆轆滾動。

管中閔上任校長一星期後，監察院的最新彈劾出爐。

二〇一九年一月十五日，監察院召開彈劾管中閔審查會議，採記名投票方式，包括監委陳師孟、田秋堇、方萬富、林盛豐、瓦歷斯．貝林、張武修、楊芳婉都投贊成票，其中方萬富是馬英九所提名的監委，被媒體質疑是想投誠換連任；至於投下反對票的監委包括王美玉、劉德勳、章仁香、江明蒼，也都是馬英九所提名。此案是由監委王幼玲、蔡崇義立案調查，從二〇一八年十月、十二月，到二〇一九年一月，三度發函約詢管中閔，但他皆透過律師請假未出席。彈劾案文指出：

一、被彈劾人姓名、服務機關及職級：

管中閔行政院前政務委員（於一〇一年二月六日起就任政務委員；並於一〇二年二月十八日起，兼任原行政院經濟建設委員會主任委員；一〇三年一月二十二日該會改制為國家發展委員會，仍續兼任主任委員；嗣於一〇四年二月三日卸任）特任。

二、案由：

行政院前政務委員兼國家發展委員會主任委員管中閔於一〇一年二月六日起至一〇四年二月三日止之期間，身為國家高階政務人員乃至機關首長，卻違反《公務員服務法》第十四條第一項「禁止兼職」之規定，透過匿名方式「常態性」為《壹週刊》撰寫社論，以獲取年約新臺幣六十五萬元之兼職報酬，嚴重損害公務紀律及敗壞官箴，違失情節重大，爰依法提案彈劾。

三、違法失職之事實與證據：

被彈劾人管中閔係於民國（下同）一〇一年二月六日起至一〇二年二月十七日止，擔任行政院政務委員，另自一〇二年二月十八日起至一〇三年一月二十一日止，擔任行政院政務委員兼原行政院經濟建設委員會（下稱原經建會）主任委員、一〇三年一月二十二日起至一〇四年二月三日止，擔任行政院政務委員兼國家發展委員會（下稱國發會）主任委員（如附件一，頁一至二）。

惟查，被彈劾人於擔任上開政務人員之期間，仍持續以匿名方式，固定為香港商壹傳媒出版有限公司臺灣分公司（下稱壹傳媒臺灣分公司）出版之《壹週刊》雜誌撰寫社論，而刊載於「壹評論」、

「壹觀點」、「壹看法」等三個專欄中，並自該公司固定獲取年約新臺幣（下同）六十五萬元之報酬：原則上每月固定為五萬元，另外每半年間會有一個月（約為六月及十二月前後）提高給付為七萬五千元；故每年約可領六十五萬元（五萬元乘以十，加上七萬五千元乘以二，等於六十五萬元）。此有財政部臺北國稅局一〇七年八月十七日財北國稅審二字第一〇七〇〇三〇三七八號、一〇八年一月十四日財北國稅字審二字第一〇八〇〇〇二二八七號函檢附之綜合所得稅核課資料（如附件二，頁三至二十六、附件二之一，頁二十七至三十），及壹傳媒臺灣分公司一〇七年九月七日一〇七壹週文字第〇〇一六號函復本院之說明（如附件三，頁三十一）在卷可稽。是被彈劾人於一〇一年二月六日起至一〇四年二月三日止之期間，具公務員身分而以年約六十五萬元之對價（平均每月逾五萬元），違法兼職為週刊撰稿之情事，應堪認定。[87]

（以下為彈劾理由與適用之法律條文，文長，詳見監察院全球資訊網）

此處特別引用這些文字，乃是為了證明，監察院的「深文周納」，想「入人於罪」何其用心，何其賣力，動用國稅局，不惜查清楚每一筆稿費資料，每年一筆一筆的加總，合起來算管中閔的稿費收入，再以「公務員為媒體特邀專欄撰稿，以『不涉職務之事務』，且應限於『偶一為之』，非『固定』、『經常』、『持續』撰稿之情形，並必須『未支薪』或僅『賺取薄利』，始為公允」為名，斷定管中閔違法。

這個彈劾最滑稽的是：

一、這個被彈劾的人，不是現任的政務官，而是「前政務委員」。以前人們嘲笑監察院的無能，是「打蒼蠅不打老虎」。現在的監察院，已經變成了「只敢打昨天的蒼蠅」。連今天的蒼蠅都不敢動，這難道不滑稽嗎？

二、最可笑的是彈劾的理由，竟然是寫稿。任何人都知道，稿費再多，都是一個字一個字寫下來的，那是勞心勞力的產物，根本賺不了什麼錢。除非你是金庸、倪匡，寫的是可能改編為影視的通俗小說。但那個可以靠稿費生活的年代早已過去了。監察院用這種理由把管中閔打成賺取不法利益，那也太抬舉寫稿的作家了。

至於管中閔在給監察院的書面說明稱「僅是純為受邀投稿，從未擔任《壹週刊》雜誌的任何職務，並非兼職」卻不被接受，監委王幼玲說：銓敘部二〇一〇年間函釋明確指出，僅限於「不支薪」才不違反兼職規定，可見形式上是否在傳播媒體擔任職務並非認定重點，管中閔長期固定以匿名方式為《壹週刊》撰寫社論，實質上屬於兼職。至於監察院通過彈劾會不會影響管中閔擔任臺大校長的職務，會如何處置，必須看公懲會的決定。

一位資深的監委則分析：公懲會可做出依《公務員懲戒法》免職、撤職、剝奪與減少退休金、休職、降級、減俸、記過與申誡等處置。

換言之，如果公懲會要硬是「卡管」，最後還是可以用「免職、撤職」來處理。但依照同樣被彈劾的教育部前部長吳茂昆，被控任職東華大學校長期間，拿學校專利到美國開設師沛恩生技公司，並向中國取得專利，最後公懲會也只判吳茂昆「記過一次」，管中閔情節較輕，應不會超過這個。

衡情論理，如果這個案子的立案人是其他非媒體出身的監察委員，還情有可原，偏偏王幼玲是《自立晚報》記者出身，早年主跑勞工運動，並參與過《自立晚報》工會運動。她對媒體生態，稿費多少，一點也不陌生。就算她對寫社論的主筆室工作不熟悉，隨便問一位媒體同業，都會很清楚。

當年《自立晚報》就曾邀請臺大勞工學者張曉春等人寫專欄文章。後來在陳水扁任臺北市長後，許多官員往往從學界借調，他們本來就是媒體的專欄作家、不掛名的主筆，而諸多擔任政府部門研究單位的學者，也常常受各大媒體邀請，擔任主筆、專欄作家、主編、策劃等。即使是蔡英文政府的許多官員，從總統府到部會首長，都會是媒體的專欄、社論寫作者。筆者曾擔任《中國時報》副總主筆，與當年兼職寫稿的官員不知開過多少會議，豈有不識之理？

這已經不是秘密，而是一個長遠的傳統。四十幾年前，經濟學者王作榮在政府工作時，就已是《中國時報》主筆。作為文人，他和中國時報老闆余紀忠交情深厚。臺灣辦報傳統（《中時》、《聯合》、《自立》皆然）也喜歡請官員、學者擔任主筆、專欄作家，借重其財經、科技、學術的專業知識。

政府官員也喜歡在外寫作，讓自己有發聲的機會，更具社會影響力。一般而言，主筆以稿費為主，但較重要的主筆才會有車馬費。這是由於《中國時報》老闆余先生當時每週固定開一次主筆會議，為表示對文人的尊重，每月有固定的車馬費。若無固定來開會者，則或有或無，並未明定。

至於主筆的稿費酬勞，那是無法固定的。原因很簡單，社論必須視當日、當週（週刊）、當月（月刊）的新聞時事而定。一般媒體都會聘請特定領域的專家來兼任主筆，例如：財經、政治、文化、憲法、勞工、社會事件、國際新聞等，總之有各領域的專家，視時事需要，再約請寫稿。例如臺美貿易談判那一段時間，財經學者的稿約特別多。不一定是每週一次，有可能幾天就來一篇。那一個月，他的稿費當然就特別多。但如果勞工多事，如臺鐵罷工，就可能勞工學者寫得多。

管中閔的主筆稿費當然不是定額，時多時少，原因即在於此。因此監察委員也算不準，無法算成固定薪資，最後只好用平均的，說成平均每月若干。這樣的稿費，怎可說是固定兼差？

王幼玲是媒體出身，以前在《自立晚報》任職，新聞界的生態，豈有不知之理？最讓人訝異的是：明知內情，還居然調查幾個月，寫了一本幾萬字的報告，更不可思議的是，調查的時間，從政大教課開始，跨越二十幾年，一筆一筆清查。這不是清算，什麼是清算？這不是入人於罪，什麼是入罪？

這不禁讓人感嘆，監察委員如此細心用心，可曾用來對待民間的陳情案嗎？民間多少冤錯假案，無辜無告的苦情，等待監察委員的拯救昭雪，他們何曾如此費心？監察委員問心無愧乎？

彈劾文之後，二〇一九年二月十三日，監察院「再接再勵」發表調查報告，其內容就更明顯呈現出被形容為「羅織」的手法，是如何進行的。

這是繼一月十五日，針對管中閔匿名撰稿提出彈劾案後，監察委員王幼玲、蔡崇義的另一傑作。他們在記者會公布更完整的管中閔兼職情形調查報告，列舉匿名投稿《壹週刊》、任職中研院期間兼職、擔任臺大教授期間兼職，以及赴中兼職四大部分。

該調查自二〇一八年三月開始。其中涉及的單位有多少呢？我們看看調查報告（節錄）：

貳、調查意見：

有關「行政院國家發展委員會前主任委員管中閔擔任公職及教職期間，相關兼職涉有違反《臺灣地區與大陸地區人民關係條例》、《公務員服務法》、《教育人員任用條例》等規定情事，認有深入調查之必要」案，案經向中央研究院（下稱中研院）、行政院、內政部、外交部、行政院國家發展委員會（下稱國發會）、行政院大陸委員會（下稱陸委會）、行政院人事行政總處（下稱人事總處）、銓敘部、財政部臺北國稅局、國立臺灣大學（下稱臺灣大學）、國立政治大學（下稱政治大學）、國立中山大學（下稱中山大學）、國立中央大學（下稱中央大學）、國立暨南國際大學（下稱暨南大學）、香港商壹傳媒出版有限公司臺灣分公司（下稱壹傳媒臺灣分公司）、國泰金融控股股份有限公司（下稱國泰金控）、財團法人臺灣經濟研究院（下稱臺經院）、兩岸企業家峰會等機關（構）、學校、團體調取相關卷證審閱，並於民國（下同）一〇七年五月九日邀集學者專家進行諮詢、一〇七年十二月二十五日約詢行政院及銓敘部等機關業管人員，另並先後訂於一〇七年十月五日、十二月二十五日，及一〇八年一月四日，約請行政院前政務委員兼國發會主任委員管中閔（下稱被調查人）到院釐清案情，惟均經其以各種不同理由推辭出席，僅於一〇八年一月三日提出書面說明一份到院；復另於一〇八年一月四日約詢行政院人事處、國發會人事室、財政部臺北國稅局等機關之業管人員，全案業調查竣事，調查意見臚陳如下：

一、被調查人管中閔於一〇一年二月六日起至一〇四年二月三日止之期間，身為國家高階政務官乃至機關首長，卻違反《公務員服務法》第十四條第一項「禁止兼職」之規定，透過匿名方式「常態性」為《壹週刊》撰寫社論，以獲取年約六十五萬元之兼職報酬，嚴重損害公務紀律及敗壞官箴，違失情節重大……

（文長，讀者可查閱監察院全球資訊網）

以上所引之文，只是調查報告的開頭。這是為讓讀者了解，監察院是如何取證的。它所發文的單位，包括了管中閔待過的所有部會、學校、參與過的學術團體、研討會主辦單位等，共二十幾個，一個個去公文信函，要求提供資料，拿到資料後，再逐一比對。調查時間從一九九四年至二〇一五年之後，前後二十二年；然後，還約詢各單位的人事室主管、業管人員，開了幾次會，最後，「本院彙整自財政部臺北國稅局相關稅務資料」，於是開始意見陳述。

仔細去看這一份調查報告，讀者會很驚訝地發現，其細節處，甚至連管中閔曾幫臺灣各媒體（《聯合》、《中時》、《天下雜誌》、城邦文化等）寫稿的稿費，一筆筆都查得一清二楚，列成表格。乃至於他出差赴大陸開會，會不會大陸已出過差旅費，而管中閔還向中研院申領，都在調查之列，竟還點名要中研院再去查清楚。坦白說，這個金額不多，但如果抓到把柄，就是可以治罪的貪汙。那麼，管中閔就可能因此下臺。

再舉有關臺大兼職的其中一小段為例，我們會看到「羅織」是怎麼辦的：

> 被調查人管中閔於其二〇〇七年及二〇一五年之英文簡歷（curriculum vitae）記載，其於華中科技大學、西安交通大學另有兼職；惟依其入出境資料，其僅有到訪上開兩校各一次之赴陸申報許可紀錄，被調查人英文簡歷上所載之上開兩校兼職，容非實情。至於被調查人有無於廈門大學兼課及擔任博士生導師，以及其曾於上海社會科學院所辦之暑期課程擔任講座，是否違反教育部函釋之教師赴陸禁止事項等，囿於當前兩岸關係等節，尚無法為進一步之確認。末查，被調查人於（民國）九十六年六月二十日至六月二十三日之期間，曾申請赴西安交通大學金禾研究中心講學，西安交通大學的邀請函已註明「有關落地的食宿費用由我校負擔」，惟依中研院函復資料，被調查人卻仍申請支領訪問該校三日期間之日支生活費三百五十七美金（一百一十九美金乘以三，等於三百五十七美金）；其間有無重複領取，中研院允有釐清並依法處置之必要……[88]

這只是其中一例，想要用三百五十七美元的日支生活費，套入重複領取的證據，然後可以入罪。至於蒐羅他所兼任的大學、學術機構、研究機構的車馬費、稿費、出席費等，非要找出毛病，以為罪證，更是詳實之至，令人嘆為觀止。也幸好，管中閔一直很細心地交代助理，絕對不要便宜行事，一切秉公辦理。

坦白說，這麼龐大的工作量，絕不是監察委員自己做的，它很可能是一大群助理加減乘除費心統計下來的結果。

然而，即使這樣蒐羅了近一年，廣集了二十幾個單位，逐一對比國稅局的所有報稅資料，調查委員王幼玲、蔡崇義仍未找出可以入罪的證據。最後只能寫下五個處理辦法：

一、調查意見一，另案處理。

二、調查意見二，函送中央研究院參處。

三、調查意見三，函送教育部及國立臺灣大學，並請教育部督同國立臺灣大學確實依法行政，覈實辦理見復。

四、調查意見四，函請中央研究院就相關事項依法處理見復。

五、調查意見函復陳訴人。[89]

事實上，管中閔為臺大教授，監察院只負責督導，無權處分，只能請臺大自行處理，由教育部監督。說到底，臺大作為獨立教育機構，本不歸監察院管轄，監察委員插手臺大、中研院的事，這是越權行事。羅織之用心，何其昭彰！

然而，最可議的是，監察院在這十一個多月的調查過程中，不知道是誰，用什麼方法，悄悄把從各單位蒐集來的個人資料，「暗中」洩漏給媒體，完全不管管中閔個人所得、工作與報稅資料，應該受到隱私權的保護，逐步被暴露在媒體的爆料裡，變成批判的材料。以此抹黑管中閔，塑造他在外兼職、貪圖小利的形象，試圖造成一種仇恨心理。

這其實是非常不道德的、惡意的、非法的抹黑。

從效果上來講，監察委員的調查作用有限，因為查無不法，毫無傷害；但使用這些個人隱私的資料，暗中放給媒體，進行人格謀殺、暴露個人隱私，其實才是最大的傷害。

管中閔後來常常說，他很慶幸自己是一個守法的人，而且從回臺灣大學教書開始，從未心存僥倖，每一筆帳、每一筆稿費、車馬費、出差費、交際費，皆可攤在陽光下檢視。因此即使監察院翻箱倒櫃，從二十幾年來的二十幾個工作單位、交流單位、演講活動中拚命調資料，比對了十一個月，也沒能找出他的毛病。頂多就是幫媒體寫社論。但這也是寫稿，根本不是兼差。

他很清楚，這個過程，若是一般人，對那些幾百塊錢的小事，難免隨隨便便、馬馬虎虎，可能早就漏洞百出。還好他是財金系的教授，對財務一向很注意，交代助理一定守法到底。

由王幼玲與蔡崇義所寫的這一份長篇報告，堪稱是監察院的「典範」。未來如果有研究生想了解什麼叫「深文周納」、「入人於罪」、如何將監察權使用到極致，這一篇報告堪稱「最佳案例」，若再配合當時媒體的抹黑報導，形成一種帶風向的效果，即是政治學、網路時代媒體生態、乃至於監察權之「如何成為東廠」的好題目，值得好好研究。

31 最後的考驗

擁有近百年歷史的臺大，畢竟有一個堅強的自由主義學術傳統，保留著學人的風骨。管中閔順利上任後，二〇一九年六月一日，終於以校長身分主持一〇七學年度的畢業典禮並致詞。相較於前一年沒有校長的卑屈，只能發臉書文祝賀，今年總算有一個正式的校長來舉行畢典了。管中閔以興奮的口吻開場：

今天（六月一日）應該是一個屬於大家的歡樂日子。走進會場，放眼所及，我看到的都是笑逐顏開的面孔。所以請允許我違反一般致詞的慣例，先說：各位同學，恭喜你們畢業了；各位家長，恭喜你們終於可以放下心頭的一件大事了。讓我們一起來慶祝這歡樂的時刻。……

過去四年間，我們繼續目睹著世界的變動。從英國脫歐，到最近中美貿易戰白熱化，世界經濟秩序正在重組。而從東歐到南海，許多地區仍處於政治動盪和軍事衝突的邊緣。但在科技方面，機器與生產方式愈來愈聰明，人工智能也愈來愈強大；新的經濟模式，新的金融科技，新的影音、教育和資訊平臺如雨後春筍般出現。這些新模式為多數人帶來了許多衝擊，而且正在改變我們的社會結構與政治體制。

各位同學，過了今天的歡樂日子，你們就要離開學校的舒適圈。迎接你們的，不會是一個風平浪靜的世界，而是一個繼續以驚人速度改變的世界。你們無法置身於變局之外，所以只能挺身迎向改變。這就是我希望在這個時刻送給大家的兩句話：敢於挑戰，勇於改變。在未來，你們需要有敢於挑戰成規和舊法的堅強心態，也要有勇於改變自己、改變社會的決心。給自己這樣的要求，堅定前行，你們一定會開創出不一樣的人生。

讓我再次祝福所有畢業同學。今天我們在此送大家懷抱著信心與驕傲步出校門，在未來，也許十年，也許二十年，我們期待看到大家挺立在臺灣或者世界的各個角落，而有你們的地方，改變都在發生，而世界也將因為你們，以及你們推動的改變，而變得更為美好。[90]

然而監察院的陰影並未結束。二〇一九年七月二日，監察院送司法院公務懲戒委員會的彈劾案公開審理，進行準備程序庭；合議庭成員有五人：石木欽（公懲會委員長兼審判長），廖宏明、吳景源、張清埤、黃梅月。依法，管中閔必須到庭說明。如果懲戒委員會做出撤職的決定，那麼臺大將風暴再起，管中閔也要被迫離職，後果非常嚴重，因此他必須嚴陣以待。

管中閔倒是很坦蕩，依約於當天下午三點赴約，但他發表了一篇非常直白且毫不迴避的聲明：

我今天懷抱著對司法的敬意出席司法院公懲會的準備程序庭，希望在司法前面捍衛自己清白。

我之所以必須站在這裡，源頭就是去年一月五日臺大校長遴選委員會的遴選結果。若非這個結果不為少數有權勢者所喜，怎麼會有長達一年、對我鋪天蓋地的政治抹黑？怎麼會有立法院以「退回預算」來要求教育部不接受遴選結果？怎麼會有教育部對遴選結果的多番刁難？怎麼會有兩次針對我個人的「跨部會諮詢專案小組會議」？怎麼會有臺北地檢署的傳訊？又怎麼會有後來監察院的調查？監察院今年一月十五日通過的彈劾，不過是所有政治追殺都不成功後的另一次迫害。

新的政治迫害就是以「深文周納」* 與「羅織構陷」來入人於罪。首先，為了尋找違法證據，

---

* 作者註：「深文周納」，「深文」指嚴苛的法律條文，「周納」指詳密的構織罪狀。深文周納，指不根據事實，而巧妙的援引苛刻的法條，陷人入罪（教育部重編國語辭典修訂本）。《史記．酷吏列傳》：「與趙禹共定諸律令；務在深文」；《漢書．路溫舒傳》：「上奏畏卻，則鍛煉而周納之」。

這群迫害者從國稅局調取我近二十年的所得稅資料，逐筆檢視，並要求各個單位交代與我的來往細節。這包括我未擔任公務人員的時期，根本非監察權行使範圍，而公開這時期的資料更嚴重侵犯我個人隱私。即使這樣「上窮碧落下黃泉」，迫害者們能找到的所謂「證據」，也只有我撰寫社論的稿費收入而已。但他們援引各種特殊觀點與論述，「深文周納」，企圖論證撰寫社論違反了「公務員禁止兼職」的規定。律師們對相關法律見解會有清楚的說明，我不在此重複；以下僅列舉一些事實，敬請公懲會和大眾公裁。

先說「兼職」。過去什麼人曾認為媒體外部人員受邀撰寫社論是「職」？如果根本不是「職」，豈有「兼職」可言？媒體前輩王健壯先生在六月十六日的一篇評論中說：「媒體邀人寫的稿件，屬於外稿，寫外稿的人並不屬於媒體編制內人員，除了稿費，寫外稿的人也並不享有編制內人員應有的薪資福利待遇。也就是說，被媒體邀稿的人，在媒體內既無薪也無職，監委以管中閔『兼職』違法而彈劾，根本是不知媒體組織運作為何物，典型的莫須有入人於罪。」**

其次，彈劾文指控我所寫社論「涉及職務」，所以「違法」。監察院一〇七年十二月二十五日的調查筆錄中明確記載，國發會與行政院相關人員檢視這些社論後表示，「與國發會職掌無直接關係」（頁二）；從政務委員的法定職務來看，「週刊內容與其職務沒有連結性」（頁三）；「專欄內容當初由行政院業務單位幫忙認定，經檢視和其負責的法案無關」（頁四）。然而彈劾文無視這些證詞，卻在毫無事實基礎上斷言這些社論不可能與我的職務「全然無涉」。彈劾文中更以各種方式猜測或推算我所寫的社論篇數和每篇稿費等，作為其論述基礎。這些罔顧事實的指控，就是「羅織」，就是「構陷」。

經歷超過一年的政治迫害後，我必須沉痛指出：如果今天大家容許這種深文周納和羅織構陷的政治迫害，將來任何人都可能遭受同樣不公義的對待。馬丁・路德・金恩博士（Martin Luther King Jr.）的一段話值得我們深思：「The ultimate tragedy is not the oppression and cruelty by the bad people but the silence over that by the good people.」（最終極的悲劇不是壞人的壓迫與殘酷，而是好人對此的沉默。）我今天以敬謹之心出席準備程序庭，期待司法能澄清與匡正不實指控，社會正義之聲能對不公義加以譴責，更希望我是遭受這些政治迫害的最後一人。[91]

程序庭之後，八月十九日，司法院公務懲戒委員會舉行，彈劾案言詞辯論庭。九月二日，司法院公務懲戒委員會判決管中閔「申誡」。[92]

** 作者註：王健壯，〈許宗力的改革盲點〉。

公懲會的理由列了七大項，但它仍未交代公務員是否有對外寫稿的「言論自由」。也就是下班後的政務官，完全不能寫稿，或對外發表言論意見嗎？寫在社交平臺的稿子，算不算是政令宣導？寫在報紙民意論壇上的稿子，算不算是為政府說明政策？寫在網路的政策辯駁，算不算是公務員的政績？還是違規？現在政府部門那麼多的網軍，算什麼角色？

這些都不是司法院公懲會能說明，也不是法律能有所界定的。

即使如此，監院院對管案所能做的彈劾，作用也到此為止。

除了監察院，為卡管而展開的壓迫勢力還有司法系統。眼見行政院方面都為了止血而讓管中閔上任，臺北地檢署又拖了一年多之後，也配合政治風向，對管案進行簽結。

二〇二〇年十一月三日晚上，管中閔在臉書發文分享臺北地方檢察署書函，函中描述他的兼職申請都循程序辦理，並無任何公務員有積極登載不實的具體文件。管中閔對此表示：「正義雖然遲到，但不會永遠不到。」

二〇二〇年十月二十六日臺北地檢署書函：

經查，臺端兼職申請情形都循程序辦理，並無任何公務員有積極登載不實的具體文件，而臺端填載「國立臺灣大學校長被推薦候選人資料表」是臺端身為被推薦候選人具名填具的資料，屬於有製作權人，並無冒用名義情形。另經比對臺端入出境紀錄和申請核准文件，並無未經允許擅自出境或逾越核准地區情事，故臺端所為顯與上開罪嫌之犯罪無關。[93]

地檢署針對相關官司查無不法，於二〇二〇年十一月三日全數簽結。

隔了一年之後，二〇二一年十一月三日傍晚，管中閔在臉書發文再次分享臺北地方檢察署書函，並說：「遲到的正義，深刻的記憶，時隔一年，再看到仍充滿情緒。」司法單位的一個調查，對地檢署或許不是什麼大事，但對當事人卻傷害深重，終生銘刻在心。

二〇二一年十二月二十五日，回到臺大任教的前教育部長葉俊榮，和當年被他「勉予同意」校長管中閔，在一場臺大創新設計學院的學生成果展相逢。事實上，同一所學校的校長與教授，本有許多場合可能相遇，然而這一天很特別。因為它距離葉俊榮「勉予同意」結束卡管案，正好三年零一天。

三年前的此刻，沒有人知道葉俊榮的決定能堅持多久。三年前的這一天下午，正是葉俊榮去向賴清德請辭，被「勉予同意」。無巧不巧，整整三年後，他和管中閔在校園裡相逢。彷彿魯迅所寫的「相逢一笑泯恩仇」，葉俊榮主動提及三年前舊事，兩個人心中都充滿深深的感慨。

事實上，管中閔早前就曾去看過葉俊榮，兩個人長談了三個小時，往事的來龍去脈，在校園中，得到了解和化解。管中閔也在二〇二一年十二月二十六日於臉書寫下如此的句子：

十二月二十五日下午花了近三小時，去看創新設計學院學生本學期的成果展。內容包括：同學從課程所創作的音樂表演，還有從課程發展出來的各種創新想法與成果，琳瑯滿目。最後遇見也來參觀的法律學院葉俊榮教授，他主動提及三年前舊事：時任教育部部長的他，為歷時近一年的「卡管」事件劃下句點。三年後的這一天重遇，亦屬巧合。[94]

二〇二一年十二月二十五日這一天，還有一件更重大的事。

針對管中閔案件而產生的大學校長遴選爭議與處理辦法，教育部在二〇一九年八月一日即修正了「國立大學校長遴選委員會組織及運作辦法」，各大學應依此辦理。基於此，臺大必須修改內規。

臺大為此舉行臨時校務會議，討論修正「校長遴選委員會組織及運作要點」。校務會議一般都由校長主持，但管中閔以利益迴避為由，宣布議案後即離席，改由副校長羅清華主持。

會議最後拍板通過「校長遴選委員會組織及運作要點」修正草案，要求遴選委員會要在成軍後七個月內完成校長遴選，若校長就任前出現遴選爭議，遴委會要在三個月內做成決議，確實處理。遴委會若未處理爭議，將經校務會議代表三分之一以上提案，並經出席代表二分之一以上同意後解散。

臨時校務會議也拍板通過臺大學生會提案增訂的修正，要求校長候選人產生後，遴委會應向全校公告校長候選人名單，並附上完整的候選人資料給臺大校務會議代表。此外，校務會議代表若擔任遴選委員或校長候選人，應在校務會議行使候選人同意權時，主動迴避。

臺大學生提案的理由是：以往校務會議收到的校長候選人資料，是經過遴委會整理的內容，並不完整，增訂「校長遴選委員會組織及運作要點」第十八點，將能讓校務會議代表收到原始資料，更加理解候選人的背景、治校理念等資訊。[95]

顯然，這些增修的條款，都是針對有爭議的時候，遴選委員會必須在三個月內處理完畢，若無法處理，就由校務會議代表三分之一以上提案，經二分之一同意，就可加以解散。校務會議代表的權力大增，而遴選委員會也無權堅持自己所選出的人。因此這些條款又被稱為「管中閔條款」。

條文是人寫的，也是人在運作的。它未來會有什麼問題，仍難預測。因為歷史總是愛開玩笑，只為了讓人顯露出無知、渺小的本質。但人總是自大，千方百計，算盡心機，想控制全局，卻從沒學會在大歷史面前，變得謙卑一點。

這正如二〇一八年臺大選舉前，算盡了心機，由教育部排除了處理利益迴避的條款，甚至在兩輪投票下，最終仍無法達成目的，反而由管中閔當選，最後對管中閔的所有迫害，反而變成社會對執政者的強烈反感一樣。

百年歷史的臺大，或許，自有屬於大歷史的學術大運，那已不是一二權力者可以決定的事了。

32

回到初心

人有命運，國有國運，百年大學，或許也自有學校的大運。一個國家的命運，有時只是個人意志的顯現，例如掌握權力之後的希特勒之於德國；有時卻是更長遠的歷史積累，形成社會的集體意志，遂造就所有個體共同做出一個關鍵性的決定，選出一個關鍵性的領袖，而領袖反過來決定了國家的命運。最後，國家的命運，會如同佛家所講的「共業」。所有人要共同承擔集體的命運。如果我們重讀明末、清末的歷史，看多少風骨錚錚、氣節昂然的學人，懷抱改變歷史之大志，多少志士「臨危一死以報君」，卻難以改變國運，或能稍稍明白那大運之難以違逆，乃是長期的、總體的歷史積累所塑造。

臺大呢？歷經二〇一八年的浴血奮戰，管中閔終能成為臺大校長，所能依靠的，不僅是其個人的意志力與風骨氣節，更有全力護持臺大學術傳統與大學自主精神的許多學者教授，在默默奉獻。而幾位前任校長的護持，如陳維昭、孫震、李嗣涔，公開呼籲抗爭。特別是陳維昭，作為遴選委員會召集人，抵擋來自總統府、三大院（行政院、立法院、司法院）排山倒海的巨大關說與壓力，在各方攻擊之下，沉穩持重，溫和堅定，未曾動搖，如果不是有極強的信念與堅定的意志，恐怕很難堅持下去。

而在攻防中，非常重要的是二〇一八年三月與五月的兩度校務會議，卡管的一方所提出的幾種提案，要否定遴選的合法性、重啟遴選、啟動調查選舉過程等，若非許多老師的志節堅守，全力守護遴選的合法性與正當性，始能讓臺大不致淪為權力操弄的「玩具」，否則臺大早已喪失大學自治的精神與風骨。

這一段歷史，這一段奮戰的歷程：以一個學校之力，以教師自主的守護，以學術自主、大學自治的精神，孤軍對抗整個國家機器，對抗行政院、立法院、監察院、司法院，乃至行政院之下被指揮的教育部、法務部、陸委會等部會。擴而言之，當時從報章雜誌、網路、有線無線電視的各種談話節目，那種全面圍城、孤軍奮戰之景況，比之於大衛出戰巨人哥利亞，簡直千百倍的慘烈。

再加上，臺大內部仍有諸多寧與權力掛勾、意識形態囚徒般的學者，喊著「反共抗中」政治口號，扣人紅帽子，反對管中閔，儼然成為「反共抗俄」的新黑衫軍。

臺大自由主義傳統之危殆，實難想像！

這一次孤城之戰，是臺灣自由主義傳統的一次真正考驗。

幸好，臺大通過了。

這一段歷程，若非陳維昭、管中閔願意忍受回憶之痛苦，將承受之磨難，公諸於世，書之為史，恐怕外界很難了解整個過程。這一切，終將成為臺大校史上，一頁傳奇、璀璨的篇章。它見證了臺大，自傅斯年以降，仍有自由主義的傳統，傅鐘的風骨，仍錚錚作響！

對臺大校長管中閔來說，那些當選校長後的折磨，有如一場「火獄的考驗」。為學校奉獻，為學子獻身，歷經火獄，浴火重生，這是未曾預料的無可選擇。然而，如果還要再繼續選下一任校長，是不是一切要重來？所有綠色黨國的圍剿，會不會重演？臺大師生，還要再受一次折磨嗎？

二〇二一年十月二十三日，管中閔宣布不再續任臺大校長。他對外說明：這一任校長卸任時他已六十六歲，考慮到年齡，也看到許多年輕老師充滿創意，他想應該提早世代交替，讓臺大由更年輕的校長帶領師生前行。他依學校規定，在任期屆滿前十四個月在校務會議提出不續任報告，預計將於二〇二三年一月七日卸任。

宣布這消息的當天，許多臺大的師生同感錯愕。因為，一般大學校長都會連選兩任，第二任的連任會更容易些。但了解他的朋友都知道，他不想為臺大再苦苦折騰一回了。

最高興的莫過於他的妻子陳達敏，管中閔形容她事先得知時，是「雀躍三丈」。這個丈夫為臺大奉獻那麼久，折磨得差點死掉，對改革臺大的理念實踐，對臺大百年的願景，他也都做了，如今也該回家，當她的老公，做孩子的父親，做單純的學人。

她最擔心的仍是管中閔的健康。前不久，管中閔和她去臺大看醫生。她去領藥的時候，接了一通電話，為了怕大廳太吵，她走到角落一點的地方去講電話。管中閔的恐慌症狀這時突然又發作起來。

那是始於二〇一八年二月間，全面攻擊開始的時候，許多突如其來的謠言、突發的新聞不斷發生，記者、朋友頻頻傳訊息進來。那時管中閔的眼睛已經有問題，達敏怕他受刺激，盡量不在他面前討論這些事。那一天在醫院等領藥的時候，達敏接了一通電話，她走到稍微靜一點的角落去談。過了一下子還沒有回來，管中閔就開始恐慌了。他擔心有什麼突發的事件襲來，達敏躲著他在處理，才沒有回來。他心中緊繃，恐慌症發作，整顆心焦灼如焚，翻江倒海般湧起，將他淹沒。他急著到處尋找達敏，有如汪洋中燃燒的小舟。達敏見到他時，他臉色慘白，心跳不知多快。

三年多之後，也就是不久前，他們去臺大醫院，也是在等藥時，達敏去接電話，她照例走到稍安靜一點的地方。管中閔沒看到她的身影，整個人漸漸感到焦躁，心中那種恐慌的感覺，竟然再次襲來。他瞬時感到口乾舌燥，心跳加速，心中焦灼，胸口再度翻騰起來。他緊張地四處張望達敏在哪裡。幸好，達敏很快回來了。

於是他知道，三年前的創傷太重了，他並沒有完全從夢魘中復原。那個陰影將跟隨他，很久很久。

他不想再經歷一次了。

然而媒體問他，如果沒有上一次「卡管」案，他會不會做滿兩任，他回道：「這個就不好說了。」[96]

管中閔不願意說出口的是：他為臺大所做的事，都是在成全別人。但作為一個「人」，都六十六歲了，以後要為自己而活，活得有尊嚴。再也不受那種屈辱！一次，就夠了！

臺大一位資深的學者私下感慨地說：他可以了解管中閔的心情，上一次卡管案的腥風血雨，讓人心疲力盡，死過一回。再加上二〇二〇年總統大選後，臺灣愈來愈法西斯化。執政黨大權在握，早已背離民主國家的憲政主義原則，大學校園也在執政黨的操弄下，失去自由主義精神。有些臺大學生變得像綠色黨國時代的職業學生，為權力效勞，彷彿一畢業，就要去立法院當助理，再去選舉。大學理想主義精神的衰落，讓人不知為何而教，為何而問學求道。

國際情勢也充滿巨變：中美貿易戰，香港反送中運動，美國極右翼風潮捲起，自由主義理念受到強烈衝擊。臺灣則顯現出分裂社會的特質：兩岸對立加劇，統獨矛盾加深，顏色政治對立，從政府到民間，內部矛盾分明。原本應嚴守中立的新聞媒體，在政府採購收買下，成為執政者的宣傳機器，網軍側翼鋪天蓋地。而防疫政策的傲慢與貪腐，簡直到不可思議的地步，民間死傷如此嚴重，可政治上卻只見顏色立場，不見是非對錯。這種混亂，讓相信教育是為了讓學生「明辨是非」的老師，都非常挫敗。

整體局勢，讓人有一種難以力挽狂瀾的無力感。

「取捨由時，行藏在我」，意思是取捨之間，必須考量時局世勢；但欲入世而行，實踐理念，或退隱江湖、藏身民間，卻是個人可決定的。管中閔選擇了退一步，回到教書做研究的領域。「行藏之間，這是管爺的選擇。」一位哲學界朋友看見管中閔選擇不再連任，發出輕輕的感嘆，卻仍不免自省：「這是我們學術界要重新思索的時代。」

然而無論行藏，至少當行之際，逆風敢行，維護臺大自由學風，管中閔可以問心無愧地說：「我曾努力過了。」

在他的任上，至少努力帶領臺大，實踐自己在競選時所許下的承諾。

33 最後的迴聲

歷史彷彿註定要在他離去之前回眸一顧似的，即將卸任的管中閔在二〇二二年七月，迎來了他的最後一次考驗。

二〇二二年七月五日，臺北市議員王鴻薇召開記者會指出：民進黨提名桃園市長參選人林智堅在中華大學的碩士論文涉嫌抄襲。[97]隨後臺大國發所退休教授杜震華也為文公開指出：林智堅在臺大國發所碩士班的畢業論文涉嫌抄襲，且情節嚴重。[98]杜震華的指控有憑有據，是經過論文比對系統的統計，有高達四十幾%內容相同，抄襲已無可抵賴。這使得風暴一下子擴大。

七月六日，臺大即宣布收到檢舉，將依據《博、碩士學位論文違反學術倫理案件處理要點》處理，並會在兩個月內完成審定。

管中閔對此應有深深的體會。因為二〇一八年一月二十五日，他正是在立委張廖萬堅的指控下，被汙衊抄襲，以此為由阻止他上任臺大校長。作為學人，對他獨立董事身分有無揭露的指控，臺大有證據可考，他都可以釋懷，唯獨說他抄襲這件事，簡直是奇恥大辱。他氣得胸口發熱，全身劇燙，無法入眠，心臟幾乎破裂，而眼球視網膜剝離也與此有關。一個如此看重學術信譽的人，要如何看待林智堅的事呢？如此破壞臺大學術倫理的事，能容忍嗎？

然而他沒有動氣，而是依學校規定組成學術倫理審查委員會，進入調查程序。在對外說明上，他只強調：「學術倫理與誠信是學術研究最基本的要求，臺大一定會堅持此一標準，不會含糊以對。」外界不了解他的堅持原則，還對臺大指指點點，認為臺大處理緩慢，被政治擺平了。

民進黨則是想用政治手段，抹黑臺大，以維護林智堅。總統蔡英文公開出面，要求全黨「相信林智堅」。而林智堅的論文指導教授陳明通則連續兩次發出幾千字的聲明長文，試圖為林智堅論文的抄襲部分圓謊，說是他將林智堅的論文大綱給了另一位論文寫作者余正煌，所以林智堅是原創者。在學術問題上，論文寫作有先後，誰抄誰只要比對論文發表時間即一清二楚。但民進黨卻以舉黨之力，發動網軍，抹黑負責學倫案調查的臺大社科院院長蘇宏達有政治色彩，必須迴避。試圖從一開始就抹黑臺大學倫會，讓審查結果不被信任。

問題是蘇宏達是社科院院長，依法本就由他主持。他不主持，誰來主持都會有更大問題。核心問題是：林智堅自己根本不敢參加學術倫理委員會的約詢會議。臺大連續三次約詢，他都缺席，不敢面對臺大教授說明自己論文如何寫成。他反而在媒體連續發聲明，宣稱自己是論文原創，臺大對他是政治抹黑。

然而，正因為他不敢面對問題的態度，讓社會各界更質疑：他不但不是原創，甚至不是論文寫作者，至於他的聲明，恐怕也是別人代筆。

這種現象，在許多大學的「在職專班」裡，比比皆是。這種在職專班的上下課時間並不強求，視老師而定，因某些大學缺少生員，有招生需要，而有些地方民意代表也需要更高的學歷，以此為政治資歷，讓學歷欄上更漂亮一些，於是兩相合作。林智堅其實只是其中之一。

但問題在於他不僅不承認，還試圖抹黑臺大。整個民進黨的黨國體制，似乎突然陷入當年卡管的舊模式，以舉黨舉國之力，全面力挺林智堅，彷彿非把臺大打倒不可。整個情勢，又變成林智堅加民進黨與臺大的對抗。

然而，論文不比政治攻防，這是白紙黑字寫下來的，一字一句，白紙黑字，發表過的論文，證據俱在，只要學者認真審定，客觀比對，真相一定可以水落石出。

雖然管中閔已不再連任，一無所求，但他也不多說，只依著學術倫理的校內規範，一步一步往下走。論文比對、論文內容查證，都依學術規範嚴格進行。最後在八月九日，舉行記者會，宣布論文審查結果與學校的決定，判定林智堅論文抄襲，撤銷學位。

臺大的審定結果激怒了蔡英文，她以總統之位宣告相信林智堅，要民進黨全黨力挺。此時林智堅已作為桃園市長參選人，受蔡英文欽點，被稱為「小英男孩」，活動多時。在臺大與蔡英文之間，民眾會相信誰呢？是相信一個把自己的博士論文都隱藏起來，列為機密的總統？還是以學術誠信作為最高指導原則的臺灣大學？是不敢面對學倫會三度約詢，躲在聲明後面的林智堅？還是臺大一群學者所認真審定的結果？

民意很快給出答案。社會風向逆轉，逼得蔡英文不得不換下林智堅，改由鄭運鵬參選桃園市長。然而民間沒有忘記這一場再度以政治權力威逼臺大學術尊嚴的惡行，在隨後二〇二二年十一月二十六日的九合一選舉中，以神聖的一票給執政者教訓，接替林智堅參選桃園市長的鄭運鵬落選。民間普遍認為，林智堅與臺大學術誠信的對抗，是造成民進黨北北基桃全面敗選的重要原因。

臺大終究走過這一場風暴。學術倫理，終究超越了政治權力，臺大用理性客觀的調查研究，維護了學術的最後尊嚴。

二〇二二年，管中閔還有一個最後的任務：校長選舉。他已是卸任者，並無參與的義務，只要依法舉辦，讓各院系自主辦理即可。然而，若仔細觀察，會發現卡管案的後續影響比表面上更顯深遠。

從管案之後，許多有意願為教育奉獻的人在國立大學校長選舉上紛紛打了退堂鼓。一些清流學人感知自己若是無法為當道所喜，或無法打好與民進黨的關係，那是選也不用選的，就算選上了，也有可能不被教育部聘任。與其選上受辱，不如清清白白，歸去來兮。

原本大學自主精神，即是國立大學校長選舉若選上，教育部只能依法聘任，沒有置喙的餘地。如今，教育部被賦予有決定發聘的最終權力，這等於取消了大學自主。大學自主的脊椎骨已被打斷了。

某位國立大學教授這樣說：「連臺大校長都可以被打成這樣了，何況其他學校？連管中閔都被打得這麼慘，何況我們這種尋常的學者？不要妄想比較安心。」

某位國立大學校長，按慣例本應連第二任，卻在看到管案後決定放棄，原因只有一個：「我怕到了，可以嗎？一個人的生命有限，我也不是為名為利，而是為了奉獻教育，如果要被抹紅抹黑，甚至捨了一生清譽，去招惹政治的打手，權勢的攻訐，惹得一身髒汙，何必呢？」

「邦無道則隱」，這是二〇二〇年之後，學界知識分子最常掛在口中的互相勸慰之語。

「人生只有一次，何必被這個爛政權糟踏？」一位中研院士私底下這麼說。

即使卡管案發生於二〇一八年，事情已過了那麼久，且卡管案最後的解決仍是讓管中閔上任，但當年的記憶猶新，學術中人都是做研究的，消息互通，對此事的來龍去脈清清楚楚，更對民進黨與蔡政府黑幫式的行事作風印象深刻。當二〇二二年臺大要遴選新校長之際，有不少校內學人希望臺大有所改變，更多和國際接軌，主動去邀請海外的學人，特別是在歐美名校卓有名聲、教學經驗豐富的教授。但接觸過幾個，他們一聽到臺大，便敬謝不敏，說：「我怕麻煩，臺大風浪太大，就不參加了。」

更何況，臺大校長也沒有多高的薪酬，除非有高度理想，願意犧牲奉獻，否則國外收入遠比臺灣好，也不會有政治干預的風險，何必為校長名位把一生清譽都賠進去？

更重要的是，當臺大校長要對應的問題，往往都不是學術領域，而是政治上的壓力，甚至是沒有學問也沒有知識的名嘴，乃至於一些帶風向的網紅。面對這種非理性、沒知識的批評，學者根本無從對話，百口莫辯。即使降格去辯駁，也說不出那樣低級的語言，演不出那種格調。而他們是拿了政府的招標款在辦事發言的，誰能夠應付？

臺大的選舉，最後只能從臺大內部產生。盼望臺大如清華大學那樣，去聘請國外卓有能力的學人來擔任校長，已變得不可能。

然而二〇二二年臺大的校長遴選依舊受到各方矚目。因為，綠色黨國體制仍在幕後操弄。九月十四日，臺灣大學學生會、研究生協會舉辦的座談會上，六名校長候選人一字排開，接受學生提問，校長候選人要逐一給出回答。這是校長選舉過程中的一道程序，為的是讓未來校長可以與學生對話。問題很多，包括：廢除國文必修課、打造校園性別友善空間、中共打來怎麼辦等。有意思的是，有關中共打臺灣的回應，大部分校長候選人都回答：一定抵抗到底，打到最後一兵一卒。還有兩個教授特地用臺語回答（不知是否因學生用臺語提問），彷彿帶著某一種政治符號的表態。[99]

喬治．歐威爾在《一九八四》一書中，曾寫過「新語」（或譯「新話」，newspeak），意即利用政治手段，盡量改造語言，使之成為非黑即白的對比，再無中間的層次。例如：只有冷(cold)或不冷(uncold)，沒有中間的溫暖(warm)；只有好思想(goodthink)或思想罪行(crimethink)，沒有獨立思想。

臺灣也逐漸淪落到此一境地，逐漸失去「中間的層次」。

以中共武力攻臺來說，一個大學教授可以說明的，或許是：以臺大的學術研究能力，在武力攻打前，我們如何使用學術智慧，例如國際關係、政治談判等，避免戰爭的發生；其次，運用臺大在國際學界的影響力，形成對臺灣的援助，特別是輿論的支援、國防科技的研發協助、理化機械等應用科學對國防的協力運用等，以阻止戰爭的發生。這都是一個學術研究者，運用自己的知識，為國家做最好的貢獻。

知識分子報國有其特殊的途徑，歷史早有明證。李國鼎是庚子賠款所派出的第二屆公費留學生，他的指導教授羅塞福德為他安排了英國倫敦皇家學會的獎學金，要他繼續在劍橋深造。然而七七抗戰消息一傳來，他無法安靜讀書了。拚了命地想回國參加抗戰。為此，國民政府還派了作家謝冰心到英國去勸說留學生不要衝動，一定要完成學業，學成再報效國家。李國鼎也聽到了。但他就是無法安心，乃決定去請教他的老師。

羅塞福德說：科學家在戰時應該為國家做事。第一次世界大戰時，他也曾以科學家身分和知識參加戰爭，所以他同意李國鼎回國，等打完仗再回劍橋做研究。

「那我回去能為國家做什麼事呢？」李國鼎接著問。

「這場戰爭的決定因素可能在空戰，而不完全在地面戰。你是學物理的，懂得物理基本知識，包括聲光學和電學，正好可以應用到防空設施，如照空燈和測聲機。」羅塞福德說。

聽完老師的話，他毫不猶豫，立即束裝。他還和德國的中國代表聯絡，希望可以去參觀當地的防空設備，以及照空燈和測聲機的工廠。回國後，他立即加入防空部隊。其後他教書、做研究，還參加資源委員會轄下資渝鋼鐵廠的設立，從理論物理，走向實用科技。

這就是學術可以報效國家的途徑。質言之，如果一個臺大校長，不懂得運用作為最高學府臺大的知識資源、人才資源，報效國家，做最有效的運用，而是學著政客，高喊「打到最後一兵一卒」，那真是非常、非常的可惜。枉費了這個國家每年給臺大如此多的研究經費，養這麼多的教授學者、研究人才，最後，竟然是跟晚明的學者一樣，「臨危一死以報君」。何其悲哀！

公立大學校長選舉辦法容易導致候選人向政客學舌，搏取選票，甚至難以引進國外學人，這些都是問題的所在。但某些臺大校長候選人拋棄學術原則，反而向學生的民粹主義低頭，這真是情何以堪！

在這樣的情勢下，愈到選舉後期，政治的干預愈形明顯。

這一次，校長候選人要面對新的政治審查。而發動審查的，不是老師，而是學生。

選前兩天，研究生協會會長許冠澤要求臺大校長候選人郭大維要先辭去鴻海的獨立董事等其他職務。事實上，依臺大法規，候選人並無規定必須先辭獨立董事才能選，依法可以選上再辭。而其他候選人也有兼職者，卻未被點名。唯獨點名郭大維。[100]

值得一提的，許冠澤的聲名赫赫，是當年反馬政府黑箱課綱環島的學生，後來讀東華大學，抗議學校機車違停罰則發生衝突，畢業後考上臺大城鄉所，選上研究生會會長。從反課綱到東華大學的抗爭，乃至於考上臺大城鄉所的爭議，都曾是綠色媒體關注的焦點。

遴選前兩天，他會如此明確指控郭大維，不禁讓人想起二〇一八年卡管事件。當時管中閔選上校長，就是被教育部以擔任台哥大獨立董事，未寫在候選人資料上，有違利益迴避原則，而遲遲不予聘任。而事實是選前半年，《自由時報》早已在新聞頭版報導過，校內也早通過公文，舉校皆知。教育部只是欲加之罪，何患無辭。現在對郭大維的指控，不禁讓人懷疑背後有權力的黑手在操盤。媒體分析指出，攻訐郭大維的原因，應是因為他二〇一八年在臺大校長爭議中，站在臺大一方，而非教育部那邊。現在有意打擊他。

無獨有偶，選前一天，臺灣大學香港研究社與香港邊城青年共同聲明，點名郭大維在香港反送中期間，於香港城市大學擔任校長資深顧問及工學院院長，卻對城大學生被捕、港警向城大校園及宿舍發射催淚瓦斯等事件沉默不言，對此強烈譴責並要求郭大維正面回應。[101]

連續兩天的抹紅抹黑，而後立即進入遴選，讓郭大維要回應都措手不及。

這操作的手法，多麼讓人熟悉！當年管中閔被行政院、立法院、監察院、司法單位調查，黨政媒全面獵殺，以一人之力，何曾有機會自清？

這些學生背後的「水」，是有多深？他們像不像二〇一八年三月，指揮校務會議參與教授的那些學生？他們背後若沒有更大的權力黑手，指揮得動教授嗎？**而郭大維之所以遭到如此針對性的攻訐，又是否與四年前他以代理校長之名，多次要求教育部尊重大學自主、應盡速發聘書給管中閔有關呢？**

依據媒體報導，臺大校長遴選的最後，是由郭大維與陳文章出線，做最後ＰＫ。最後由低調而不具政治色彩的工學院長陳文章出線。[102]

校長選舉是無記名投票，無人知曉二十一位遴選委員如何投下最後的一票。但因為選前的政治操作，遴選委員很可能會因此聯想當年遴委會召集人陳維昭，遭受各方攻擊，得頂住巨大的政治壓力，甚至北檢的約談，才得以保住臺大的尊嚴，和大學自主的精神。若由郭大維選上，依選前的政治陣仗，恐怕會是卡管事件重演。臺大會有多久沒有校長，無人知曉。所以工學院長陳文章選上校長，讓臺大老師都捏了一把冷汗，鬆了一口氣。

天佑臺大！至少陳文章的工學院單純背景，讓臺大還有喘一口氣的空間，讓那些政治操盤的黑手暫時無法下手，讓臺大校園還保有一點最後的寧靜。

然而，一想到臺大校長選舉，校長要先經過學生會的政治審查，還要被拷問忠誠度，就感到不寒而慄。當校長選舉寧可選出爭議少的人，那是不是意味著寒蟬效應已開始起作用？臺灣學術思想自由的空間還有多大？這政治審查是不是像當年「人人心中有個警總」一樣，那恐懼感的「心魔」，已植入人心？

傅鐘，那風骨氣節的象徵，還能繼續敲響嗎？

即將迎來百年歷史的臺大，終於選出新校長，去迎向未來。然而，臺大會不會是臺灣命運的隱喻呢？那會叮嚀臺大學生要留下三小時思考的傅斯年先生，看到如今的臺大，會不會奮力敲響傅鐘，大聲呼喚：

「**我們貢獻這所大學于宇宙的精神！**」

34 歷史之鏡

大學之精神何在？大學之價值何在？

在此，我們或許可以借「歷史之鏡」，作長遠的觀照。

一九四九年蔣介石撤退到臺灣之後，仍對胡適敬重有加，胡適支持《自由中國》，推動自由主義思想，提倡獨立思考。一九五二年，他勸蔣介石要遵行憲政，實施民主，放棄獨裁；十二月十三日蔣介石日記記載：

十時胡適之來談，先談臺灣政治與議會感想，彼對民主自由高調，又言我國必須與民主國家制度一致，方能並肩作戰，感情融洽，以國家生命全在於自由陣線之中。余特斥之，彼不想第二次大戰民主陣線勝利，而我在民主陣線中犧牲最大，但最後仍要被賣亡國也。此等書生之思想言行，安得不為共匪所侮辱殘殺。彼之今日猶得在臺高唱無意識之自由，不自知其最難得之幸運而忘其所以然也。同進午膳後別去。

日記中尚有一種氣呼呼的餘怒，不知那一餐午飯胡適吃得什麼滋味。

一九五八年四月十日早上九點，胡適在臺北南港就任中央研究院院長。此時作為正副元首的蔣介石和陳誠竟然都來了。冠蓋雲集的場面裡，胡適先請蔣介石致詞。蔣介石致了祝賀之意以外，特別說：目前所有目標在反共復國，希望今後學術研究配合此一目標，而大陸正在「破壞我國固有之傳統歷史與文化」，中共批判「胡適先生之思想及其個人之德性」，更是「摧毀我國倫常道德之一例」。所以蔣介石希望「教育界、文化界與學術界人士，一致負起恢復並發揚我國固有文化與道德之責任」。

這確實是蔣介石的基本思想。但胡適是五四運動、新文化運動的倡導者，忽然要負起「恢復固有文化與道德」的使命，未免有些唐突。此時，胡適說話了：

我們的任務，還不是講公德私德，所謂忠信孝悌禮義廉恥，這不是中國文化所獨有的，所有一切高等文化，一切宗教，一切倫理學說，都是人類共同有的。總統對我個人有偏私，對於自己的文化也有偏心，所以在他領導反共復國的任務上，他說話的分量不免過重了一點。我們要體諒他，這是他的熱情使然。我個人認為，我們學術界和中央研究院挑起反共復國的任務，我們做的工作還是在學術上，我們要提倡學術。

這等於是公開否定了蔣介石的說法，當場給他難堪。以致四天後，蔣介石宴請中研院評議會和院士，胡適、梅貽琦等學者在主座，梅貽琦為了打圓場，還特別感謝蔣介石愛惜學者，派飛機到北平接出許多學者。據蔣介石日記記載，胡適聆言「並無表情」。他在此日記中批評胡適「狹小妒嫉一至於此，今日甚覺其疑忌之態可慮」。自此，蔣介石未曾再去過中研院。

《自由中國》雷震案發生後，胡適特別去拜訪蔣介石，為雷震求情。蔣介石不為所動，這讓胡適非常傷心，一心愧疚。但胡適依舊當勸諫的烏鴉，一生不變。而蔣介石也很微妙，他只敢在日記裡罵，可檯面上仍是敬重有加。胡適生日，他一定和宋美齡請吃飯，飯後再一起喝著咖啡聊天。他還特別在中研院為胡適建了最新式的馬桶衛浴（特別從美國進口的，據說當時全臺灣只有兩套，另一套為蔣夫人宋美齡所有），好適應他的美式生活習慣。

「蔣介石真是微妙啊。竟然這樣敬重胡適！即使他愛恨交織。」幾年前大陸學者資中筠教授來臺訪問，年近九十歲的她洞明世事，思路更為深刻清晰，胸懷悲憫。我談起了這段歷史，笑說蔣的性格矛盾。

然而她說：「這是性格，但也反映了不同的價值。這是蔣介石特別的地方，他知道在權力之上，還有一個更高的價值。那是知識價值，會做最後的裁判，所以他知道敬重。但對革命家——像毛澤東——來說，他用革命打倒了一切，自己創造了價值，他相信權力是一切，就不再相信有更高的價值了。因此他不會敬重知識分子。所以反右、文化大革命才會發生。關鍵是蔣介石知道，在權力之上，還有一種更高的價值。」資中筠先生的說法，讓我深深信服，也讓我對蔣介石有了「另一種凝視」。

是的，不僅是蔣、毛，任何一個時代的執政者都應該知道，在權力之上，還有更高的價值。那是最後的裁判。

面對臺大，我們仍相信，大學是一個維護更高、更長遠的價值之所在。這裡，有「富貴不能淫，貧賤不能移、威武不能屈」的骨氣，這是「大學的脊梁」。而脊梁要靠大學自主精神建立起來，才能獨立於權力之上，成為一代又一代共同堅持的恆常價值。朝代可以更迭，權力難免輪替，唯有堅持獨立思考，理性判斷，護持人性尊嚴，不能為任何政治權力所斫喪。

面對未來的教育，面對臺灣的前途，面對巨變的世界，我們仍要回到初心，重新叩問：

一個學子，進入大學，所為何來？

一所大學，能為這個國家做什麼？

一個國家，能為他的人民做什麼？

一個人民，能為下一個世代做什麼？
一個世代，能改變多少未來？
傅鐘，為誰敲響？

只留清氣滿乾坤

——心情記事

管中閔

二〇一八年臺大校長遴選事件是我國高教史上空前的一場大風暴，幾乎摧毀了臺灣起步未久的大學自治。事件持續一年，過程驚濤駭浪，凶險異常；我身處風暴中心，遭受各種力量夾擊，身心飽受摧殘。最後雖然挺過這場風暴，但我不是勝利者，只是一位不願也不曾被擊倒的倖存者。

因為創巨痛深，幾年來我始終不願回顧這段往事。二〇二一年底，我決意不再續任校長，也開始慢慢卸下心中的防禦盔甲，於是與楊渡先生（阿渡）商量，希望他能從報導者的角度，公正且完整地記錄這場遴選事件的始末。報導的目的不是為我個人立傳，而是為捍衛大學自治的歷史留下紀錄。阿渡欣然答應，而且很快就開始進行訪談。與阿渡的每一次談話，每看一份剪報或網路資料，都觸及我未癒合（或許永遠不會癒合）的舊傷，使我情緒劇烈波動，甚至無法成眠。在此同時，阿渡也鼓勵我寫下當時的經歷與心情，作為報導的補充。

時間回到二〇一六年底，臺大郭明良教授的研究團隊被舉發多篇論文造假，引起學界譁然；由於當時擔任校長的楊泮池是其中一些論文的合著者，因此也受到抨擊。當臺大對此事的調查結果公布後，原已通過校務會議續任投票的楊校長突然於二〇一七年三月的校務會議上表示任期屆滿後不再續任，學校於是開始啟動新校長的遴選程序。我在推薦截止前數日才被說服參與遴選，不料卻因此走入一場巨大的風暴。

在遴選過程中，我從未被外界視為八位角逐者中的「熱門」人選。所以當遴選委員會於二〇一八年一月五日宣布我當選為新任校長後，不僅我個人驚訝萬分，許多人也感到錯愕。經過幾天的沉寂，外界開始浮現一些對遴選過程的質疑；許多力量隨後分進合擊，媒體與網路出現大量對遴選委員會和我個人的抹黑與攻擊。當政治力量開始介入，風暴於是成形。

即使遴選委員會幾次集會檢討各項爭議，並一再發布聲明確認遴選過程並無疑義，但風暴未曾止歇，反而因各方推波助瀾更加擴大，也導致當時的教育部部長潘文忠辭職。在接任部長的吳茂昆強勢主導下，教育部於四月二十七日駁回臺大的校長遴選結果，但吳茂昆個人卻被媒體和立委揭發過去諸多違法行為，而在一個月後狼狽下臺。

由於遴選委員會始終堅持遴選過程合法，不接受教育部重啟遴選的要求，我也從未放棄當選資格，這場風暴於是成為僵局。不料，執政黨在當年十一月的地方選舉中大敗，僵局竟出現了戲劇性的變化。事前毫無跡象之下，時任教育部部長的葉俊榮突然翻轉立場，在十二月二十四日宣布「勉予同意」臺大校長的聘任案，他本人則於次日辭職，成為第三位因此事件而去職的教育部部長。我於翌年一月八日正式就任臺大校長，也為歷時一年又兩天的風暴劃下句點。

在這場風暴中，整個社會目睹了政治力肆無忌憚、無所不用其極地介入大學自治。當權者動員政治、媒體和網路的力量，試圖以謊言摧毀一個學者的人格與清白，也粗暴干涉一所頂尖大學的校長遴選結果，寧可讓其陷入長期空轉而在所不惜。在號稱已經民主化的臺灣，這場荒謬的鬧劇竟然堂皇上演了一年之久，真是令人匪夷所思。

然而正義畢竟不死，公道自在人心。我看見許多人挺身而出，或發為媒體社論、投書與報導，或發為民意機關的質詢，幾所大學與大學協會也公開發出聲明，為大學自治大聲疾呼。他們支持的當然不是我個人，而是大學自治這個信念；他們抨擊的也不只是少數的權力者，更是蠻橫而毫無節制的政治力。在街頭巷尾，以及各種網路社群媒體中，我還接收到無數的鼓勵與支持。這些文字與聲音給了我堅持下去的力量；經過這麼些年，我對這些力量仍然感念萬分。

這樣一場歷史事件應該被記錄下來。我當年自身的經歷與心情，也將成為這歷史事件另一面向的記載。

1 意外的電話

二〇一七年秋季是我回臺教書二十三年來第一次休假，心中早就充滿期待。以前指導過的一位臺大財金所博士任教於武漢大學，很熱情地邀請我於休假期間去武漢大學和華中科技大學演講。我雖去過武漢幾次，但每次都來去匆匆，許多距離武漢不遠的景點都不曾造訪。這次因為休假，時間較有彈性，於是我興沖沖地規劃了三峽之行。

我於九月六日抵達武漢，十二號搭機去重慶。抗戰勝利前，父親在重慶工作，勝利半年後才乘江輪經三峽東歸；我這次的行程於是帶有點懷舊的味道。我們十三號在朝天門碼頭登船，很快就進入長江水道。在進入三峽峽區前，我擔心峽區內訊號不良，於是拿出手機檢查訊息，電話就在這時響了。電話中是一位臺大老師，他表示有幾位老師想再和我談談參加校長遴選的事。我說：「我們不是早就談過了？我不可能當選的，何必白費力氣？何況我現在人在大陸，也沒法談。」他們仍不放棄，問了我回臺的日期，並約好回去後第二天與大家見面。

其實從學校啟動校長遴選程序後不久，已有幾位老師探詢過我的意願，我都斬釘截鐵地表示毫無此意。我最主要的考慮是：我既不是臺大畢業生，而且未曾擔任過校內行政職位，對校內的人和事都很陌生。此外，我在二〇一五年初辭去政府職務時，即決定不再擔任公職。兩年多來我已重新回歸學術，並不希望平靜的生活（包括這次的休假）受到干擾。

我自認心意已決，所以那通意外的電話完全沒影響我的心情。三峽兩岸山峰連綿，壁立千仞，風景的確可觀。但因長江水位較大壩建成前提高了數十公尺，兩岸山勢不若想像中那樣險峻，而且水流平緩，船行其上無法感受當年「千里江陵一日還」的快意。遊輪於十六日通過大壩，到達宜昌；我們隨即從宜昌乘車到武漢天河機場，然後搭機回臺。

第二天是星期天，下午時我依約與那幾位老師見面。他們之中有些本為舊識，有些則是初次見面，但都極為熱情。他們均為臺大「嫡系」出身，也都了解我的顧慮，所以一開始就強調，臺大已和以前不同，應會接納一位非臺大畢業生擔任校長。他們認為我的學術背景（經濟和財金）和過去多位校長不同，經歷又極特別：當年勉強考上大學，後來卻能在國外知名大學教書且取得長聘，並在四十五歲就當選中央研究院院士。他們覺得一位和傳統不一樣的校長，可為臺大帶來新的想法和作法。他們也認為我過去帶領政府部會（經濟建設委員會和國家發展委員會）與智庫（商業發展研究院）的經驗，接手校內行政事務應無任何困難。

他們反覆陳說，言詞懇切，但我還是覺得當選的可能性太低，一直不願意答應。後來一位老師說：「你不要總是說不可能當選，或許該換個角度想想，臺大需要改變，而你的當選可以帶來改變。」這幾句話觸動了我。

那年五月，我在校內一場會議遇見圖資系的黃慕萱老師，談話中她提到自己正在參加文學院院長遴選，不過她強調：「圖資系是小系，我不太可能當選。」八月時再遇見她，我赫然發現她已成為文學院院長。我忍不住問：「妳不是說不可能當選嗎？」她回答：「我也不知道為什麼，或許遴選委員覺得文學院需要改變吧！」那一剎那，我想起這段對話，於是鬆口說：「好吧！那我就試試看，但你們千萬不要寄望太高。」他們聽見我這麼說都雀躍起來。

回家後我告訴內人談話的結果，她知道我原先堅拒參與遴選的態度，因此對我的改變感到十分驚訝。她問我：「你覺得當選的可能性究竟有多少？」「低於百分之一吧。」我誠實回答。她嘆了口氣：「可能性這麼低，為什麼還要浪費時間和力氣去參選？」我只好說：「即使沒有當選，但說不定我提出的一些想法會被未來的校長採用，那功夫也不算完全白費了。」

那天是二〇一七年九月十七日。不曾想到，認為三峽航程不若以前驚險的我，即將踏上一段險惡的旅程。

2 變調的休假

距離校長遴選的推薦截止日只剩兩個星期，大家趕緊分頭幫我找臺大老師連署，我自己也邀請了一些老師和幾位海外院士共同連署。此外，我還要提供一份履歷，並準備一份治校理念說明。連日趕工後，所有資料幾乎在最後一刻才由推薦的老師送到遴選委員會。由於時間緊迫，當初那份治校理念寫得很粗疏；我後來重起爐灶，準備了一份完全不同的治校理念報告。

參與遴選打亂了我的休假。我雖仍按照原先規劃參加了不同的國內和國際學術會議，但現在必須另外增加許多拜訪行程。由於我過去沒有校內的行政經歷，所以迫切需要理解學校與其他學院的問題和困難，以便構思學校的發展方向。於是我分別拜訪前任校長們，以及過去和現任的行政主管，他們都不吝於分享自己的經驗和對校務的看法。因為這些新增行程，我無法再維持休假的悠閒步調，生活變得異常緊湊。

除了這些拜訪外，我決定不再拜訪其他校務會議代表。按照遴選規定，參選人必須在校務會議的投票中得到至少三分之一的代表支持。但我認為既然是遴選，參與者應避免普選的各種拜票行為。我相信關心遴選的代表們自然會去參加治校理念說明會，沒時間參加的則會去看錄影；既

1 2017.11.29 治校理念報告，面對鏡頭坐者為主持人李琳山院士（照片來源：郭碧玉）。

2 2017.12.19 學生會「校長給問嗎」活動時報告（照片來源：臺大同學）。

3 2017.12.19 學生會「校長給問嗎」活動後合影，左起：陳銘憲，王汎森，周美吟，陳弱水，張慶瑞，吳瑞北，吳誠文；右一為學生會會長林彥廷（照片來源：臺大同學）。

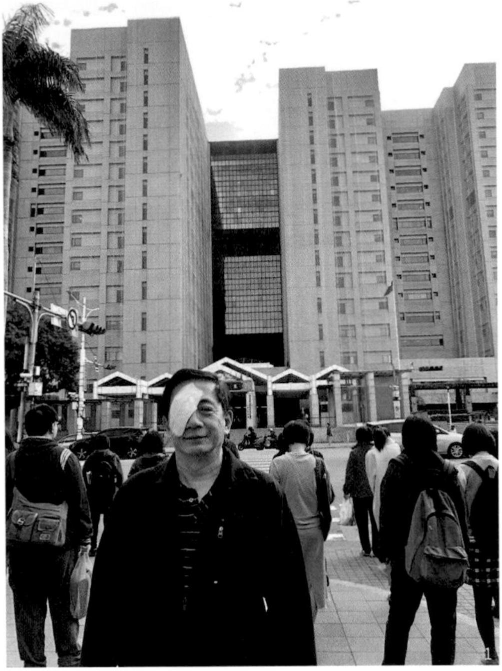

1　2018.1.4 白內障手術後回診，在臺大醫院外。

2　2018.1.6 當天國內報紙報導臺大校長遴選結果。

3　2018.2 眼科病房內難得抬頭的機會。

4　2018.2 趴在病房桌子上；左上角為那張桌子，臉必須趴在圓孔上。

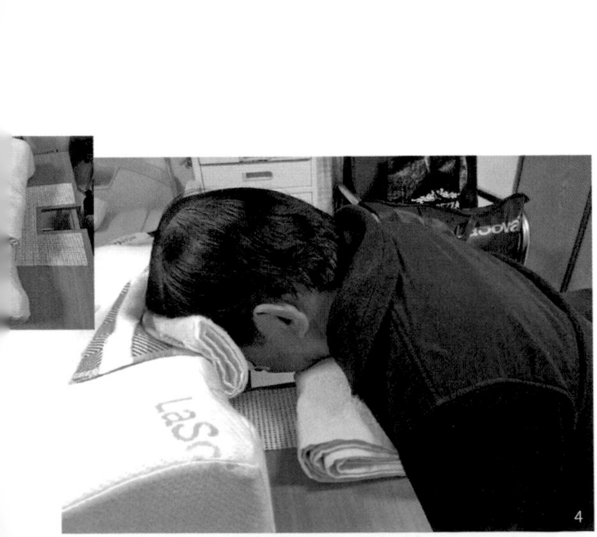

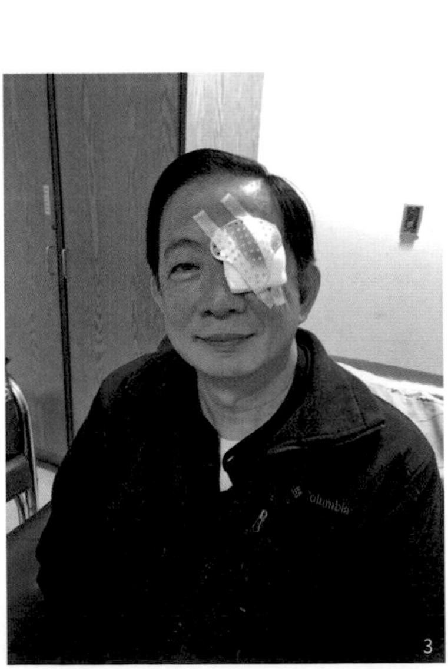

5 2018.2.21 臺大師生於總統府前聚集，車上中立者為遊行發起人周崇熙，手持麥克風者為黃光國（照片來源：臺大 EMBA 校友）。

6 2018.2.21 臺大師生遊行至教育部前，照片中可見整排警察列於門前（照片來源：袁孝維）。

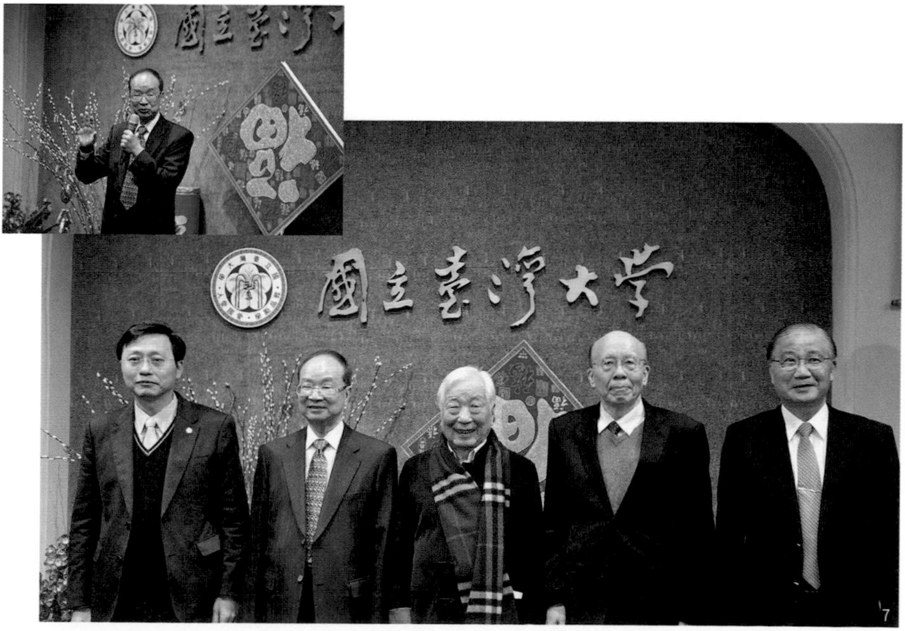

7 2018.2.22 臺大新春團拜校長們合影，左起：郭大維，陳維昭，孫震，李嗣涔，楊泮池；小照片為陳維昭校長致詞（照片來源：郭碧玉）。

中國時報

卡管5提案全擱置

台大籲教部 依法行政

會議默示「支持合法校長上任」

教部回應 收到會議結果再處理

聯合報

台大兩派交鋒 卡管敗陣「請教育部依法行政」

管中閔遴選無效 提案全擱置

台大校務會議 管中閔相關六大提案

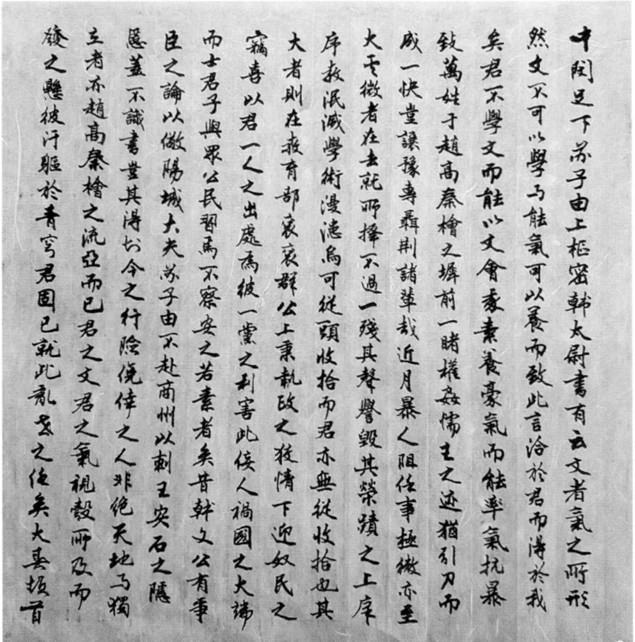

中閔足下蘇子由上樞密韓太尉書有云文者氣之所形然文不可以學而能氣可以養而致此言洽於君而淂於我矣君不學文而能以文會豪素養豪氣而能率氣抗暴致萬姓于趙高秦檜之墀前一睹權姦傭主之迹猶引刀而成一快豈謙遜專辯判諸輩哉近月暴人阻任事極微亦至大至微者在去就所擇不過一殘其聲譽毀其榮蹟之上庠庠教泯滅學術漫漶爲可從頭收拾而君亦無從收拾也其大者則在教育部哀哀群公上秉執政之徒情下迎奴民之竊喜以君一人之出處爲彼一黨之利害此僉人禍國之大端而士君子與衆公民習焉不察安之若素者矣昔韓文公有爭臣之論以儆陽城大夫蘇子由不赴商州以刺王安石之隱慝蓋不識書豈其淂於今之行險僥倖之人非絕天地而獨立者亦趙高秦檜之流亞而已君之文君之氣視彀所及而發之驂彼汗軀於青穹君固已就此亂世之役矣大春頓首

1　2018.3.25 報紙頭版報導前一天臺大臨時校務會議。

2　2018.3.24 臺大臨時校務會議後，張大春所撰〈致中閔書〉。

3 2018.4.29 出席回應教育部的記者會前在臺大校門，背景可見校園圍牆掛著抗議的布條。

4 2018.4.29 回應教育部的記者會後與臺大同學們合影，左起：李成蔭，林汶郁；右起：周靖婷，劉子喻。

5 2018.4.29 清華大學發布「清華聲明」，左一為當時校長賀陳弘，左二起為前校長劉兆玄，劉炯朗，陳力俊，中間持麥克風者為李家維；參加者均繫著抗議的黃絲帶（照片來源：李家維）。

1

1 2018.5.4 新五四運動：傅鐘前的抗議布條與黃絲帶（照片來源：臺大 EMBA 校友）。

2 2018.5.4 新五四運動：李嗣涔校長在遊行前發表演講（照片來源：施銘成）。

3 2018.5.4 新五四運動：行政大樓前的師生群眾（照片來源：臺大 EMBA 校友）。

4 2018.5.4 新五四運動：晚間校門口用蠟燭圍出的心形圖案（照片來源：臺大 EMBA 校友）。

5 2018.5.4 新五四運動：晚間校門口的師生群眾（照片來源：臺大 EMBA 校友）。

還我校長
校長
EMBA
2

3

5

4

2018.5.4 新五四運動：遊行時椰林大道上的人潮，照片前方為李嗣涔校長與徐丞志（照片來源：施銘成）。

還我校長

1　2018.6.10 臺大畢業典禮，學生舉起手機表達心聲（聯合報資料照片）。

2 2018.7.3 王德威院士在院士會議演講，並朗讀我早年所寫〈讀史札記〉(聯合報資料照片)。

3 2018.7.6 全國大學自主聯盟國際記者會，中立發言者為李嗣涔校長（照片來源：全國大學自主聯盟）。

4 2018.7.21 美國洛杉磯南加州校友會演講（照片來源：臺大校友）。

5 2018.8.12 美國休士頓美南臺大校友聯誼會演講，主持人朱經武院士致詞（照片來源：臺大校友）。

6 2018.8.18 美國加州灣區北美校友會聯合會演講（照片來源：臺大校友）。

7 2018.8.18 美國加州灣區北美校友會聯合會演講會場（照片來源：臺大校友）。

1 2018.12.10 出席民進黨前主席施明德新書發表會與施主席合影。

2 2018.12.25 當天報紙頭版報導教育部終於同意臺大校長聘任。

3 2019.1.8 校長交接典禮：從代理校長郭大維手中接下印信（照片來源：張琅超）。

4 2019.1.8 校長交接典禮：致詞（照片來源：張琅超）。

5 2019.1.8 校長交接典禮：爸爸媽媽在典禮會場（照片來源：張琅超）。

6 2019.1.8 校長交接典禮：致詞後親吻爸爸（照片來源：張琅超）。

7 2019.1.8 校長交接典禮：與內人在典禮會場（照片來源：張琅超）。

1 2019.1.8 校長交接典禮：家人在典禮會場前（照片來源：張琅超）。

2 2019.1.8 校長交接典禮：與陳維昭校長合影（照片來源：張琅超）。

3 2019.1.8 校長交接典禮：與前校長們合影，左二起：楊泮池，孫震，陳維昭，李嗣涔，郭大維（照片來源：張琅超）。

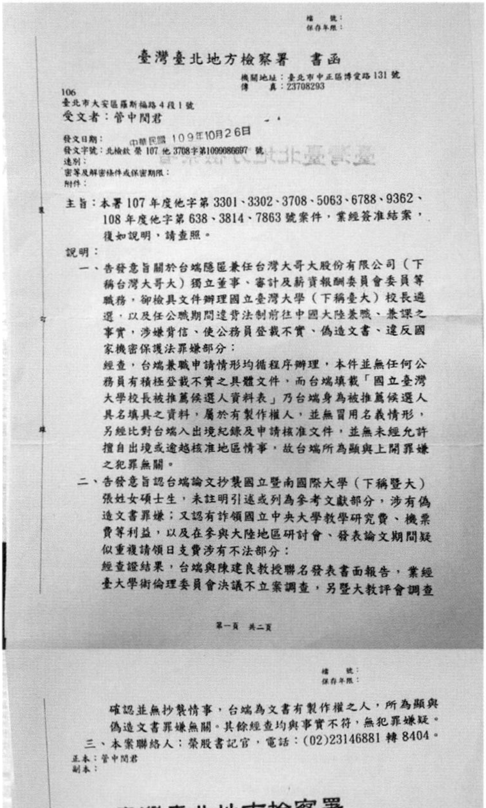

檔　號：
保存年限：

臺灣臺北地方檢察署　書函

機關地址：臺北市中正區博愛路131號
傳　　真：23708293

106
臺北市大安區羅斯福路4段1號
受文者：管中閔君

發文日期：中華民國109年10月26日
發文字號：北檢欽榮107他3708字第1099086697號
速別：
密等及解密條件或保密期限：
附件：

主旨：本署107年度他字第3301、3302、3708、5063、6788、9362、108年度他字第638、3814、7863號案件，業經簽准結案，復如說明，請查照。

說明：

一、告發意旨關於台端隱匿兼任台灣大哥大股份有限公司（下稱台灣大哥大）獨立董事、審計及薪資報酬委員會委員等職務，御檢具文件辦理國立臺灣大學（下稱臺大）校長遴選，以及任公職期間違背法制前往中國大陸兼職、兼課之事實，涉嫌背信、使公務員登載不實、偽造文書、違反國家機密保護法罪嫌部分：
經查，台端兼職申請情形均循程序辦理，本件並無任何公務員有積極登載不實之具體文件，而台端填載「國立臺灣大學校長被推薦候選人資料表」乃台端身為被推薦候選人具名填具之資料，屬於有製作權人，並無冒用名義情形，另經比對台端入出境紀錄及申請核准文件，並無未經允許擅自出境或逾越核准地區情事，故台端所為顯與上開罪嫌之犯罪無關。

二、告發意旨認台端論文抄襲國立暨南國際大學（下稱暨大）張姓女碩士生，未註明引述或列為參考文獻部分，涉有偽造文書罪嫌；又認有詐領國立中央大學教學研究費、機票費等利益，以及在參與大陸地區研討會、發表論文期間疑似重複請領日支費涉有不法部分：
經查證結果，台端與陳建良教授聯名發表書面報告，業經臺大學術倫理委員會決議不立案調查，另暨大教評會調查

第一頁　共二頁

檔　號：
保存年限：

確認並無抄襲情事，台端為文書有製作權之人，所為顯與偽造文書罪嫌無關。其餘經查均與事實不符，無犯罪嫌疑。

三、本案聯絡人：榮股書記官，電話：(02)23146881轉8404。

正本：管中閔君
副本：

臺灣臺北地方檢察署

4　2019.7.2 出席公懲會準備程序庭，後方三位律師，左起：陳佩貞，俞大衛，陳信宏（聯合報資料照片）。

5　2020.10.26 臺北地檢署「簽結」公文。

1　2019.1.8 校長交接典禮會場（照片來源：張琅超）。

2　2021.1.20 自行車環島時於鵝鑾鼻燈塔前。

然如此，拜票（包括寫信給代表們）實屬多餘。我的決定當然不利於通過校務會議投票的門檻，但我對此相當堅持；我向那幾位熱心推薦的老師解釋我的想法，他們都表示理解與支持。

我盡量利用時間蒐集和整理過去校長遴選時各個參選人的治校理念，以及國際著名大學長期發展的規劃，其中美國史丹佛大學對未來大學教育改革的倡議（Stanford 2025 Initiative）給了我很大的啟發。我認為自己不能侷限於討論臺大過去遭遇的困難（這些困難早已被一再討論過，但我相信仍是這次許多參選人的重點），而應從更寬廣、更長遠的角度來看臺大的未來方向。

除了閱讀大量資料，我也和幾位朋友討論，看法逐漸成熟，最終確定了對臺大未來發展的構想與路徑圖。我必須承認，我沒有嘗試與更多人討論治校理念的內容。根據我過去在政府的經驗，一份報告若想納入太多意見，最後就是一份四平八穩、毫無特色的報告。這不是我想要呈現的治校理念，我甚至無意讓每個人都聽到一些他想聽的東西；相反地，我希望大家能從我的報告中看到屬於我自己的理念、願景，以及獨特的策略。當然，我自認當選機率很低，反而可以更無顧忌地準備治校理念。

一些朋友注意到校內許多老師並不知道我也參與遴選，他們認為我雖不願拜票，但至少應對外說明參選理念。於是我在十一月七日用臉書發表貼文：〈為什麼我想從改變高教做起〉，闡述自己多年來對臺灣高教的觀察，以及欲推動高教改變的想法。貼文最後說道：「我相信臺大是驅動高教改變，乃至臺灣社會變革，最具樞紐作用的具體場域。參加臺大校長遴選，就是我決心改變高教、重建民間社會力量的起點。」這篇貼文等於是我參與遴選的「誓師宣言」。

我認真準備即將來臨的治校理念說明會，並反覆修改報告，從整體架構到內容的安排，乃至各種細節，都一再斟酌。十一月二十一日與二十七日，我再發布兩篇「為什麼我想從改變高教做起」臉書系列貼文。我先從亞洲高教環境審視臺大的困境，指出臺大迫切需要變革，並首次提出邁向臺大二〇二八（臺大創校百週年）的具體規劃：「亞洲旗艦」計畫，作為臺大啟動變革、邁向未來的發展藍圖。這兩篇貼文的內容也是我後來治校理念報告的核心。

3 葉子相互堆疊

遴選委員會安排了四個晚上的治校理念發表會，每晚有兩位參選人分別報告；我分配到十一月二十九日的第一場，主持人是電資學院的李琳山院士。發表會在第一會議室舉行，開始前會場已坐了不少人（但人數不算特別多）；多數的遴選委員都來了，其中好幾位是初次見面。我的大兒子那時正好返臺，也好奇地和內人一起來旁聽。

我以「臺大二〇二八：未來大學，驅動未來」為題，報告了約四十五分鐘，之後即是問答時間。我從臺大遭遇的挑戰出發，說明「變革」的迫切性，並強調「變革是唯一的出路，（未來）這四年將是航向臺大二〇二八創校百年的關鍵時刻」。我接著介紹「亞洲旗艦」計畫，包括未來大學、連結國際與培育人才三大主軸，作為對亞洲高教市場競爭和未來教育形態變動的回應策略。我也略述自己的學術和行政經歷，說明自己有能力推動此一計畫。

演講最後，我朗誦了俄羅斯詩人葉夫圖申科的〈秋天〉一詩（陳黎翻譯）作為結語，其中有如下幾句：

我們必須冷靜地抖落一切噪音
為了剛抽長的新葉。
確然起了某些變化：
我只信賴沉默，
沉默中葉子相互堆疊
無聲無息化做土壤。

讀詩本就是我的喜好，我也希望詩能夠「軟化」這場報告的內容，並為聽眾帶來一點「驚喜」。演講後，許多人過來告訴我，他們覺得講得很好（希望那不是客氣話）。我後來看了幾位參選人報告的錄影，發現他們的內容都與我的報告大異其趣。

遴選委員會排定我在十二月十日傍晚面談，地點是第二行政大樓（現在的敬賢樓）的第二會議室。我新準備了一份約十五分鐘的報告，內容除了強調「亞洲旗艦」計畫，也針對其中國際合作的策略做了更多說明，另外還觸及了人才和經費問題。遴選委員的問題非常多樣，有的問「亞洲旗艦」計畫的執行方式，有的問如何解決經費困難，也有的問我對通識教育的看法，還有委員問我會如何處理校園內的衝突（面談前幾個月，校內曾因「中國好聲音」節目錄影而發生激烈衝突）。印象中，討論通識教育的時間較長，和幾位委員變成像聊天一般的討論，甚至還聊到一些電影和小說。

面談結束時，全體委員一齊鼓掌；我受寵若驚，連忙鞠躬回禮。我不知道是否每場面談後大家都會鼓掌，但這些掌聲給了我很大鼓勵。我第一次覺得，我的當選機率或許沒原來想的那麼低吧！

十二月十九日晚上，臺大學生會在第一活動中心舉辦一場「校長給問嗎？」的活動。那天下著小雨，或許因為天氣濕冷，參加的學生不如想像中踴躍。每位參選人先各做五分鐘的簡短報告，然後答覆提問。我的報告以「臺大：我們的小角落」為題，並用獨立樂團「草東沒有派對」的一首歌〈山海〉的歌詞作為開場：

我聽見那少年的聲音
在還有未來的過去
渴望著 美好結局
卻沒能成為自己
他明白 他明白 我給不起

於是轉身向山裡走去
他明白 他明白 我給不起
於是轉身向大海走去

希望同學們知道我能理解年輕世代的焦慮。報告中我也承諾一旦當選，將會每年公布社會責任報告書，以及確立校務基金責任投資原則；這兩項在後來我擔任校長兩年內都做到了。

最後我以日裔諾貝爾文學獎得主石黑一雄（Kazuo Ishiguro）二〇一七年得獎演說〈二十世紀夜〉的內容（謝樹寬翻譯）作為結尾：「要讓整個世界變好是難事，但是至少讓我們考慮一下，我們如何為我們自己的小角落，這個文學的小角落做好準備……。如果我們在不確定的未來要扮演重要的角色，……我相信我們應該要更加的多元。」

問答結束後，學生會會長請所有參選人上臺，拉著「校長給問嗎？」的手舉牌合照。我想我當選機率最低，於是很識相地往旁邊站；吳誠文教授從清華來，遠來是客，我又退一步請吳教授往中間站。我後來再看這張照片時覺得特別有趣；照片中我站在所有參選人的最右邊，最左邊則是陳銘憲教授，也是後來我行政團隊的副校長。

活動結束後，我淋著雨走出校園，穿過辛亥路去和平東路的爸媽家，告訴他們一整天的經過。爸爸年紀很大了，只是面帶笑容地坐在那兒聽；媽媽則一貫叨念：「何必找自己麻煩，參加什麼校長遴選！」無論如何，我需要參加的遴選活動已經結束了。

4 遴選的決定因素

所有的遴選活動結束後，臺大學生會於二〇一七年十二月二十二日針對八位參選人舉辦「學生意向投票」。參加投票的學生不多，有效票不過一千一百四十票，結果有四位參選人（王汎森、周美吟、陳弱水和我）通過三分之一的門檻，但這結果只供遴選委員會參考之用。次日是校務會議代表的投票，最終有五位參選人（周美吟、張慶瑞、陳弱水、陳銘憲和我）通過三分之一的門檻，不過一切還是取決於二十一位遴選委員在二〇一八年一月五日的投票。

因為是遴選，校園內看來非常平靜（至少我沒感覺到任何緊張氣息），但校園外的媒體紛紛揣測可能的遴選結果。媒體報導的重點並非參選人的治校理念或學術成就，反而強調他們的背景與人脈。參選人之中，王汎森和周美吟分別是中研院前任和現任副院長，還有五位是臺大老師，其中張慶瑞是學校的行政副校長，陳弱水是文學院前院長（也曾擔任中研院前院長李遠哲的特助多年），而陳銘憲是電資學院前院長。於是媒體創造出一個聳動的話題：「中研院幫」對決「臺大幫」，並描述各方勢力的合縱連橫，說得活靈活現；還有謠傳說某位學術界大老全力動員支持特定參選人，志在必得。

如果從人脈與背景這些傳統因素來看，我的條件的確不佳。我是參選人中唯一一位非臺大畢業生，也從未擔任過臺大的行政主管。我雖是「人文社會高等研究院」院長，但這個研究院只是辦理人文社會領域學術交流與合作的功能性組織，院長不算行政主管，甚至沒有參加學校行政會議與校務會議的資格。我前後任職於中研院和臺大，所以也不知道自己該被歸為「中研院幫」還是「臺大幫」。此外，我過去曾在馬英九總統時期擔任過三年內閣成員；遴選當時民進黨已執政一年半，作風強勢，所向披靡，我的「藍色政府經歷」因此被許多媒體視作一大不利因素。有些朋友甚至斷言：「『他們』不會讓你這種背景的人擔任臺大校長。」

我對媒體的揣測將信將疑。他們說得言之鑿鑿，我不敢斷言其非。我納悶的是，實施校長遴選多年後，為什麼大家評估當選的可能性時，不是考慮各個參選人的治校理念，而是他們的人脈或派系？如果遴選只是反映這些力量，遴選豈不徒具形式？我於是認為，除非遴選委員只考慮治校理念（而非人脈或學術之外的背景），而我的治校理念又能打動這些委員，我才可能當選。如果加上「顏色正確」這個政治因素，我得打動（教育部指派的三位委員之外）十八位遴選委員中的十一位或更多，這實在太困難了。

當選可能性既然如此低，就沒什麼好多想；那時我急著要解決的是自己的視力問題。數月前，我發現自己視力愈來愈差，總覺得是透過擦不乾淨的眼鏡在看東西。到了臺大醫院檢查，胡醫師說我右眼白內障很嚴重，建議我盡快開刀。受限於我的出國行程與遴選活動，胡醫師最後安排我在一月三日動手術（兩天後即為遴選委員投票日）。我那時壓根沒考慮手術後難以見人的問題，一心只想趕快開刀，休養幾天後就可利用最後的休假時間去國外看孩子們。

胡醫師是「名刀」，我的手術非常順利。術後為避免碰觸傷口或者睡覺時壓到眼睛，復原期間必須在眼睛上罩個金屬片，金屬片外又有層層紗布覆蓋，看起來頗為嚇人。那兩天我以這個造型出現在學校，看到我的人都大吃一驚，有人打趣地說：「怎麼參加個遴選把自己搞成這樣？」

5 最後的選擇

時間終於來到二〇一八年一月五日。當天我試著拿掉紗布和眼罩，感到外面的陽光特別刺眼。晚上是過去內閣成員的年度聚會；大家當年離開政府後，約定每年聚會一次，並且合照紀念。傍晚時我依約去龍應台家參加聚會，六點半全體合照。由於右眼還不習慣光線，我在照相後向大家告假，先行離開。

回家我吃了一碗麵，肚子一飽很快就進入「半昏迷」狀態。晚上八點多的時候，電話響了，內人接起電話，很快搖醒我，摀著話筒對我說：「是陳校長。」電話中傳來陳維昭校長的聲音：「管教授，遴選委員會剛投完票，選出你為臺大新任校長，恭喜。」這個消息太出乎意料，我一下子就清醒了，連忙向陳校長道謝。掛了電話後，我和內人互望，同時說：「怎麼可能？」

從參與遴選開始到遴選活動結束，我一直認為自己當選機率很低。如今不可能的事竟然發生了；我在沒有人脈、沒有向任何人請託，甚至參選前與許多遴選委員根本不認識的情況下當選，顯然多數遴選委員並沒有被非學術因素所影響，而且認同了我的治校理念。我當下覺得非常感動，心想：臺大畢竟是臺大，遴選委員會可以跳脫傳統思維，做出這樣的選擇。但想到如今真要挑起臺大校長這個重擔，心頭感到一陣惶恐。

接下來，家中電話和手機鈴聲此起彼落，手機也湧來大量道賀的訊息。這時一位朋友提醒我：「你的當選出乎很多人意料，隨後可能會出現一些（政治性的）攻擊，你必須趕快發個聲明，與政治劃清界線。」我於是婉謝媒體採訪（那時臉上還戴著眼罩，也的確難以見人），先動手寫了聲明。聲明中我除了感謝遴選委員會，並說：「我相信，這次遴選所選擇的並不是我個人，而是臺大與臺灣高教必須變革的起點。」我也強調：「為了踐行學術自由與大學自治之信念，……自即日起不參加任何政黨、黨派活動。」其實我除了在政府工作的那三年，本就不曾參加任何政黨組織的活動，但我認為這樣的聲明的確有必要。

第二天開始，主要媒體都刊載了我當選臺大校長的消息。報導重點除了我的治校理念外，還強調我是三十四年來第一位非臺大校友當選校長，也是孫震校長之後第一位非理工醫學背景的校長，以及我如何從荒唐少年轉變為學者的過程等。多數報導都很正面，而且看來是一個很「勵志」的故事。但也有媒體認為投票制度的設計造成委員們「失誤」，才使我「僥倖」出線（潛臺詞就是我其實「沒資格」當選）。不過依據媒體所報導的投票經過，我在兩輪投票都得到過半數的十二票，這應該不是「失誤」的結果。

兩天後（一月七日）我拿掉眼罩和紗布，在學校附近的「人性空間」舉辦當選後的第一場記者會；記者會過程平和，大家主要關心的是我將如何推動臺大未來的發展。但好景不常，網路上很快就出現了謠言與攻訐；一群別有居心的小人硬是將本來非常正面的勵志故事，抹黑醜化成各種負面新聞，而且持續渲染擴大。這些攻擊對我形成很大的壓力，我的心情日趨低落。

即使如此，我還是得強打精神，盡快籌組學校未來的行政團隊。我雖已有些心目中的人選，但還必須仰賴其他人的推薦。隨後幾日，我奔走於校園之內，除了拜訪幾位老校長，也拜訪可能加入團隊的老師，當面說明自己的想法並正式邀請。邀請的過程有時很順利，但有些老師和我本不相識，所以頗為猶豫。我和這些老師幾番懇談後，有些方才首肯，但也有些老師最終還是婉拒。大約一個多星期後，整個團隊大致成形。

在拜訪李嗣涔校長時，輿論和網路的攻擊正趨白熱化。李校長還特別安慰我：「我們臺大選校長沒有不吵吵鬧鬧的，不要擔心，讓他們鬧個兩、三星期就沒事了。」我當時不會料到這一鬧就是一年，更渾然不知我已走在深淵的旁邊，隨時可能墜落。

6 墜落深淵

遴選結果公布後沒多久，網路上開始出現有關遴選過程的各種謠言。最先的指控是說我「隱瞞」擔任台灣大哥大公司獨立董事（簡稱獨董）的資訊，而遴選委員會中蔡明興委員是該公司副董事長，兩人之間的關係造成遴選不公。有的甚至指控我未經學校核准即出任獨董，屬於「違法」兼職。這些謠言在網路上迅速擴散，一時之間有燎原之勢。

我原本單純地認為這些謠言很容易澄清，許多朋友也力主我公開說明。但也有朋友認為這些指控應該由學校或遴選委員會回應，而不是自己喊冤。他們強調：目前這些攻擊看起來是「中央級選舉」時的輿論操作手法，目的是擴大輿論聲勢。你的說明只會讓輿論火勢愈燒愈大，並無助於釐清真相。我考慮後採納了他們的建議，選擇靜待相關單位的說明。當時許多朋友對此舉很不諒解，認為這樣等於默認了指控，我的心情為此極度鬱悶。

所幸學校很快就對外說明，我的兼職申請於二〇一七年五月十七日即獲得學校正式同意，台灣大哥大則是在六月多的股東大會上通過董事名單，之後也按照學校規定完成必需的作業流程，所以這個兼職完全合法。此外，作為一位被推薦人，我提供給推薦人的資料只有我主要的學術和行政經歷。遴選辦法中並未規定必須將過去各種兼職全部列出；例如，我曾擔任過行政院政務顧問、總統府財經諮詢小組成員等，但這些兼職與學術無關，也都未列入推薦資料中。

那時許多評論指出，台灣大哥大為上市公司，董事名單屬重大訊息，依法必須對外公告。換言之，這項資訊早已眾所周知，根本無法隱瞞，也無須隱瞞。更重要的是，獨立董事與一般董事有本質上的不同；按金管會規定，必須與該公司沒有關係者才能擔任獨董，怎麼獨董身分現在反而成了「有關係」的證據？

即使事實如此清楚，有心人士持續用更多謠言與攻擊來擴大輿論效應。我也才慢慢理解，所謂的輿論操作伎倆究竟是怎麼一回事。每天面對大量的負面訊息，我的心情由一開始的憤怒，很快就轉為消沉。但那時還在籌組行政團隊的階段，我對外仍勉強保持鎮定，表現得像一位樂觀而積極的校長當選人。

沒多久，輿論攻擊進一步升高為政治攻勢。立法院民進黨黨團與時代力量黨團在一月二十四日都提出「主決議」，要求教育部應等「遴選委員會釐清疑義，否則不得進行後續（校長）聘任作業」。立法院的「主決議」對行政單位有實質的約束力，這已是赤裸裸地以政治力干涉大學校長遴選了。當天晚上我打破兩個多星期來的沉默，在臉書貼出短短三個字：「I AM FINE」。其實那時我身心狀況一點也不好，但我不能在政治壓力下示弱，還必須顯示自己從容不迫。

「I AM FINE」三個字顯然激怒了一些人。第二天，立法委員柯建銘在媒體喊話，要我「自行婉拒聘任」，還恐嚇我「不然不死也半條命」。執政黨的國會黨鞭公然威脅一位大學校長當選人，這種古今中外絕無僅有的惡劣行為，相信所有人都看在眼裡。當時民意對這些政治動作的反應非常強烈，結果民進黨黨團與時代力量黨團幾天後分別撤回了他們的「主決議」。

既然是政治攻勢，當然不會只有一波。立法委員張廖萬堅與其他兩位立委（蘇巧慧與何欣純）於一月二十五日召開記者會，指控我抄襲暨南大學在職班的碩士論文。PTT網站上隨即有人指出張廖萬堅自己的碩士論文與另一人的論文高度雷同；有趣的是，此文一出，張廖萬堅立刻偃旗息鼓，再也不提此事。次日，我在臉書以「莫須有」三個字回應（「莫須有」正是歷史上冤枉人最著名的藉口）。臺大的誠信辦公室則在審視資料後認為指控不成立，並對外宣布「不予立案調查」；誠信辦公室甚至從未約談我，可見是非曲直非常清楚。

在眾多攻擊中，最令我憤怒的就是「抄襲」這個指控，因為它要毀滅的是學者的第二生命：學術誠信。當時我與暨南大學陳建良教授正在嘗試評估ECFA對臺灣進出口的影響，也在一些研討會報告過初步計算結果；但我們對於產品的分類與效益計算方式始終未曾定案，所以不僅還沒有最後結果，更未開始撰寫論文。被指控的文章是陳建良教授為一次研討會所整理的討論資料，而他的碩士生又在其論文中引用了這份資料的部分內容，但也將陳教授的資料列為參考文獻。這個指控完全是顛倒黑白，企圖摧毀我的學術人格，更誤導社會大眾的觀感。

因為不知道又會迸出什麼新謠言或新指控，我每天處於高度焦慮狀態，心理負荷也逐漸逼近臨界點。夜晚只要躺下，就感覺體內氣血如翻江倒海一般，使我難以入睡；即使睡著了，我也常猛然驚醒，覺得自己快無法呼吸，只好坐起來大口喘氣。最後我必須半坐起身，靠在床頭，才能勉強睡著。在這樣情況下，我的體重在一個星期內驟降了五公斤多。我知道自己正在墜落深淵，而且不知伊于胡底。

7 世界進入黑暗

從遴選結果宣布後開始的所有攻擊，其目的都是阻止我在二〇一八年二月一日就任臺大校長。抹黑汙衊是為了摧毀我的人格和形象，迫使我知難而退；質疑遴選過程則是企圖否定當選結果，以便推動重啟遴選。但我一直不願在政治恐怖攻擊下低頭，而遴選委員會也始終堅持立場，屹立不搖。

在這個時刻，教育部不僅沒有嘗試定紛止爭，反而推波助瀾。從一月十六日到二月九日，教育部以各種理由（包括「經媒體報導」、「據報載」）七次行文臺大，要求調查後回覆（其他各種電話或電郵指示，更不知凡幾）。但無論臺大和遴選委員會如何說明，教育部仍拒絕接受遴選結果。其實教育部政務次長姚立德就是遴選委員，他完全清楚過程中的細節；結果教育部有問題時不問自己的次長，卻用行政手段拖延校長的聘任。這種操作手法，令人失望且憤怒。

然而公道自在人心，媒體和網路都出現大量對政府干涉校長遴選的嚴厲批評。臺大師生也於一月二十六日發起連署，抗議政治力介入，並要求教育部盡速按《大學法》的規定聘任校長；不僅前校長孫震和李嗣涔加入連署，短短幾天內更有數千名師生和校友響應。不過教育部已鐵了心，完全不為所動，看來原定的二月一日就任已不可能（其實從遴選結果宣布後，校方從未派人與我討論就職與交接的相關事宜）。我原本還設法安排聽取行政處室的簡報，但後來有些處室表示「來不及準備」；那時我也身心俱疲，已無心聽任何簡報了。

為解決爭議，遴選委員會於一月三十一日開會，按照教育部的要求逐一檢視並釐清遴選過程中可能的疑點，然後再次對遴選結果做出決議。會後的聲明表示：「本會自成立至今，作業程序皆依相關法規辦理。本會確認一〇七年一月五日管教授之當選資格，並無疑義。」即使這個決議如此清楚明確，與會的遴選委員（包括教育部次長姚立德）都簽字同意這次的決議，教育部依然拒不發聘，但也不敢正式駁回臺大聘任校長的要求。

二月一日就這樣無聲無息地過去了。兩天後，我以前指導的一些博士生為了幫我打氣，約我在衡陽路的極品軒吃飯。席間大家努力講笑話，希望讓氣氛輕鬆，但我心情極為低落，毫無談笑的心情。後來他們說，認識我這麼多年來，只有這一次我從頭到尾沒有說過任何話。席間我還因為內心太過煩躁，去室外走了十多分鐘才稍微平復。

晚上回家後，我看到一則攻擊我的網路新聞，讓我瞬間怒火上升（我如今已不記得新聞內容，但不會忘記新聞引述的是臺大一位劉姓教師，他也是過去和之後許多指控的發動者）。我突然覺得身體非常不舒服，站起來時胸口劇痛；我大喊內人名字，她衝進書房時正好扶住我快倒下的身體。幾天後，當我在動眼睛手術時，醫師注意到我的心電圖出現不正常的跳動，他們後來研判那天我可能出現短暫的心肌痙攣。我也第一次體會到，小說中所寫的「急怒攻心」真的可能發生。

我那時還沒意識到自己的身體已很脆弱。那次聚餐四天後，我發現左眼眼前出現一泡積水，隨後兩天，積水逐漸增加，幾乎擋住半隻眼睛。我心中雖然不安，卻一直拖著沒去檢查。二月十日星期六，我走在路上幾次踩空，幾乎摔倒；我發現自己無法正確判斷路面的高低，看來眼睛真出了大麻煩。我回家後打電話給胡醫師，她人不在臺灣，於是囑咐我星期一早上去檢查。

星期一上午十點，我先按照約定去基礎醫學大樓拜訪陳維昭校長。陳校長態度非常沉穩堅定，告訴我遴選委員們都堅持整個過程合法，不會在壓力下改變遴選結果，並囑咐我千萬不能放棄。陳校長的話對我有很大的安定作用，也是後來十個月支撐我的最重要力量。

我隨後趕去胡醫師的門診。她檢查後神情嚴肅地告訴我：「你左眼情況很糟，視網膜快全部掉下來了。」她請了其他醫師過來，醫師看後確定是視網膜剝離，必須立刻開刀，並著手安排下午的手術。我的雙眼不是深度近視，不屬於視網膜剝離的高危險群，而白內障手術後幾次檢查也確定雙眼狀況良好，醫師們很詫異我竟突然出現這個狀況。對此我唯一能想到的解釋就是：壓力過大。

視網膜手術通常只需局部麻醉，但我知道自己的身心狀態，特別是躺平時那種焦躁不安的感覺，於是告訴醫師我不確定自己能否在手術時維持不動；他們討論後決定讓我全身麻醉。我被推進手術室後，護理師做完一些必要的確認，隨後有人在我耳邊說：「校長，我們要讓你睡覺了。」「我是校長嗎？」才想完這句話，我就失去意識。

當天是二〇一八年二月十二日，我的世界就此開始進入長達兩個多月的黑暗期。

8 俯臥的日子

再醒來時，我發現自己臉上蓋著厚厚的紗布，左眼劇痛，而且口乾舌燥。醫師暫時找了間病房安置我，並且告訴我必須趴著睡覺，不能仰臥。這怎麼可能睡得著？我感到懷疑。我試著趴了一會兒，真的很不舒服，於是下床，坐在椅子上抱著棉被，將臉埋在棉被裡。到了深夜，我終於睏極而睡著，不知什麼時候又爬回床上，趴著直到天亮。

第二天，我被轉移到十二樓的眼科病房。房內的床有個圓孔，就像按摩床一般，醫師告訴我睡覺時必須俯臥，臉埋在圓孔中（圓孔是給我呼吸之用）。房內還有一張有個圓孔的桌子，我不睡覺時可坐在桌前，但仍須將臉埋在圓孔中；除了上廁所和吃飯，我都必須保持臉部向下，不可以抬頭。醫師解釋，視網膜無法縫合，所以他們在眼中打進一個氣泡，俯臥可以讓氣泡浮起頂住視網膜，讓它慢慢癒合。醫師叮囑我不可走動，任何震動都會影響視網膜的貼合；他們還開了藥，避免我打噴嚏，也避免如廁時用力，因為增加腹壓可能使視網膜再次脫落。

我喪氣極了，心想：「這種『不能抬頭』的日子要怎麼過啊？」幸好我哥哥幫忙找了一個「ㄇ」字型的軟墊，讓我的臉不用貼著床面和桌面，這樣稍微好了一些，但時間久了還是不舒服。我弟弟幫忙找來一堆廣播節目的錄音檔，讓我可以打發漫漫長日。於是我先聽完易中天的《三國》，後來開始聽大陸上根據老幹部回憶文章所錄製的廣播節目，內容涵蓋了多數中共黨史的重大事件。這些老幹部的親身經歷，有些驚心動魄，有些又極為慘痛，聽了令人不寒而慄。兩個月後，我覺得自己快成為中共黨史專家了，也體會到我所經歷的鋪天蓋地攻擊，其實就是當年大陸文化大革命時公開批鬥的現代臺灣版。

由於俯臥很難睡得久，醫師也怕我半夜不自覺地翻身變成仰臥，所以另開了安眠藥給我。這對我而言是個全新經驗：晚上吃完安眠藥沒多久，腦中好像有個開關突然關閉，我就睡著了；早上開關自動打開，我也跟著醒來。早上睜開眼睛時我總覺得懊惱：怎麼又醒來了？我多想一直沉睡，不用回到這個可怕的世界。的確，我那時只想逃離這個以眾暴寡、率獸食人的社會。

安靜的病房中，日子慢慢慢慢地過去。我就這樣趴著過了二月十四日的情人節，缺席了十五日家中的除夕年夜飯，也沒機會在大年初一向爸媽拜年。晚上內人睡在病房內的沙發上，因為難以翻身，她睡得很不安穩。每天我總是充滿歉意地對她說：「對不起，讓妳跟著一起受苦。」為避免不必要的紛擾，我請眼科管制我住院的資訊，所以只有極少數人知道我人在臺大醫院。

每天我最快樂的時刻，是可以抬起頭來的短暫時間。當護理師推車來檢查身體，那輪子滾動以及瓶罐碰撞發出的聲音彷彿是「天使的鈴聲」，宣告我馬上就能抬頭了。家人和一些朋友們也帶來不同餐廳的菜餚，我雖然食不知味，但很高興每次吃飯時可以抬頭十多分鐘。那時我最大的希望就只是能夠抬頭，不再趴著。

為了讓眼睛充分休養，醫生叮囑我不可看手機，我們也從不打開病房內的電視，所以完全看不到傷人的訊息和新聞。一天傍晚，內人下樓買晚餐，我找到手機，結果才看了幾個訊息，又看到攻擊我的新聞，心中氣憤不已，趕快將手機放回去。沒多久護理師來例行檢查，她驚呼：「怎麼血壓這麼高？」隔了二十分鐘再量，血壓仍居高不下。我坦承剛剛看過手機，心情大受影響；內人於是將手機帶回家，再不讓我有機會偷看。

我就在與外界完全隔離下，靜靜趴著等待眼睛復原。但因為不再接觸外面的資訊，我受創的身心才得到完全休養。如果當時持續受那些謊言與抹黑的凌虐，我真不確定自己能堅持多久而不崩潰。後來我相信這一定是老天的安排，我雖然幾乎失去一隻眼睛的視力，卻因此僥倖存活。

那段時間醫院外發生的事情，我多是出院一段時間後才得知。二月二十二日是臺大新春團拜，四位前校長出席，其中三位嚴詞批評政府的作為。孫震校長質問：「(總統)要打擊自己的母校臺大，打擊臺灣學術界嗎？」陳維昭校長痛心地說：「臺大今年創校九十年，從未受過這樣的糟蹋。」同時也呼籲將這次事件寫入臺大校史。李嗣涔校長則指責政府「玩法弄權，凌虐臺大」(在場的老師後來告訴我，他們那時都頗擔心李校長太過激動而影響身體)。

前一天，臺大師生和校友們還發起抗議活動，並遊行到教育部遞交抗議信。即使臺大醫院和教育部近在咫尺，我卻不曾目睹這場活動。這批參與者絕大多數未曾有過遊行抗議的經驗，如今卻走上街頭，發出沉痛的吶喊。我對他們滿懷敬意，相信他們在乎的是臺大的前途，爭的是大學自治，絕非我的校長職位。

對於在政治力下俯首貼耳的教育部，臺大校長們的批評與師生的遊行抗議不過是書生造反；教育部充耳不聞，僵局也仍然持續。

9 新攻擊又來了

二〇一八年二月二十七日赴醫院進行例行檢查，醫生說我左眼內仍有血汙，無法確認視網膜是否貼回，但他覺得我住院已超過兩星期，應可先出院，後續要固定回診。我和內人都開心極了，以為黑暗終於來到盡頭。我在第二天回家，雖然還得繼續趴著，但至少是趴在自己床上。誰知道，這快樂只是曇花一現。

三月一日到醫院回診，看到醫師的表情，我已知道大事不妙。醫師說：「你運氣不好，視網膜沒貼好，還需要再動一次手術。」我的心頓時沉到谷底，只能無助地癱坐在那。這次為確保視網膜能癒合，醫師們決定採用另一種方式，在我眼內注入某種油，用油來頂住視網膜。這種手術的好處是成功機率高很多，壞處是未來還要再動手術將油抽出，而且眼中的油會影響以後的視力，造成白內障快速增加。醫師安慰我：「至少這個手術後你不用趴著，側臥就可以了。」

我下午進了手術室，也再次回到十二樓的眼科病房。這回我只住了四天院就獲准出院，可以在家慢慢等待眼睛復原。出院前，何醫師告訴我：「不要聽信別人說的，什麼看遠山或看綠色的東西對眼睛比較好，你現在要的是讓眼睛休息，盡量閉著眼睛就對了。」我無奈地說：「我現在也不是很想看到綠色的東西耶！」說完，幾位醫師和旁邊的護理師都笑了起來。

不用俯臥的日子好過多了，但我還是得躺在床上，每半小時變換側臥的方向。那時我已不像二月初那麼消沉，我自稱側臥是「美人托香腮」，側臥的變換方向則如同「煎魚」一樣需要翻面；我就這樣在家中一面煎魚，一面繼續聽著中共黨內鬥爭的故事，又過了約三星期。這段期間，海外一些學生發動同學們寫卡片給我，為我加油打氣。還有幾位學生會固定來探望，我開始願意和他們說些話；但大家很有默契，在我面前絕口不提外面發生了什麼事。

當然不能提，因為三月中新的攻擊又來了。特定媒體率先發動，指控我在大陸的廈門大學違法「兼職」（兼課）；隨後有人翻出陳年網路資料，我「被兼職」的學校愈來愈多，輿論於是再度升溫。這些媒體造謠抹黑的惡劣程度，完全突破道德底線，令我深惡痛絕（至今思之猶有餘憤）。內人忍不住告訴我這些消息，我請她不要擔心，因為這些都不是事實。我的確訪問過很多大陸的學校，但大多是參加學術會議或專題演講，而且因為自己時間一向非常緊湊，每次都匆匆來回，怎麼可能有餘力或餘暇兼課？

廈門大學是我訪問過較多次的學校，主要是受以前在美國加州大學聖地牙哥分校的一位學弟之邀。他是廈大畢業，當時任教於康乃爾大學經濟系，後來廈大請他回去籌辦「王亞南經濟研究院」，引進西方制度與教學。他在廈大辦了很多研討會和暑期班，並邀請他的海外朋友共襄盛舉；我近在臺北，所以是他固定邀請的對象。那位學弟很希望我能去定期授課，也幫忙指導廈大的研究生，但我在臺灣的各項工作與國際期刊的編務非常繁重，早已分身乏術，只好婉拒。因為太忙，連共同指導論文都不敢答應；若當初真的參與指導，還不知要被抹黑成什麼樣了。

那時用來指控我的證據，是攻擊者所截取的大陸學校網頁，其中廈大將我列入「兼職教授」，更被認為是「證據確鑿」。其實許多受邀去廈大的學者，王亞南經濟研究院都曾將其列入師資陣容，以壯聲勢，並增加號召力。我過去從未看過這些網頁，當然不會知道自己有了這項「兼職」頭銜。後來臺大按照教育部要求，正式去函廈大查問我是否兼職，所得到的答覆清楚明白：未授課，未支薪，也未指導學生；校方也曾在校務會議報告過調查結果。只不過這群有心人要的從來不是真相，他們只想繼續抹黑。

按照這群人的指控，我好像都在大陸周遊列省並兼課。這個指控太荒謬，學術界有聲望和地位的學者，誰會到處兼課？有些我只去過一、兩次的學校（如中國地質大學）也被指為我兼課之處；若非有人提起，我幾乎忘了曾在十多年前去過這所學校參加一場會議。為了塑造我的「貪婪」形象，他們甚至強調我到處兼課是為了多賺些錢。笑死，我會為了賺錢而去兼課？套句我以前說過的話：「做爺們的哪在乎這個？」

三月下旬，醫師說我復原情況很好，允許我可以偶爾走動，但一再強調必須慢慢走，不能快速地抬頭或轉頭，也要避免碰撞。我於是勉強坐起，三月二十二日在臉書貼出馬克・吐溫一八七〇年的一篇虛構故事，裡面描繪他參加美國紐約州州長選舉而遭到各種荒誕可笑的抹黑。與百餘年前的故事對比，我今日的遭遇其實不遑多讓啊！

這波攻擊固然來勢洶洶，但最凶險的還在後面，那是意圖將我徹底擊垮的全線攻勢。

10 全線攻勢

全線攻勢先從臺大內部發動。一些臺大學生和老師在臨時校務會議提案，要求認定遴選程序無效。臺北地檢署則以民眾檢舉為由，交由「重大刑案專組團隊」啟動對我的偵辦。更厲害的是行政院的「跨部會諮詢小組會議」，務求找到能入我於罪的證據。

當時我根本不知道三月二十四日有一場臨時校務會議。直到最近我才第一次查閱那次校務會議的紀錄，也才理解到那場會議的嚴重性；其中「認定遴選程序無效」的提案一旦通過，就變成校務會議否定遴選結果，將為重啟遴選打開巧門。當天正反雙方言詞激烈交鋒，校務會議的紀錄如今看來仍觸目驚心，我幾乎可以想見有些代表發言時疾言厲色的樣子。而一些學生代表不僅言詞激烈，更用了各種議事技巧來杯葛會議進行，令人嘆為觀止（楊渡的報導中還指出，會場中有兩位校長參選人積極配合學生的指揮，以離席來阻止投票）。

幸好還有許多老師仗義執言，堅定支持遴選結果；物理系的張顏暉老師就是其中之一。張老師的發言強調：在選舉結果未公布前就討論選舉過程是否適當，是違反民主制度的作法；如果只要任何人認為選舉有爭議，就可以不接受選舉結果，以後臺大將永無寧日。張老師於是提議「擱置」，意謂校務會議不（該）處理這些提案。最終所有提案都遭到「擱置」，其中「認定遴選程序無效」一案更以壓倒性的比數（九十九比三十七）通過「擱置」決議。

老友張大春當天下午在臉書貼出一份〈致中閔書〉。此信以漂亮的書法寫就，用語典雅，說我「率氣抗暴」，也嚴詞批判阻我就任校長的那批人。最後有句：「君之文，君之氣，視彀所及而發之，懸彼汙軀於青穹，君固已就此亂世之任矣。」我在網路上讀到此信時，感動萬分。

四月上旬，醫生同意我出門走動，於是我回到學校，準備恢復上課（前半學期由一位以前的學生代課）。那時我左眼視力幾乎為零，單眼難以判斷距離和高度，所以無論多小心，走路時仍常撞到路邊車輛，或者踩空。但每當我走在街上或搭公車時，總有人特地走過來致意，還會說「加油，不要放棄」、「我們支持你」、「不要被壞人打倒」等鼓勵的話。我知道一般人不會在路上對陌生人說話，他們卻主動表達支持，讓我非常感動。有一次上了公車，司機開心地廣播：「今天很榮幸載到臺大管校長，請大家和我一起鼓掌幫他加油。」全車乘客也真的鼓起掌來。可見公道自在人心，再多的抹黑都蓋不住人民雪亮的眼睛。

有天系辦助教告訴我，他接到自稱臺北地檢署檢察官的電話，說下星期要約談我，囑我回電。系辦助教第二天驚惶地對我說，那位檢察官又打電話來，質問我為什麼不回電。當時的系主任知道後極為火大，對方再來電話時他接過電話，反問對方身分，並說：「我們不知道你是誰，怎麼知道是不是詐騙電話？若要約談，請發傳票過來。」（我們會主任真的很猛。）但那位檢察官堅持不透露姓名，也不願發傳票，只說人來後會補發傳票。約談的事在媒體曝光後，地檢署立刻對外否認；這件事若非地檢署首鼠兩端，可能真是詐騙電話了。

當我們知道司法力量已經蓄勢待發，我和內人的心情非常沉重，甚至感到恐懼（我們認為這群人什麼手段都使得出來）。一天晚上，以前行政院的同事蔡玉玲打電話來，我告訴她地檢署約談的事。她晚餐後立刻和她先生（兩位都是知名律師）趕來我家，問過情況後，玉玲說：「大學自治的事，竟然動用司法，這已不是個人問題，而與社會公義相關了。」她表示將號召成立律師團，協助我應付可能的司法追殺；知道自己不是孤立無援，我們的心才稍微安定下來。

司法之外，行政院也開始磨刀霍霍。當時行政院發言人徐國勇幾次在院會後的記者會中，指控我「違法」事證明確。我不知道從何時起，行政院發言人也兼司法審判，而且可以利用院會後的記者會肆意含血噴人。隨後的「跨部會諮詢小組會議」，更是揮向我頭上的一柄大刀。

第一次的跨部會會議在四月十日舉行，主席是教育部部長潘文忠，參與單位和人員「濟濟盛哉」，包括法務部（政次蔡碧仲）、陸委會（副主委邱垂正）、人事總處（副人事長蘇俊榮）、內政部移民署、教育部法制處和人事處，以及我曾任職的中研院、臺大、經建會（國發會）等，另有三名所謂的「學者專家」（吳茂昆、周志宏、賴鼎銘，其中兩位還擔任過大學校長）。用這麼龐大的陣仗「圍毆」一名大學校長當選人，既是空前，應該也是絕後的奇觀。

此次會議紀錄雖被列為密件，卻很快在媒體圈傳開。從會議紀錄和後來的媒體報導中可看到，蔡碧仲在會中發言非常強勢，邱垂正和「學者專家」則紛紛唱和，想方設法替我安上罪名。我任職中研院是在一九九九年至二〇〇九年年，這表示他們將蒐證範圍擴大至過去二十年。我看到這份紀錄時極為憤慨，我是犯了什麼大罪，需要這樣上窮碧落下黃泉地查找證據？即使這麼大費周章，會議中各單位據實以告，都說我一切合乎規定。這個會議最終一無所獲，只能草草收兵。

會議後幾天，教育部部長潘文忠突然於四月十四日宣布辭職。他的辭職聲明寫得含糊不清，多數人都看不懂真正原因。我猜想他當時內外交逼，既無法痛下殺手，也不敢放手讓遴選過關，只好一走了之。因為潘文忠的辭職，這波全線攻勢為之頓挫。

11 臺灣高教最黑暗的一天

行政院（當時院長為賴清德）幾天後就重整隊伍，再度發起攻擊。在第一次跨部會會議賣力表現的吳茂昆於四月十九日出任教育部部長，並在二十五日火速召開第二次跨部會會議。這次會議重點不再是定我的罪名（因為查了二十年的資料都找不到任何罪名），而是重回事件開始的獨董和遴選過程之爭議。

在吳茂昆主席、蔡碧仲與周志宏等人的唱和下，會議很快獲致結論，指我為「不適格之候選人」，而遴選委員會的「遴選組織與結果顯有失公正」，所以「建議教育部不予同意聘任案」。他們所說的理由，從一月開始就已被廣泛討論。這些理由如果真能成立，教育部早就可以據此駁回聘任案，何必拖上三個月？潘文忠又何必辭職？所以，跨部會會議的目的只是為教育部「拔管」這個政治任務提供依據而已。

即使這個會議的目的如此清楚，會議中還是出現了「雜音」。根據媒體報導，由於教育部曾向移民署索取我「所有」入出境資料，與會的移民署代表在會中質疑這個作法「是否符合公益必要性之『必要範圍』」？甚至直言「很難判斷公益大於私益」，此一逆耳之言引得強勢主導的蔡碧仲勃然大怒。在那麼肅殺的場合，這位移民署代表竟敢勇於表達意見，實在令人敬佩。

二○一八年四月二十七日是臺灣高教史上最黑暗的一天。當天傍晚，教育部常務次長林騰蛟對外宣布：因遴選委員會與被推薦人有「經濟法律上重大利益未迴避」的適法疑慮，要求遴選委員會回到遴選的推薦資格初審階段。林騰蛟還說：「目前並未發現（管中閔）兼職、兼課有違反重大行政規範。」教育部不敢堂堂正正在白天宣布這個重大決定，卻在星期五下班後才由常務次長出面說明，部長和政務次長都不知躲到哪裡去了。不僅如此，當初從吳茂昆、蔡碧仲到徐國勇，開口閉口都說我違法，那些違法證據怎麼突然之間消失不見了？教育部的正式公文遲至五月四日（多諷刺的日子）才發出，公文中說：「因校長遴選委員會之組成與遴選程序難認與正當行政程序原則相符」，要求臺大「應迅即重起遴選程序」。

那天晚上我和內人正好參加張學友的演唱會，並不知道教育部已做出決定。我那時本無心情參加娛樂活動，但演唱會的票早在一月就買了，當天又逢內人生日前夕，為了讓她放鬆一下，我們還是前往參加。也不知道什麼人注意到我在演唱會現場，離場時我們意外遭到媒體包圍。突破重圍後，回家時看到門前都是攝影機，我們於是轉往附近的麥當勞，坐到十一點才離開。那時家門前的攝影機還未撤離，我們只好在附近遊蕩，有著「天下之大，竟無容身之處」的感慨。直到十二點，站在黯淡的騎樓下，我牽著內人的手說：「生日快樂。妳累了，我們回家吧！」

第二天我在臉書貼出聲明回應教育部。聲明中說：「我知道不能因為龐大壓力而放棄，更不能在威脅恐嚇下低頭。我若放棄，多年來學界前輩們努力爭取的大學自治就將成為泡影；我一旦低頭，社會或許就此萬馬齊喑，重新墜入威權的深淵。所以我的堅持從來不是為了校長這個職位，而是為了大學自治得以延續，以及臺灣曾經信仰的公義、正直和誠信能夠伸張。」

我更明確表示態度：「政府的權力或許可以阻礙學校的決定，但不能改變我們捍衛大學自治與學術自由的決心；政府或許可以恣意濫用權力於一時，但終將無法逃過人民和歷史的審判。」我最後強調自己「將和臺大師生站在一起，面對威權，絕不妥協。我們必將贏回大學自治，臺灣大學也將因此屹立不搖」。這群人可以肆意揮舞權力的棍棒，但他們絕對打不斷臺大和我的脊梁骨。

教育部的決定立刻引發大學的公開抗議。四月二十八日，臺大率先「表達遺憾與強烈異議」，遴選委員會則對教育部「重新進行遴選」的要求，表示「完全無法接受」。「中華民國國立大學校院協會」也發布聲明：「基於大學自治精神，政府不應干預遴選結果。」次日，「中華民國私立大學校院協進會」的聲明指出：現在「是大學自治有史以來最黑暗的時刻」，「對於教育部就本案未能依法行政，不尊重大學自主的舉措，實難認同」。兩個校院協會能取得成員共識，發布措詞如此強烈的聲明，是非常難得的事。清華大學前後四任校長（劉兆玄、劉炯朗、陳力俊、賀陳弘）與清大教師會也發布「清華四二九聲明」，要求教育部「收回此次臺大遴選事件的成命」。幾乎所有大學都站在教育部的對立面了。

我於四月二十九日在「人性空間」再次舉辦記者會，陳述從一月初以來深受迫害的心情，覺得過去所信任的一切價值都突然消失不見，而自己就像在黑暗中行走於斷橋上，「不知道等著自己的是什麼樣的恐懼」。我還表示：「教育部，甚至整個國家機器總動員，只有一個標準，一個鐵律：管中閔不能當臺大校長」，而教育部以這種粗暴方式干涉大學自治，臺灣所自豪的民主軀殼、骨骸和精神，都因此破毀。我更強調將循體制內的途徑，甚至走到釋憲，一定堅持到底。

12 黃絲帶與新五四運動

教育部做出決定後，臺大師生隨即展開了如火如荼的抗議活動。四月二十八日，臺大學生蕭智鈞等發起「黃絲帶運動」，師生與校友開始在校園內外（尤其是傅鐘周圍）掛起黃絲帶，以及寫著「大學自主」、「還我校長」的布條。後面幾天，有更多的人前來校園，在傅鐘旁繫上黃絲帶。

二〇一八年適逢五四運動九十九週年，校內師生在五月四日發起「新五四運動」。當天下午，許多師生與校友在傅鐘旁集合，呼喊口號，並向代理校長遞交請願信。大家隨後遊行至校門口舉辦晚會，人潮愈聚愈多，估計有數千人參加。遊行開始前，李嗣涔校長發言時怒批政府「比民初軍閥政府更可惡」，更指政府「無法無天」。晚會開始後有更多老師輪番上臺演講，其中物理系張顏暉老師借用《動物農莊》中的話，嘲諷在這個政府之下，「豬可以當校長，人不可以」。

我當天人在學校，但不願給人藉口說我是自導自演，所以沒去遊行與晚會的現場。知道這麼多人願意站出來，公開表示支持大學自治，反對教育部的粗暴決定，讓我非常感動。內人去了晚會，只是默默站在群眾之中表達支持。到了晚上，我想很多人可能肚子餓了，所以訂了一、兩百個包子，請人送去，略表我的心意。晚會最後，大家用燭光圍出一個心形，心形中則是「NT

U」（臺灣大學）；據內人告訴我，現場氣氛熱烈而感人。

當天傅鐘旁的聚會出現一場鬧劇。一小撮反對新五四運動的學生，在傅鐘旁與遊行隊伍發生推擠衝突，其中一位學生自稱遭人勒頸而受傷，揚言提告。結果媒體的照片清楚顯示，這位學生是以右手掐住自己喉嚨並吐舌，然後面露痛苦地倒地。這位學生後來被指認是資管系的潘儒鋒，他也因為這個表演被封為「臺大自掐哥」。我看到這則新聞後，感到不可置信；本該充滿正義感的學生，怎麼會用這種愚蠢的方式來栽贓，意圖製造更大的衝突？

面對教育部的決定，這時臺大的態度至關緊要；只要臺大不重啟遴選，遴選事件就仍是僵局，無法結束。臺大在五月十二日召開了另一場關鍵的臨時校務會議，並且以七十六比四十三的比數通過決議，要求「教育部應依《大學法》等規定，處理本校之校長遴選結果，盡速發聘」。這個決議明確拒絕了教育部的要求，也再次證明了臺大之所以偉大，就是在面對權力的壓迫時絕不低頭。

前副總統呂秀蓮與行政院前院長張善政則共同發表「不是挺管，是挺法治」的聲明，呼應臺大的決議。我在次日再度與媒體聚會，呼籲蔡英文總統在其就職兩週年前設法弭平這場政治風暴。至於「要不要做，怎麼做，就在總統的一念之間」。這次事件之所以走入僵局，當然是因為教育部後面的政治力量；而這股力量的總舵手是誰，大家心知肚明。

那時我的身心仍在復原階段，並未康復。我雖已恢復上課，但因左眼仍無視力，上課寫白板前還得先伸手去摸，確定白板的距離後才能開始寫字，寫出來的字也凌亂而扭曲。晚上我還是難以入睡，雖然不用再半坐著睡覺，但枕頭仍然得墊得很高，才能避免體內出現翻江倒海的感覺。那時我仍舊不太能看那些攻擊我的新聞，即使只是瞄到新聞標題，就會立刻神經緊繃，渾身出現難以形容的不舒服感覺。然而我的意志並未動搖，對外也仍然表現出堅強的樣子。

當時政府與部分媒體一再質疑我「神隱」，不出來為自己辯護。我從一開始就認為，有關遴選和論文的爭議，當然該由相關權責單位說明；當這些單位（包括教育部自己）都先後澄清了各項指控，我還需要辯護什麼？更重要的是，三個多月來從未有任何單位發函（公文）要求我前往說明；遴選委員會沒有，臺大誠信辦公室沒有，教育部沒有，跨部會諮詢小組也沒有，而臺北地檢署根本否認要約談我。如果這些單位都不覺得有找我說明的必要，那我又該對誰去說呢？

事實上，除了兩個多月在醫院和家裡臥床養病，我前後開過好幾次記者會，何曾「神隱」？四月初以後，我甚至每天到校，星期一還要上課，只要來臺大管理學院就能找到我了。自己不認真找，卻怪別人「神隱」，真是荒唐可笑。其實他們要的是我不停地出面回應，這樣才可以持續汙衊和攻擊，擴大輿論效應；這正是朋友早就指出的選舉輿論操作伎倆。

13

餘震不斷

當教育部自以為已從遴選事件中脫身，他們的部長吳茂昆卻身陷醜聞的泥淖。從吳上任開始，就被民意代表與媒體揭發他過去一連串的不法行為，包括擔任東華大學校長時長期請假和溢領薪資、在美國違法設立公司且涉及盜用東華學生專利、在大陸政府機構違法擔任顧問等。但是吳每一次辯解皆又引發新的爆料，搞得他應接不暇，狼狽不堪。立委柯志恩後來指控他過去擔任部會首長期間，曾在沒有行政院的批准下擅自赴大陸不同地區參與會議。吳對此當然否認，不料柯志恩拿出公文證明他說謊。這下證據確鑿，吳再也無法抵賴，只好宣布辭職。

從四月十九日粉墨登場，到五月二十九日倉皇下臺，吳茂昆在任期間只有四十天，是中華民國歷史上最短命的教育部部長，也是遴選事件中下臺的第二位部長。吳曾一再公開說我違法，結果集各部會之力卻找不到我任何違法證據。他也反覆強調自己清白、「沒做過錯事」，卻因違法事證明確而去職。同樣面對政治壓力，潘文忠至少沒有昧著良心否決聘任案，而吳茂昆則甘為政治打手。吳的下場，也可算「粉身碎骨以報黨國」了。

然而吳茂昆的去職並無法解決僵局。根據臨時校務會議決議，臺大在六月四日向行政院提起訴願，我在次日也提起訴願，展現了我們堅不退讓的立場。六月十日是臺大畢業典禮，我並未受邀，但從媒體上看到，典禮會場上許多同學舉起手機，上面顯示著「還我校長」的字樣或是我的照片，令我感慨萬分。我也在臉書上以「面對自滿年代的臺大校訓」為題，寫了一篇送給畢業生的話，重新闡釋對「敦品勵學，愛國愛人」校訓的看法。我下午出席財金系的「小畢典」，致詞勉勵畢業同學「洞察趨勢，與時俱進」，最後還說：「希望大家有空時，不要忘了出來支持大學自治。」

因為眼睛復原情況良好，醫生五月時已同意我搭飛機，但提醒我不能舉起手提行李箱，也不能提重物。我遂於五月三十日前往澳洲雪梨大學出席SETA會議，這是我於二〇〇五年發起的國際計量會議，十多年來從未缺席。我於六月二十二日又赴大連參加在東北財經大學的另一場國際會議。也不知臺灣媒體怎麼會注意到這個學術活動，財大校園內湧進好幾位臺灣記者與幾部攝影機，當我一出現在會場時隨即蜂擁而上。財大何曾見過這種場面？於是派出保安驅趕記者，場面混亂；我只好出面簡短說些話，然後請記者們撤離。參加會議的外國學者不知道發生了什麼事，看得目瞪口呆；華人學者多少都聽說了這個遴選事件，但沒料到會出現這樣的情景。有位新加坡學者開玩笑說：「管爺，你現在名氣也太大了！」我聽了只能苦笑，這樣的名氣可不是我想要的啊！

中央研究院兩年一次的院士會議於七月初舉辦。我一想到可能在會場看到吳茂昆和一些為虎作倀的人，就對參加會議感到意興闌珊，開幕的院士合影和總統晚宴等也都刻意缺席。然而，遴選事件還是在院士會議掀起了波瀾。

王德威院士於三日上午在院士會議以「臺灣：從『文』學看歷史」為題發表演講，強調臺灣文化的延續，有賴於「守法講信，不為一黨一派之私所囿的公民社會」。他在演講最後還朗誦了我的一首舊作〈讀史札記〉，這完全出乎我的意料。我以前從未告訴別人這篇三十年前的作品（一九八八年刊登於中國時報人間副刊），也不知德威怎麼會找出這篇古董。

當天下午，全院會議討論人文組院士前一天通過的提案：「有關國立大學校長遴選制度與遴選結果，請教育部遵照《大學法》規定及精神，執行校長聘任事宜。」會場上持不同立場的院士們互相交鋒，也有院士提出「擱置」動議，結果擱置動議被否決（出席者一百三十八人，贊成擱置者僅四十四票），此案最終以八十票通過。當時我們經濟院士正好都去參加經濟所的諮詢會議而不在場，否則通過票數一定遠高於八十票。按過去作法，院會通過的提案都會送請總統府參考。

大學的反彈聲浪也仍然持續。七月六日，由十四所大學組成的「全國大學自主聯盟」召開國際記者會，向國際發聲。記者會由前校長李嗣涔主持，聯盟的宣言強調：大學自主與學術自由是民主國家大學發展最重要的基石，也是我國憲法明文保障的自由。李校長說，如今臺灣已成為

「教育部沒部長，臺大沒校長」的國際笑話，並呼籲大家共同站出來抗拒政黨黑手對校園的干涉。

然而無論是臺大、大學校院協會、中研院院士會議，或是大學自主聯盟，他們的聲明、決議和呼籲對民進黨都起不了任何作用。民進黨內更是萬馬齊喑。當年高呼大學自主的一批臺大學生，如今都是民進黨內要角，卻都不敢對此事發聲，更不曾出面捍衛母校。這是民主臺灣在二〇一八年最大的諷刺。

14

海外的聲援

吳茂昆於五月二十九日下臺後，行政院一直找不到願意（能夠）接任部長的人選。懸缺了四十八天後，原內政部部長葉俊榮於七月十六日轉任教育部部長，才結束這個窘況。葉俊榮接任時即宣稱要用「有溫度的溝通」，設法找出遴選事件的解決之道。

葉就任第二天傳了個簡訊給我，希望和我通話。但我對私下通話或見面毫無意願，因為教育部已幾次失信於遴選委員會，毫無信用可言；其次，我沒有把握兩人的私下談話是否會被扭曲或利用。更重要的是，這件事已變質成政治事件；解鈴仍須繫鈴人，而我不是繫鈴人，和我通話並不能解決問題。他的簡訊甚至將我名字寫錯，這讓我更無信心。所以我根本就沒有回應這個簡訊。

後來得知，葉俊榮設法拜訪陳維昭校長，並承諾只要遴選委員會再開一次會，再次確認教育部原先提出的爭議，他會設法結束這次事件。陳校長原本認為遴選委員會已開過會，也幾度確認過遴選過程與結果毫無疑義，他實在沒有理由再度開會。但陳校長最後選擇相信葉俊榮解決問題的誠意，於是設法召集會議。時值暑期，許多委員不在國內，最後大家用通信方式，幾度來回討論後才做成決議。遴選委員會於是在八月二日再度發出聲明：「本會在回顧所有遴選程序並了解教長所關切之議題後，再次籲請教育部應盡速依法聘任管教授為臺大新任校長。」陳校長已盡力完成這項工作，現在就看葉俊榮如何實現承諾了。

早在五月初，許多臺大校友已聯名在海外報紙刊登支持母校的聲明。美國休士頓地區的校友們最先來信邀請我去演講，洛杉磯地區的校友們知道後，也跟進邀請。當時我左眼視力極差，難以分辨路面高低，曾兩次因為踩空而從樓梯上摔下來。但我仍在七月二十一日出席南加州臺大校友會第四十五屆年會，並以「臺大新價值，臺灣新意志」為題發表演講。在洛杉磯時，我接受《世界日報》的專訪，並用「吃銅、吃鐵、吃臺大，完全執政，完全貪婪」來形容執政黨在遴選事件中的蠻橫。八月十二日，我在德州休士頓的美南臺大校友聯誼會以「變革：從臺大出發」為題演講，次日轉赴德州的奧斯丁，以同樣題目演講。隨後即赴加州，於八月十八日在北美校友會聯合會再次演講。

這幾場演講，除了奧斯丁校友人數較少，洛杉磯和休士頓的兩場演講估計都有超過五百人參加，會場氣氛極為熱烈；在灣區的演講，出席人數更在一千人以上，盛況空前。在這些演講會場，校友們都強烈反對教育部的決定，並表達對母校的堅定支持。更令我感動的是，校友們完全沒拿我當「外人」，也視我為母校校長。對於這些海外校友們的熱情聲援，我感念至今。

出國時我發現，只要一到國外，困擾我很久的睡眠問題就不藥而癒。我不需要吃藥，也不需要將枕頭墊高，就可以很快安然入睡；但只要一回到臺灣，原本睡覺困難的問題又重新出現。於是我了解，這個環境中有形和無形的壓力，正是我睡眠障礙的根源。

不料，事情在我訪美演講後出現了新的變化。蔡英文在八月十二至二十日出訪中南美洲友邦（那也正是我在休士頓和灣區演講的時候），去時過境洛杉磯，回程則過境休士頓，葉俊榮隨行。他們返國後，葉俊榮致電陳校長，表示出現了新狀況，他需要多一些時間來處理這件事。葉沒有說這個新狀況是什麼，但顯然決策者在出訪這段時間改變了心意。葉既無法實現對陳校長的承諾，陳校長自此拒絕再與他見面，也不回覆他的簡訊。整個僵局又繼續拖了下去。

我那時認定（多數人也都這麼想），只要這個黨繼續執政，我是不可能上任了。既然知道不能上任，我得重新規劃未來的生活。我決定徹底翻新我在碩士班的一門計量方法課，將各種機器學習（machine learning）方法納入教材，以備未來幾年之用。準備新教材很花時間，但我做得很起勁，還做了各種模擬來驗證書上的內容，心態上好像回到最初教書的時候。

九月十一日，我應香港「亞太臺商聯合總會」之邀，在第十三屆臺港論壇以「驅動臺灣：未來經濟策略與未來大學」為題發表演講。十一月十日，我又赴泰國曼谷的泰國臺大校友會，以「變革・從臺大出發」為題演講。如同美國的校友，香港或泰國的校友們都熱情地以對待母校校長的方式接待我。泰國臺大校友會裡有很多潮州人，當校友們發現內人也能說流利的潮州話，會場好像變成了潮州同鄉會。

我在校內也感受到許多支持的力量。中文系在十月一日邀請（身分未明的）我去演講，那是一年來我首次在校內參與公開活動。演講以「我的文學啟蒙與夢想」為題，我談及自己年輕時為什麼著迷於現代詩與搖滾樂，也首次公開分享以前（從未對外公開）的一些作品。演講結尾我引述楊牧〈那一個年代〉中的幾句話：「我是一個充滿秘密的人，沒有人能夠和我分享那些秘密，因為我不剖析自己，除非你容許我採用詩的形式——然則你便請以詩的形式來理會我，解釋我，喜歡我，愛我。」講到這裡時，情緒波動不已。

15 戲劇性的轉變

從十月到十一月，還有幾處地方議會邀請我去演講，我雖覺得意外，但仍應邀前往。所到之處，我同樣感受到地方人士的熱情與對臺大的關心，也觀察到社會氣氛的微妙變化。由於適逢地方選舉之前，我特別小心，絕不涉足與選舉相關的場合。

十一月二十四日是地方選舉的投票日，選前兩天我在臉書寫下了自己的感受：「我看到了甦醒的人心，澎湃的民氣，以及浩浩蕩蕩的人民力量。民主在臺灣並未崩壞。臺灣的主流民意仍然堅持民主法治，所以人民唾棄知法玩法的政黨鷹犬，反對不公不義的政權，更反對完全執政、完全貪婪的當權者。選舉結果將再次證明：臺灣人民與臺灣民主的勝利。」我還說：「如同臺灣的主流民意，臺大的主流民意就是反對迫害校園民主與堅持大學自治。也如同這次選舉結果一樣，臺灣的校園民主與大學自治一定會獲得最後勝利。在堅持守護臺灣校園民主的這條路上，請與我繼續同行。」

沒想到這些個人感受兩天後居然成為現實。擁有執政優勢的民進黨在選舉中遭遇重大挫敗，僅在六都的市長選舉贏得兩席，連執政逾二十年的高雄市都拱手讓人。不過這畢竟只是地方選舉，民進黨的執政地位不受影響，也沒有任何人認為這次的選舉結果將會改變校長遴選的僵局。

十二月十日，我出席民進黨前主席施明德新書《能夠看到明天的太陽》的發表會。承施主席好意讓我也上臺講話。我回憶回臺後與施主席認識的過往，也首次提到四月初時曾收到他幾個鼓勵的簡訊：「挺住！屈服，大學自治就壽終正寢了！」、「堅定而優雅」、「不可以屈服！否則就是背叛理想跟原則！」我當時回覆施主席：我一定會堅持原則，絕不向惡勢力低頭；我的確做到了。能在那個場合與施主席並肩而立，我感到光榮。

民進黨敗選後一個月整的那天（十二月二十四日）下午，葉俊榮突然召開記者會。我那時出國參加學術會議，正好在前一天回臺，聽到消息後也沒太在意。記者會中，葉俊榮花了很長時間批評遴選委員會過去處理問題的方式，但最後卻出人意料地宣布：「勉予同意」臺大校長聘任案。這個宣布太戲劇性，完全翻轉了教育部四月底的決定，更讓過去一年的折騰顯得分外荒謬。

記者會消息一傳出，民進黨內部立刻炸鍋了。總統府與行政院急忙出面撇清，說這是葉自己一個人的獨斷，從總統到行政院長賴清德都不贊成，但也都沒機會阻止葉做此宣布（這些說詞欲蓋彌彰，實在可笑）。教育部的公文於二十五日以最速件送達臺大，校方通知我之後，我當即決定在翌年一月八日接任。葉俊榮當時表示願意負起政治責任，辭去部長之職，而賴清德也迅速表示「勉予同意」。葉俊榮於是成為因遴選事件而下臺的第三位教育部部長。

相形之下，原本支持臺大和大學自治的人都感到非常振奮，我也再次收到大量的恭喜簡訊和電郵，而且內容都會加上一些鼓勵和肯定的話。對教育部的突然轉變，我毫無苦盡甘來的欣喜之情，反而將信將疑。畢竟到就任之日還有兩星期，那些反對力量還是可能反撲，我也沒有把握政府是否會橫生枝節，再度出現反覆。因此我在回覆簡訊和電郵時都語帶保留：要等真上任了才算數。

即使心中仍有不確定感，我還是必須盡快籌組新的行政團隊。雖然時隔一年，原本答應加入團隊的老師大多仍欣然同意，但也有幾位老師已有新的職務或規劃，無法加入；尋找新人選時比一年前順利，團隊很快就組成了。由於團隊成員大多共同經歷了一年的考驗，大家也對我有了更多認識和信心，新的團隊有很強的向心力，而且士氣高昂。這和一年前氣氛低迷的景況很不一樣。

對於葉俊榮出人意表的決定，外界一直有各種揣測。二〇二〇年，臺大舉辦教師節感恩餐會，葉俊榮是得獎教師，也來參加；我當時曾向他敬酒致意，兩人並相約再見面。二〇二一年一月十二日下午，我去法律學院拜訪葉俊榮，他談興甚佳，和我聊了兩個多小時。我無意揭露兩人的談話內容，但我有理由相信，從他受命接任教育部部長，七月時接觸陳校長設法解決僵局，以及二〇一八年底那場記者會，葉的作為皆非衝動或意外，而是經過權力中樞同意所為之。葉俊榮並非結束遴選事件的最終決策者，但的確是按下「停止鍵」的關鍵人物。

16 遲到一年的交接

隨著時間向前推進，預定的交接似乎愈來愈可能了。由於心中始終存著不確定感，我這回沒有在交接前安排校內行政處室的簡報，打算等真能上任後再說。團隊中有經驗的同仁積極協助交接典禮的準備工作，我則費心構思典禮時的演講。過去一年，臺大和我挺過了龐大的政治壓力，所以這個演講有著特殊意義。

二〇一九年一月八日是遲到近一年的交接典禮，距離二〇一八年原定的就職日（二月一日）已過了三百四十一天。當天早上，我先去校長室，再和代理校長郭大維一起進入第一會議室；會議室外擺滿了各界送來的盆花，幾乎是花海一片。幾位老校長們已經到了貴賓室，大家高興地寒暄與照相。會場中擠滿了觀禮的人，我一眼望去，看到許多認識的人，包括好幾位大學校長，也看到很多陌生的面孔，大家臉上都洋溢著笑容，還有人大聲喊著「校長好」。

爸爸、媽媽也開心前來參加典禮。爸爸那時年近百歲，腿已不太方便，只能坐著輪椅，媽媽則已九十三歲，由哥哥和弟弟攙扶著進場。爸媽肯來參加讓我非常高興，因為當年經建會改制為國家發展委員會時，我擔任主委，爸媽卻以年邁為由沒來參加揭牌典禮，我當時頗為失望。我第二個兒子和媳婦也正好返臺，由內人帶著一同前來參加。

典禮中，負責監交的是教育部常務次長林騰蛟（就是二〇一八年四月二十七日代表教育部宣布駁回臺大校長聘任案的那位）。當我從林次長手中接過聘書的那一刻，這場震動臺灣以及海外華人世界的校長遴選事件終於劃下句點。郭代校長致詞時，提及過去一年的「刀光劍影」，以及他當時承受各方壓力的心情，顯然百感交集。他致詞後，會場響起鼓勵的掌聲。

致詞時，我首先重申參選時的主要目標：為二〇二八臺大邁向創校百週年做好準備，並簡要闡述「國際化」與「大學轉型」兩個努力方向。我特別提到：「我母親於七十年前進入臺大工作，一輩子是教務處的一位基層職員，直到退休。母親曾一再說：臺大照顧我四十五年，我永遠感恩；正因為有臺大的照顧，我才能出生於臺大醫院，之後順利成長。而我年少荒唐，沒有機會進入臺大就讀，這曾使我父母親非常失望。我後來離開美國教職回到臺大，勉強算是還了父母的一點心願。」對於能夠出任臺大校長，我說：「於我個人而言，這個職位還有生命中的另一層意義，就是我此生結緣臺大、報恩還願的機會。我視此為我的『一生懸命』，只有全力以赴，絕無反顧。」

我隨後向許多人表達感謝，特別是對遴選委員會（尤其是召集人陳維昭校長）的堅持表達敬意。為了提醒大家（包括自己）擺脫過去的陰影，放眼未來，我引用美國前總統詹森的話：

「Yesterday is not ours to recover, but tomorrow is ours to win or to lose.」強調「明天才是我們奮鬥的戰場。傅鐘在前，我將追隨臺大過去老校長們的腳步，與臺大所有老師和同學們共同努力，推動臺大持續向前，直達更輝煌的未來」。

致詞之後，我走向臺前，親吻已經年邁的父母；作為一個年輕時曾經讓父母失望過的兒子，這是我能為他們帶來的最大光榮。爸爸在我擔任校長七個月後，以百歲高齡辭世；他在生前最後一段時間看我挺過政治追殺，並且接任校長，相信他走時應該感到欣慰。內人一輩子支持我，也陪我走過這段痛苦時光；但是經過那麼險惡的一年，我非常不願意她在鏡頭之前曝光。我知道，若非她和孩子們的支持，我絕無可能堅持到這一刻。

典禮結束，我以校長的身分走進校長室，首先簽署了行政主管的任命公文。坐在這間深具歷史意義的校長室中，許多畫面在我眼前快速閃過：三峽旅遊時意外的電話、準備遴選資料與治校理念、鋪天蓋地的政治和輿論攻擊、幾番出入醫院、長達數月的臥床養病，以及多場記者會和海內外演講等。一年之中，我從高峰跌落深淵，再勉強爬出深淵，重新站起，一切恍然如夢。

我低頭看到桌上一張密密麻麻的行程表，知道臺大的責任已在我肩上，我沒有時間再感嘆過去。我起身推開門，走向當天第一個行程。

17 另一隻黑手

在遴選事件尚未結束前，還有另一隻黑手早已蓄勢待發。

二〇一八年九月底，我再次接受眼科手術，醫師將前次視網膜手術中注入左眼的油抽出，讓視力可以慢慢恢復。手術前接到友人來電，說希望來拜訪。即使我說手術後只需住院一天就可出院，他仍堅持下午就來醫院。他來時神情緊張，說他的單位接到政府公文，要回報過去和我合作的所有資訊。他當時滿面憂心，甚至不敢說出政府機關名稱，只在紙上寫了「監察院」三個字給我看，然後立刻收回（這個宛如情報電影的場面，竟真實在我眼前出現）。

隨後幾天，更多消息傳來，監察院正在調查過去所有邀請過我演講、授課或參與活動的學校、公司、協會和基金會等，而調查的內容更是鉅細靡遺。他們要學校確認曾經支付給我的酬勞和內部簽核文件（什麼人決定邀請我？給付的依據為何？），並要求單位說明我所擔任的「職務」、負責之「業務」和任職起迄時間，也要求提供上課的課程表和指導學生的期程表，並須載明課程日期（其目的大概是想確定我是否「兼職」或「詐領」吧）。所有問題與資料，均限「文到七天內」回覆。我相信其他公、民營單位收到的公文應也類似。

繼立法、行政和司法三權之後，監察權也終於加入「圍毆」我的陣營了。監察院調查的對象之廣、內容之細、涵蓋時間之長，都遠過於半年前的「跨部會諮詢小組」，像是在查一位犯了滔天大罪的重刑犯。隨後我收到監察院來函，定於十月五日約詢；那是手術後沒幾天，我遂以身體不便為由請假。監察院兩個月後再度約詢，定在十二月二十五日，而那是葉俊榮宣布「勉予同意」校長聘任後第二天，時間太過敏感；我於是以此時「不適宜」為由請假。我那時本就不信任任何政府單位，又知道他們已經磨刀霍霍，當然不願意自投羅網。

我既不願就範，監察院自有其他手段修理我。就在第二次約詢時間的前後，特定媒體開始出現我過去二十年各種兼職與所得的報導；這些資料太詳細，連我自己都沒有這麼完整的紀錄。看來監察院向國稅局調取了我歷年的稅務資料，然後洩漏給特定媒體（若非如此，難道是媒體在中山南路的人行道上撿到我二十年的稅務資料？），再任由他們列表分析評論，甚至惡意歪曲、渲染其中內容。監察院用所得稅資料來調查一位大學校長當選人，已經是匪夷所思，竟然還將這些受個資法保護的資訊洩漏給媒體，更是我見過最卑劣的違法行為。至於什麼人能想到這種惡毒點子，而且還可以促使監委照辦，我當然心中有數。

監察院第三度發出約詢通知，日期選在校長交接日的前四天，我還是請假。我既然不去，監察院迅即於二〇一九年一月十五日，以七比四通過了對我的彈劾案。此案的提案委員是王幼玲和蔡崇義，贊成彈劾的委員有陳師孟、田秋堇、方萬富、林盛豐、瓦歷斯・貝林、張武修和楊芳婉，反對彈劾的則有王美玉、劉德勳、章仁香和江明蒼。（寫下這些名字，以示不忘。）

監察院上窮碧落下黃泉，調查了所有與我來往過的公私機構，又清查了我近二十年的所得資料後，究竟查到了什麼罪名？沒有，什麼都沒有。他們唯一能勉強指控我的，只有我在政府工作期間曾替媒體撰寫社論並獲得稿酬，所以用「違反公務員服務法『禁止兼職』之規定」為由來彈劾。

然而，正如多位曾任媒體的高階主管（如王健壯、陳朝平等）公開撰文指陳，受邀撰寫社論的人不是媒體編制內的人員，也無編制內人員的薪資福利，所以在媒體內無薪無職。既然不是「職」，何來「兼職」可言？王健壯先生文中更說：「監委以管中閔『兼職』違法而彈劾，根本是不知媒體組織運作為何物，典型的莫須有入人於罪。」更荒謬的是，監察院的調查報告書中已經載明：行政院和國發會檢視後認為，這些社論「內容與其職務沒有連結性」、「與國發會職掌無直接關係」，但彈劾書中卻隱匿這些證詞，依然指這些社論「涉及職務」。

他們認定寫稿是個「職」，所以必有「固定」薪水。但是寫社論並非定期，寫了也不一定被刊登，刊登了才有稿酬，所以每月稿酬並不相同，有時甚至為零。他們發現無法算出「固定」薪水，乾脆幫我「設計」了薪資結構：以所得總數的平均作為月薪，餘數則是每半年加發的獎金。

這種荒唐的「羅織構陷」，可笑亦復可恨。
我就在彈劾帶來的陰影下，開始了我的校長任期。

18 最後的餘波

監察院完成彈劾任務後，即將此案移送司法院公務員懲戒委員會（簡稱公懲會）。公懲會於二〇一九年七月二日召開準備程序庭，並且破天荒採用公開審理方式，開放民眾與媒體旁聽。我一輩子清白做人，守法做事，不料竟因監察院的羅織構陷而走進法院，更被迫面對這種近乎公開羞辱的審判，心中的悲憤無法用言語形容。但我對司法仍有一絲期待，於是選擇出庭捍衛自己的清白。

準備程序庭由時任公懲會委員長的石木欽擔任審判長，其餘四位法官為：廖宏明、吳景源、張清埤、黃梅月。審判長問我是否有所說明時，我請求站著宣讀聲明，因為我希望法官和旁聽民眾都看到我堂堂正正，既無所懼，亦無所愧。

我首先陳述過去一年多所受政府各單位的迫害，而監察院以「深文周納」與「羅織構陷」的方式所製造的彈劾罪名，「不過是所有政治追殺都不成功後的另一次迫害」。我引述馬丁・路德・金恩博士的話：「The ultimate tragedy is not the oppression and cruelty by the bad people but the silence over that by the good people.」（最終極的悲劇不是壞人的壓迫與殘酷，而是好人對此的沉默。）期待司法能伸張正義，匡正這個政治迫害。

八月十九日是公懲會的言詞辯論庭。出庭的媒體證人表示，只在一開始時向我邀稿，並未要求固定供稿；稿件寄去後，編輯可以刪改，而是否刊登、何時刊登都由編輯決定。我也重申：受媒體邀請寫稿，本就不是「職」；既不是「職」，自無「兼職」可言，當然也無「違法」。我亦請法官審酌以下幾點：

一、監察院當初是基於什麼重大犯罪嫌疑，而必須清查我近二十年的個人所得，並要求各單位交代與我來往的細節？這種抄家式的清算，算不算濫權？

二、監察院為什麼可以在提出彈劾時隱匿行政單位在監察院的證詞？然後在毫無事實基礎之下，僅用臆測就入人於罪？這樣的羅織構陷，算不算濫權？

三、監察院又為什麼可以任意向媒體洩漏我投稿的刊物名稱，以及包括我所得資料在內的個資？這樣侵害我的自由與隱私，算不算違法？

我沉痛地指出，這種「濫權違法所為，就是政治迫害」，「而以政治迫害來干涉大學自主，企圖摧毀大學校長遴選當選人的人格與公信，更是七十年來所僅見」。我在最後引述《禮記．儒行篇》：「儒有可親而不可劫也，可近而不可迫也，可殺而不可辱也。」強調：「今之儒者，依舊不可以勢劫，不可以力迫，亦絕不受辱。」

然而所有的證詞、辯護和陳述，最終都是徒然；公懲會仍然在九月二日做出「申誡一次」的判決。「申誡」固然「輕微」，但我更在乎的是清白，所以對這個判決感到極度失望（相對於監察院動用的龐大政府資源，公懲會的輕判更顯出其中的荒謬）。當天得知結果後，我在臉書引用陳子昂的詩表達自己的無奈：「人生固有命，天道信無言，青蠅一相點，白璧遂成冤。」誰是青蠅？誰是白璧？相信社會自有公論。

在法庭上有一事讓我記憶深刻。出庭時，我始終挺直腰桿坐著（這是我習慣的坐姿），雙眼直視前方，而前方坐著監察院派出的三位代表（調查員）。但在兩次開庭，長達數小時的時間內，這些監察院代表們或左顧右盼、交頭接耳，或低頭翻閱資料作忙碌狀，就是沒有任何一位曾抬頭看向前方（即使短暫一瞥都沒有），也因此從未與我有任何眼神交會。這樣的態度真是耐人尋味啊！

公懲會的判決固然讓我失望，但並未影響我推動校務的腳步。又過了一年多，我突然收到臺北地檢署二〇二〇年十月二十六日公文，才知道自己曾在二〇一八和二〇一九年被民眾檢舉了九案。公文中針對各案加以說明，包括「臺端兼職申請情形均循程序辦理，本件並無任何公務員有積極登載不實之具體文件」、「另經比對臺端入出境紀錄及申請核准文件，並無未經允許擅自出境或逾越核准地區情事，故臺端所為顯與上開罪嫌之犯罪無關」，其餘各案「經查均與事實不符，無犯罪嫌疑」，所以全數「簽准結案」。這份公文應是對當年所有的汙衊和抹黑最明確的回答了。我隨即在臉書貼出公文影本，萬分感慨地寫下：「正義雖然遲到，但不會永遠不到。」

從二〇一八年一月五日被遴選為臺大校長，到二〇二〇年十一月三日收到臺北地檢署公文，前後長達兩年十個月。對我個人而言，這個遴選事件至此才終於落幕。

後記

這份心情紀錄總共十八篇，我卻花了將近三個半月才完成。一開始回憶參加遴選的過程，情景歷歷在目，寫起來毫無困難；但當我回顧當選後所遭遇的各種攻擊抹黑，整個人彷彿跌進過去的深淵，情緒變得焦躁易怒，根本無法寫作。經過數星期的調適，我才突破心理障礙，重新提筆。

但不論多麼努力，我都無法用文字準確描述當時的心境。在行政、立法、司法和監察四權環伺，行政院多個部會分進合擊，加上媒體和網路鋪天蓋地地抹黑下，我的內心從一開始的憤怒和委屈，很快轉成挫折、消沉、痛苦和恐慌，有時甚至充滿絕望。我那時離身心崩潰只有一線之隔，對外卻仍得表現堅強，絕不向政治惡勢力示弱。最後我能勉強存活，真是上天的眷顧。

遴選事件對我身心造成的創傷，延續了好幾年。我在二〇一八年初驟減的五公斤多體重，大約兩年後才慢慢恢復。嚴重的睡眠障礙不僅使我難以入睡，勉強睡著後也常很快從睡夢中驚醒（好像被人用力搖醒），這種感覺痛苦極了。即使睡眠問題後來逐漸緩解，但直到今天仍不時干擾著我。

這些創傷還扭曲了我的個性。我本是不拘小節，平時喜歡開玩笑、講話詼諧的人。在政府工作的那幾年，這個性已讓我吃了不少苦頭。二〇一八年後，我變得更加提防別人（對某些惡劣的媒體更是避之若浼），不願多話，更不再開玩笑，直到近年才略為恢復本來面貌。這些都是不足為外人道的創傷後遺症。

讓我堅持下去、始終沒被擊倒的原因，除了家人的照顧，最重要的是外界的支持與聲援。陳維昭校長始終堅定立場，穩定了遴選委員會，才使得政治力無法為所欲為。臺大的眾多師生和校友，包括李嗣涔校長以及許多我認識與不認識的老師，他們持續而不間斷地發聲與行動，展現了臺大的力量，也為臺大守住了大學自治的底線。還有許多媒體工作者無懼於政治壓力，寫下大量的社論、專論和深度報導，金聲玉振，激濁揚清，在輿論上起了強大的匡正作用。

社會大眾也用各種方式向我傳遞他們的溫暖。他們有的是公車司機、計程車司機、航班空服員，有的是小吃店老闆、市場攤販、大樓警衛，也有公車和捷運同車的乘客，以及街頭偶遇的市民。他們的溫語問候，一聲「加油」、一句鼓勵，還有豎起的大拇指，都讓我感到無比安慰，知道臺灣畢竟還是一個有著公義的社會。對於這些支持的聲音和力量，我永遠感念在心。

二〇二一年初，我和好友夫婦騎自行車環島，到了墾丁之後，特別轉去鵝鑾鼻燈塔，這是我和內人當年蜜月旅行的地方。那時夕陽正好，我坐在燈塔旁的草地上，看著那片藍天和大海，突然感慨萬千。年輕時充滿理想，相信自己可以為臺灣做出貢獻，我在沒有人邀請或延攬的情況下，選擇放棄美國長聘教職返臺。回臺奮鬥多年，我總有各種忙碌的藉口，也從未再度造訪此地。我於是問自己，在付出了生命中最精華的二十七年後，是否到了該休息的時候？

環島行之後十個月，我反覆思考，也一再問自己這個問題。擔任校長的這幾年，我全心投入校務興革，在校內推動並落實了許多制度的改變，自認無負於遴選委員會的付託，以及眾多師生和校友的信任。我最終做了重大決定，在二〇二一年十月二十三日的校務會議上宣布「不尋求續任」，心頭如釋重負。這個決定出乎大多數人意料，也讓很多關心的老師感到失望；我無法向每一位朋友解釋，但希望他們能夠諒解。

卸任前寫下那段險惡歷程的心情紀錄，不為留名，「只留清氣滿乾坤」。

管中閔

二〇二三年十一月二十二日

附錄

附錄一

為什麼我想從改變高教做起（一）

二〇一七年十一月七日，於管中閔臉書

前幾天，為了準備臺灣經濟計量學會成立十週年的大會演講，不免回想起二十多年來推動經濟計量領域發展的歷程。當年返國之際，臺灣經濟學界還沒有計量這個領域，我就像隻身處於一顆新的星球、努力在腳下土地尋找希望。歷經十三年的努力，在學術界從培育學生能力、積累研究能量、推動論文發表、組織學術會議等一步步做起，經濟計量學會才逐漸成形。又經過十年的積累，我們終於將計量領域孕育成經濟學門的一方沃土。

回顧計量領域成長經驗時，我不免聯想到高等教育發展與變革的前途。當年從戒嚴到民主化時代，對於改革臺灣會有兩條路線之爭：社會改革路徑還是國家改革路徑？改革進程應該先社會後國家，還是先國家再社會？前者主張先深入壯大民間社會，由下而上對國家機器與體制進行變革；後者主張先進入國家機器與體制，由上而下對社會進行變革。在解嚴前後，先國家後社會的變革路徑成為那個時代的主流，於是臺灣的未來被託付在國家變革路線，也託付在中央到地方的國家機器。

然而整個臺灣變革的框架一直被選舉綁架，以致國家變革路線陷入窠臼。近年反建制的政治運動風潮，雖高舉新政治大旗，但幾次選舉後，終究還是被吸納到國家變革路徑的老路。過往主張國家變革路徑優先的主要立論基礎就是「快」，認為取得國家機器後，先進行國家政治變革，再由上而下進行社會變革，則相對快速有效。

經過三次政黨輪替後，我們不妨反思：由上而下的變革路徑真的比較快嗎？民間社會因此更進步也更強大嗎？如果答案為否，那麼我們，尤其是學術界與知識圈的朋友們，是否更該反思，如何回歸社會變革路徑，重新建立民間社會的力量，由下而上的推動臺灣整體變革？

如果從歷史脈絡中爬梳當下高教沉痾，我們會驚覺其中許多問題也是國家變革路線的歷史產物。當年政府的廣設大學政策，以及修憲時無厘頭的凍結了保障教科文預算的條文，都是今天高校經費困境的源頭；大學法幾經修正，反而箝制了大學自主發展與創新的動能。如今是一個快速變動的世界，臺灣競爭力的高低將取決於我們高教的成敗，所以高教必須積極回應轉型和創新的壓力。如果我們還是被動的等待國家機器由上而下領導變革，我們很快就會發現時不我予，而高教也將無法避免停滯，乃至落後的困境。

我回臺工作迄今二十三年，多數時間都在從事學術深耕與教育樹人的工作。站在這片土地、身為其中一分子，我從未停止思索，如何可以協助臺灣脫出當前茫然尋不見未來的困境。我曾短暫於政府服務，親身經歷過行政體制所受的束縛與侷限，更加體會由上而下的變革路線為何總難以奏功。如果回到由下而上的社會變革路線，我相信臺大是驅動高教改變，乃至臺灣社會變革，最具樞紐作用的具體場域。

參加臺大校長遴選，就是我決心改變高教，重建民間社會力量的起點。

附錄二

為什麼我想從改變高教做起（二）

臺大二〇二八——未來大學，驅動未來

二〇一七年十一月二十一日，於管中閔臉書

臺大校園剛歡度八十九週年校慶，但時代急迫的手已然高舉準備鳴槍，臺大沒有喘息的空間，必須迅速起身奔向未來。臺大該如何奔向下一個十年，奔向二〇二八的創校百年？而那時候

的臺大、或者臺灣的大學與高教，又該是什麼面貌？

決定參加臺大校長遴選時，我已思考並決定以「臺大二〇二八——未來大學，驅動未來」作為自己治校理念的主軸。

在現行體制與臺灣高教陳痾的羈絆下，臺大一直難以自主發展，近年更在教育、研究、創新等方面出現停滯現象。另一方面，全球化、數位科技與網路雲端這些新時代的浪潮，都對當代的學習與知識產生重大衝擊，也使得傳統的知識、學歷價值、與高教模式，都籠罩在不確定的迷霧之中。

現代大學結合教育與研究的面貌、乃至學習制度、學系和科別分界，這些概念主要源自兩百年前柏林大學的思維與設定；如今新時代的浪潮迎面撲來，全世界的大學都必須面對變遷與變革的考驗。美國史丹佛大學早於二〇一四到二〇一五年間即率先構思與創新，提出「史丹佛二〇二五」藍圖，打破了過去多數人對於大學和學習的認知窠臼，提出令人驚豔的大學前景。相對這兩百年來的現代大學概念，史丹佛二〇二五藍圖所企求構建的大學，我們不妨稱為「未來大學」。

史丹佛二〇二五藍圖展示著，未來大學的定位與兩百年前發展出來的現代大學不同，而是更開放也更能積極面對時代變遷的學習中心。史丹佛二〇二五從「未來學習」的破格思考，提出對未來大學的四個想像：一，從線性到開放環型的大學（Open Loop University）；二，有彈性的教育歷程（Paced Education）；三，翻轉軸心（Axis Flip）；四，有意義感的學習（Purpose Learning）。

著名的詩句在此特別貼切：「教育的本質意味著：一棵樹搖晃另一棵樹，一朵雲推動另一朵雲，一個靈魂喚醒另一個靈魂」。*

在未來大學，知識不再是過往依學系科別劃分的「套裝知識」，而是能不斷匯集來自社會的各種經驗知識。未來大學的教育應以學習者為主體，重視人本價值，教育的核心在於培養因應複雜變局的各領域人才。史丹佛二〇二五藍圖所描繪的，能否成為未來大學的濫觴或普遍標準，目前猶未可知。但它所揭櫫從「現代大學」走向「未來大學」的典範轉移，將是所有大學必須面對的時代新主流。

當前談及臺大或臺灣高教問題時，高教圈外熱議的是國際大學排名、畢業生就業競爭力排名等媒體話題，而高教圈內則多憂心於經費、學術評鑑、攬才留才、管理制度等高教競爭力問題。

---

* 作者註：詩句一般相信出自德國哲學家雅斯貝爾斯（Karl Theodor Jaspers）。

不同的高度有不同的視野。未來的臺大校長必須面對並解決這些制度面的問題，但未來的臺大校長不能僅在討論臺灣高教的同溫層之內思考，更要破格思考臺大與臺灣高教在下一個時代的發展藍圖，構思帶領臺大變革，邁向創校百年、邁向未來。

附錄三

為什麼我想從改變高教做起（三）亞洲旗艦計畫：國際名校進駐臺大

二〇一七年十一月二十七日，於管中閔臉書

一、現象

臺灣高教已出現崩壞現象，許多人卻彷彿毫無所覺。就像電影鐵達尼號上的貴族，深信鐵達尼號永不沉沒的神話，當船已撞上冰山，還安坐甲板上舒適桌椅、聆聽管弦樂隊的美妙樂聲。

臺灣高教已面臨全球化和少子化海嘯的衝擊。基於高教國際競爭力的考慮，許多家庭開始認為，與其讓小孩準備大學聯招，不如選擇送他們出國讀書。統計數據顯示，二〇一〇年後臺灣高中畢業生出國念大學的數字就快速增加，迄今已成長近兩倍半；這是清楚的警訊。在全球化和少子化巨浪的持續襲打下，臺灣高教將出現不可逆的階層出走，以及學生與教師的人才外流。這樣的整體崩壞，臺大無法倖免。

二、臺大的機會

歐美國際名校早已看見亞洲高教的需求，以及卡位亞洲區域經濟崛起的營運空間。亞洲國家以新加坡最極力爭取國際名校進駐設立分校，所以提出國家級政策：環球校園（Global Schoolhouse）計畫。但新加坡此一計畫並不成功，其主因在於，歐美名校營運講求資本邏輯，除了設立分校必須投入大量成本外，更重視投資報酬。這些歐美名校在亞洲設立分校的主力訴求客群還是在亞洲占有財富社經優勢的中國國際學生，他們一旦發現新加坡分校對向中國市場招生效益不彰，就會選擇退場，轉進其他地區（如香港）設校布局，例如芝加哥大學的 Booth 商學院。

亞洲高教市場的缺口就是臺灣的機會。臺大在高教上的確具有優勢，包括：對學術自由的尊重，華語的學習資源，接近主要市場（如中國大陸與東南亞），長期累積的國際合作經驗，以及成本與社會環境的優勢等，這些對國際名校都具有相當吸引力。臺大應該基於這些優勢，以宏觀的規劃來提升國際競爭力，爭奪亞洲高教市場，也緩解臺灣高教崩壞的現象。

三、亞洲旗艦計畫

亞洲旗艦就是爭取亞洲高教市場缺口與布局機遇的規劃。這個規劃以臺大和臺大系統（包括臺科大和臺師大）為資源平臺，爭取國際名校的深度合作，包括在臺大校地設立分校。這對強化臺大國際化、提高臺大國際競爭力，都會產生極大助益。

國際名校在臺大校地設立分校，達到相當規模後，會產生多面向效應，包含吸引國際人才，推高教學和研究品質，提升產業創新能力，從而提高臺大學術聲譽與國際競爭力，拉動亞洲優勢地位學生往臺大的垂直流動，也遏制臺灣學生向外流動的趨勢。這樣的機遇稍縱即逝；再過二，三年，當其他國家新一輪的布局完成，這個機遇將不復存在了。

附錄四
當選感言

二〇一八年一月五日，於管中閔臉書

感謝遴選委員們的支持與肯定。這兩個多月來，遴選委員們不辭辛勞地參與各場治校理念發表會、訪談及面試，我由衷地感佩。我也要感謝參與這次遴選的所有候選人，很榮幸與這些學界碩彥同臺，讓我學習他們的觀點、理念和風度。

對連署提名我的老師們，所有鼓勵、支持我的老師和同學們，我獻上誠摯的謝意。還有許多校外的的朋友們，透過各種管道表達支持，每一份心意、每一份力量，都是安定我心的暖流。

我相信，這次遴選所選擇的，並不是我個人，而是臺大與臺灣高教必須變革的起點。

為了踐行學術自由與大學自治之信念，我謹正式宣布，恪遵臺大校長遴選委員會組織及運作要點第十三點的規範；自即日起不參加任何政黨、黨派活動。

遴選已經落幕，臺大即將重新出發。我將拜會諸位學界先進前輩，請益學習，希望相連、攜手打造臺大的未來。

附錄五

馬克・吐溫〈競選州長〉，一八七〇年發表

二〇一八年三月二十二日，於管中閔臉書

想擺脫這種攻擊，簡直沒有辦法。深感羞辱之下，我準備要「答復」那一大堆無稽的指控和那些下流惡毒的造謠。

可是我始終沒完成這個工作。隔天早上，又有一個報紙刊出一個新的恐怖事件，再度惡意中傷，嚴厲控訴我燒毀了一個瘋人院，院裡的病人全被燒死了，只因它妨礙了我的住宅的視野。這使我陷落恐慌之中。

然後又來個控訴，說我曾為奪取叔父的財產、把他毒死了並提出緊急要求，要開挖墳墓驗

屍。這簡直把我嚇到快到發瘋。

這一切還不夠呢，又給我按上一個新的罪名，說我在棄嬰收養所當所長的時候，曾經雇用了一些掉光牙齒、老邁無能的親戚擔任烹飪工作。我開始動搖了，一一動搖了。

最後，黨派相爭的仇恨加到我身上的無恥迫害，終於很自然發展到了高潮：九個剛學走路的小孩子，包括各種膚色，帶著各種窮形盡相，被教唆著在一個公開的集會上闖到講臺上來，抱住我的腿，叫我「爸爸！」

我放棄了競選。我偃旗息鼓，甘拜下風。我夠不上紐約州州長競選所需要的條件，於是我提出了退出競選的聲明；因為滿懷懊惱，信末簽署的落款：「你的忠實的朋友——從前是個正派人士，可是現在成了偽證犯、小偷、盜屍犯、酒瘋子、舞弊分子和訛詐專家的馬克吐溫。」

謝謝 Alex Tseng 分享。

附錄六

我們必將贏回大學自治

二〇一八年四月二十八日，於管中閔臉書

二〇一八年四月二十七日是臺灣高等教育的一個轉折點，臺灣大學的校史，以及中華民國的歷史，都將記下這個日子。

就在這一天，教育部否定了臺灣大學校長遴選委員會於今年一月五日合法選出的新任校長資格，既無視一月三十一日遴選委員會針對校長遴選結果所做「毫無疑義」的決議，更漠視三月二十四日臺大臨時校務會議對於質疑遴選過程的提案所做「擱置」的決議。這是臺灣爭取大學自治歷程中的重大挫敗，教育部的這項決定也將因違法踐踏大學自治而被載入史冊。

從一月十日臺大函請教育部聘任新校長開始，在長達一百零七天的期間內，教育部在行政上荒腔走板，令人駭異。教育部配合部分媒體，一再以「據報載」為理由（最近一次甚至列出高達四十九項傳言），反覆質疑臺大的遴選程序與結果。教育部既不願採納臺大的調查結果，以及第三方的正式函覆說明，反而羅織罪名來否定臺大合法的遴選結果；如今更自居司法官，未審即判定校長當選人有「違法」事證。教育部種種作為，能不「外慚清議，內疚神明」嗎？

過去三個多月，為了阻止教育部發聘，各種對我個人無所不用其極的抹黑，鋪天蓋地的襲來。這些不實指控不僅企圖毀滅我的人格與尊嚴，更在學界與社會塑造了恐懼的氛圍，使許多人對這種不公義的現象噤若寒蟬。面對一波波的媒體攻擊，我多數時候沉默以對。但沉默不代表默認，清白也不能由自己口述；我選擇的是讓校方的調查與事實證明謠言的錯誤。我相信臺大過去的老校長們，也絕不屑於與污衊他們的人互擲泥巴，互噴口水，甚至相互扭打。

有學校老師問我，在面對持續數月的毀滅式攻擊時，我是否曾經感到害怕？Yes,「most terribly」*，我的確因此而身心俱疲。但我也知道不能因為龐大壓力而放棄，更不能在威脅恐嚇下低頭。我若放棄，多年來學界前輩們努力爭取的大學自治就將成為泡影；我一旦低頭，社會或許就此萬馬齊喑，重新墜入威權的深淵。所以我的堅持從來不是為了校長這個職位，而是為了大學自治得以延續，以及臺灣曾經信仰的公義、正直和誠信能夠伸張。

政府的權力或許可以阻礙學校的決定，但不能改變我們捍衛大學自治與學術自由的決心；政府或許可以恣意濫用權力於一時，但終將無法逃過人民和歷史的審判。在這個關鍵時刻，我將和臺大師生站在一起，面對威權，絕不妥協，堅持保衛臺灣大學九十年來的光榮傳統。

我們必將贏回大學自治，臺灣大學也將因此屹立不搖。

---

* "most terribly" 借用自電影 "Darkest Hour" 的對白。

附錄七

面對自滿年代的臺大校訓——給畢業生的話語

二〇一八年六月十日，於管中閔臉書

在今天這個特別的日子，我謹藉著小小的臉書版面，向各位畢業的同學說聲恭喜。

傳統的學院畢業典禮會舉辦「撥穗禮」。在學位授與的儀式中，畢業生頭頂四方帽，帽上垂下的流蘇位於自己的右邊，授位人——通常是校長——將流蘇撥到左邊，表示學生圓滿完成學業，得到相當的學位。從右到左的撥穗，意味著求學者的思想從青澀到成熟（如同稻穗或麥穗的成熟），撥穗之後則將具備進步、批判、改革的思想能力。尼采曾說「謙遜基於力量，傲慢基於無能」。愈飽實的稻穗腰彎得愈低。基於力量的謙遜，應該是一個人裸命面世，從接受命運、承擔命運到改變命運，最關鍵的德行之一。

文學家石黑一雄在二〇一七年諾貝爾文學獎得獎演說〈二十世紀夜〉中指出，回頭來看，自柏林圍牆倒塌以來的年代，似乎是自滿的年代、是錯失機會的年代。「如今極右派意識形態，和部落式民族主義不斷滋生擴展。種族主義以它過去的形式、以及如今更新版、更方便於行銷的形式再度興起，它有如深埋地底的怪獸，在我們文明的街頭底下騷動。」石黑一雄沉重地說，「如今我們似乎欠缺進步的訴求可以把我們團結在一起」。

的確，科技的進步和許多觀念的轉變，都在拉開不同世代間的差距。不少學者稱一九八〇年後「銜著滑鼠出生的一代」是「數位原生代」(digital natives)，而二〇〇七年後「銜著智慧手機出生的世代」，再十年後、也就是臺大創校百年時，也將從這個校園畢業。在一九九〇年代中期出生的你們，剛好位於這兩個世代之間，未來必將成為兩者間的橋梁、扮演承先啟後的歷史角色。面對信任崩壞、分裂混亂的自滿時代，如何重建社會信任機制，跳出相互仇視、相互牽制羈絆的螺旋困境，把所有在臺灣的人重新團結在一起，將是你們未來最主要的任務。

一九四九年傅斯年校長留下臺大校訓：「敦品、勵學、愛國、愛人」。我過去心裡總縈繞一個念頭，如何在當前這個自滿而又混沌的時代，讓校訓這八個字能夠「與時俱進，其命維新」，仍然成為新世代臺大人的精神資產？我認為，「敦品勵學」所展現的就是「基於力量的謙遜」，勵學以蓄積力量，而敦品方能謙遜；「愛國愛人」的基礎則是「社會信任機制」，唯有信任方能愛人，能夠重建（或維繫）這樣的信任機制才是真正的愛國。這兩點，不只是我對當前環境與這個時代的反思，我相信也會是未來新社會乃至新科技的核心價值。

校訓的八個字早已賦予了臺大人與眾不同的精神內涵。我在此刻重新詮釋校訓的意義，就是希望提醒所有臺大人，不會忘記自己對這個社會與時代無可替代的責任。以上一些想法，謹此敬贈各位畢業同學，並祝願大家未來出類拔萃，超邁群倫。

附錄八

臺灣人民與臺灣民主的勝利

二〇一八年十一月二十二日，於管中閔臉書

選前兩天，很多人對選舉感到焦慮，也有人關心我選後的考量會是什麼。即使投票尚未開始，我其實已經看到選舉結果。我看到的不是當選的名單（我沒有這種神力），但我看到了甦醒的人心，澎湃的民氣，以及浩浩蕩蕩的人民力量。

民主在臺灣並未崩壞。臺灣的主流民意仍然堅持民主法治，所以人民唾棄知法玩法的政黨鷹犬，反對不公不義的政權，更反對完全執政、完全貪婪的當權者。選舉結果將再次證明：臺灣人民與臺灣民主的勝利。

如同臺灣的主流民意，臺大的主流民意就是反對迫害校園民主與堅持大學自治。也如同這次選舉結果一樣，臺灣的校園民主與大學自治一定會獲得最後勝利。在堅持守護臺灣校園民主的這條路上，請與我繼續同行。

楊牧一九八八年的詩：

我秘密的湖泊錚鏗
解凍，雷鳴加速
水色澄清（初識
之眼）悠然波動了，只見一叢多辮
大紅花在風裡盛放，有情，集中
複沓，如劫後的歌

附錄九

校長交接典禮致詞

二〇一九年一月八日

臺大一向是臺灣最耀眼的一座冠冕。九十年來，不論臺灣社會如何變遷，政治經濟如何起落，臺大始終是匯聚人才、引領臺灣進步的樞紐。在國際社會眼中，臺大既是亞洲學術研究的重心，也是一貫堅持學術自由的殿堂。近年來，臺大（如同臺灣本身）面臨了許多前所未有的衝擊，競爭力下滑，昔日的光榮似已褪色；如何回應衝擊，重振臺大聲威，正是校內外許多人最關心的事。

一年多前參加校長遴選時，我於是問自己：作為一個校長，除了被動的規劃一些因應策略，我們是否還能有更主動和前瞻的思維？因此，在治校理念的報告中，我提出了「臺大二〇二八，邁向創校百年」藍圖，從空間和時間的軸線上，指出兩個主要發展方向：「國際化」與「大學轉型」。

在「國際化」方面，我強調透過更廣泛的深度國際連結，強化臺大在亞洲高教市場的優勢地位，以確保臺大的國際競爭力，徹底擺脫臺大被邊緣化的可能性。「國際化」雖是老生常談，但近年往往名不符實，我們也逐漸喪失了在國際學術場域中的地位。擴張臺大的國際連結，確保臺大的研究與教學與國際同步，將是我們的當務之急。

如今科技顛覆世界，數據資訊和創意思考已經改變了我們的生活，教育沒有理由還停留在過往的舒適圈中，「不知有漢，無論魏晉」。作為有九十年光榮傳統的臺大，作為持續引領臺灣進步的臺大，我們不能不重新檢視大學教育的內涵與形式，探索未來教育的各種可能性。推動「大學轉型」，既是創新，更是為了確保臺大的研究與教學能與時代同步，在創校百年時仍然能夠領袖群倫。

除了「國際化」與「大學轉型」兩大發展方向，我也期盼為臺大的學術生態與學習環境帶來新氣象。老師是臺大最重要的資產。臺大的學術生態應該更多元，讓老師們潛心追求創新與突破，真正「貢獻于宇宙的精神」，而不是將他們束縛在論文數量的緊身衣中。臺大更有責任讓老師們得以安身立命，心無旁騖的倘佯在學術樂土之上。這些都是我對老師們的承諾。

學生代表著臺大的未來，更是臺灣的希望所繫。我期盼我們的教育，從通識到專業，都能為學生們開啟許多面向國際，面向時代的窗戶。從追求經濟發展的年代走過，我們的學生將不再為工具而學習，而是能體認生命意義，追求創意創新，盡情揮灑心智的有識之士。若能做到這樣，我們方能無愧於臺大的先賢前輩。

我母親於七十年前進入臺大工作，一輩子是教務處一位基層職員，直到退休。母親曾一再說：臺大照顧我四十五年，我永遠感恩；正因為有臺大的照顧，我才能出生於臺大醫院，之後順利成長。而我年少荒唐，沒有機會進入臺大就讀，這曾使我父母親非常失望。我後來離開美國教職回到臺大，勉強算是還了父母的一點兒心願。

回臺二十五年後，我竟然有機會出任臺大校長。在許多人眼中，或許認為這是學術生涯中最重要的里程碑，但於我個人而言，這個職位還有生命中的另一層意義，就是我此生結緣臺大、報恩還願的機會。我視此為我的「一生懸命」，只有全力以赴，絕無反顧。

這個交接典禮得以實現，我要向許多人表達最由衷的謝意。謝謝遴選委員會（尤其是召集人陳維昭校長），臺大校務會議的代表們，許許多多臺大老師、同學和校友們，以及社會前輩與朋友們，在過去一年來對大學自主的堅定支持。我也要對郭代校長與行政團隊在過去一年的艱困局面下維持校務正常運作，表示最大的敬意與謝忱。我更要謝謝我的家人，他們始終站在我身邊，鼓勵我，也支持我，我才能走到今天。

最後，我想借用美國前總統詹森（Lyndon Baines Johnson）的幾句話作為今天講話的結尾：「Yesterday is not ours to recover, but tomorrow is ours to win or to lose.」的確，明天才是我們奮鬥的戰場。傅鐘在前，我將追隨臺大過去老校長們的腳步，與臺大所有老師和同學們共同努力，推動臺大持續向前，直達更輝煌的未來。

附錄十

管中閔公懲會聲明

二〇一九年七月二日，於管中閔臉書

我今天懷抱著對司法的敬意出席司法院公懲會的準備程序庭，希望在司法前面捍衛自己清白。

我之所以必須站在這裡，源頭就是去年一月五日臺大校長遴選委員會的遴選結果。若非這個結果不為少數有權勢者所喜，怎麼會有長達一年、對我鋪天蓋地的政治抹黑？怎麼會有立法院以「退回預算」來要求教育部不接受遴選結果？怎麼會有教育部對遴選結果的多番刁難？怎麼會有兩次針對我個人的「跨部會諮詢專案小組會議」？怎麼會有臺北地檢署的傳訊？又怎麼會有後來監察院的調查？監察院今年一月十五日通過的彈劾，不過是所有政治追殺都不成功後的另一次迫害。

新的政治迫害就是以「深文周納」與「羅織構陷」來入人於罪。首先，為了尋找違法證據，這群迫害者從國稅局調取我近二十年的所得稅資料，逐筆檢視，並要求各個單位交代與我的來往細節。這包括我未擔任公務人員的時期，根本非監察權行使範圍，而公開這時期的資料更嚴重侵犯我個人隱私。即使這樣「上窮碧落下黃泉」，迫害者們能找到的所謂「證據」也只有我撰寫社論的稿費收入而已。但他們援引各種特殊觀點與論述，「深文周納」，企圖論證撰寫社論違反了「公務員禁止兼職」的規定。律師們對相關法律見解會有清楚的說明，我不在此重複；以下僅列舉一些事實，敬請公懲會和大眾公裁。

先說「兼職」。過去什麼人曾認為媒體外部人員受邀撰寫社論是「職」？如果根本不是「職」，豈有「兼職」可言？媒體前輩王健壯先生在六月十六日的一篇評論中說：「媒體邀人寫的稿件，屬於外稿，寫外稿的人並不屬於媒體編制內人員，除了稿費，寫外稿的人也並不享有編制內人員應有的薪資福利待遇。也就是說，被媒體邀稿的人，在媒體內既無薪也無職，監委以管中閔『兼職』違法而彈劾，根本是不知媒體組織運作為何物，典型的莫須有入人於罪」。

其次，彈劾文指控我所寫社論「涉及職務」，所以「違法」。監察院一〇七年十二月二十五日的調查筆錄中明確記載，國發會與行政院相關人員檢視這些社論後表示：「與國發會職掌無直接關係」(頁二)；從政務委員的法定職務來看，「週刊內容與其職務沒有連結性」(頁三)；「專欄內容當初由行政院業務單位幫忙認定，經檢視和其負責的法案無關」（頁四）。然而彈劾文無視這些證詞，卻在毫無事實基礎上斷言這些社論不可能與我的職務「全然無涉」。彈劾文中更以各種方式猜測或推算我所寫的社論篇數和每篇稿費等，作為其論述基礎。這些罔顧事實的指控，就是「羅織」，就是「構陷」。

經歷超過一年的政治迫害後，我必須沉痛指出，如果今天大家容許這種深文周納和羅織構陷的政治迫害，將來任何人都可能遭受同樣不公義的對待。MLK（金恩博士）的一段話值得我們深思：「The ultimate tragedy is not the oppression and cruelty by the bad people but the silence over that by the good people.」（最終極的悲劇不是壞人的壓迫與殘酷，而是好人對此的沉默。）我今天以敬謹之心出席準備程序庭，期待司法能澄清與匡正不實指控，社會正義之聲能對不公義加以譴責，更希望我是遭受這些政治迫害的最後一人。

附錄十一

公懲會最終陳述

二〇一九年八月十九日，於管中閔臉書

首先，依據準備程序庭證人的證詞，以及前面引述媒體的相關評論，我要再次強調：受媒體邀請投稿，本就不是「職」。既不是「職」，就無「兼職」可言；既非「兼職」，自無「違法」。除了今天律師們提出的法律見解外，懇請庭上也能審酌以下幾點。

一、監察院當初是基於我有什麼重大犯罪嫌疑，而必須清查我近二十年的個人所得資料，並要求各單位詳細交代與我來往的細節？這種抄家式的清算，算不算濫權？

二、監察院為什麼可以在提出彈劾時隱匿行政單位在監察院的證詞？然後在毫無事實基礎之下，僅用臆測就入人於罪？這樣的羅織構陷，算不算濫權？

三、報刊社論代表社方立場，向不署名，何來匿名之說？監察院又為什麼可以任意向媒體洩漏我投稿的刊物名稱？個人資料保護法已公布二十四年，為什麼監察院可以向媒體洩漏包括我所得資料的個資？這樣侵害我的自由與隱私，算不算違法？

監察院濫權違法所為，就是政治迫害；由此得出的彈劾決定，根本不應成立。而以政治迫害來干涉大學自主，企圖摧毀大學校長遴選當選人的人格與公信，更是七十年來所僅見。

我一介書生，面對政治迫害時毫無所恃，可寄望者唯有司法的公正。禮記儒行篇說：「儒有可親而不可劫也，可近而不可迫也，可殺而不可辱也」。我敬謹出庭，力爭清白，希望庭上與大家能了解：今之儒者，依舊不可以勢劫，不可以力迫，亦絕不受辱。

臺灣大學校長遴選大事記：二〇一七至二〇二〇年

二〇一七

三月十八日　楊泮池校長突於校務會議宣布任滿後不再續任。

六月二十四日　臺大臨時校務會議選出校長遴選委員（教育部指派：姚立德、鄭瑞城、鄭淑珍；行政會議代表：彭汪家康、梁次震、蔡明興；校友總會推薦代表：陳維昭、蘇慧貞；教師與校友代表：陳弱水（後為徐富昌），劉緒宗、沈冠伶、黃長玲、袁孝維、何弘能、李琳山、廖俊智、梁賡義、周筱玲、黃鵬鵬；行政人員代表：洪泰雄；學生代表：林彥廷）。

八月一日　校長遴選公開徵求推薦。

九月十二至十六日　三峽之行：九月十二日武漢飛重慶，九月十三日上船，途中接到電話希望回臺後再一次討論參選校長之事；九月十六日晚上回臺。

九月十七日　下午與臺大老師們見面，最終**同意參選**，推薦人於九月二十九日送件。

十月二日　校長遴選推薦截止。

十月二十日　遴選委員會確定八位候選人（周美吟、王汎森、張慶瑞、陳弱水、陳銘憲、吳瑞北、吳誠文、管中閔）。

十一月二十九日　**治校理念報告**（下午六點至七點二十五分，第一會議室），題目為「臺大二〇二八——未來大學，驅動未來」。

十二月十日　**遴選委員會面談**（下午三點四十五分至五點四十五分，第二會議室）。

十二月十八日　國家講座頒獎典禮（上午九點半至十一點半，蔡英文頒獎）。

十二月十九日　晚上學生會「校長給問嗎？」（第一活動中心，下午六至九點），題目為「臺大，我們的小角落」。

十二月二十二日　學生會「學生意向投票」，四位候選人通過三分之一門檻（周美吟、王汎森、陳弱水、管中閔；有效票一千一百四十票）。

十二月二十三日　校務會議投票，五位候選人通過三分之一門檻（周美吟、陳弱水、張慶瑞、陳銘憲、管中閔）。

十二月二十五日　臺大醫院眼科白內障手術前檢查（下午四點半）。

二〇一八

一月三日　臺大醫院白內障手術。

一月五日　晚上八點左右，**陳校長通知當選臺大校長**。

一月七日　當選校長後第一次記者會（人性空間）。

一月七日　**攻擊發起**：遭媒體質疑擔任獨董時，遴選委員蔡明興為副董事長，但於遴選投票時未利益迴避。

一月十日　臺大將校長遴選結果報請教育部聘任。

一月二十四日　**第二波攻擊**：立法院

一月二十四日　民進黨團與時代力量黨團提出主決議，要求教育部在「遴選委員會釐清疑義，否則不得進行後續聘任作業」。

一月二十四日　義美食品總經理高志明發表聲明，要求管中閔未上任前「主動婉謝推薦」，並說：「出師已捷，證明謀略超凡，夠了。」

一月二十五日　立法委員柯建銘要管中閔「自行婉拒聘任」，「不然不死也半條命」。

一月二十六日　民進黨團撤回主決議提案。

一月二十九日　時代力量黨團撤回主決議提案。

一月二十五日

第三波攻擊：民進黨立委張廖萬堅、何欣純、蘇巧慧舉行記者會指控管中閔論文涉嫌抄襲。

一月二十六日

臺大誠信辦公室調查後發布聲明：「此論文並非已經完成之正式論文，非屬臺大『違反送審教師資格規定及學術倫理案件處理要點』之規範或處理對象，故決議不予立案調查。」

一月二十六日

臺大師生發起連署，抗議政治力介入，孫震與李嗣涔等前校長均加入。

一月三十一日

臺大校長遴選委員會決議：「本會自成立至今，作業程序皆依相關法規辦理。本會確認一〇七年一月五日管教授之當選資格，並無疑義。」所有與會之遴選委員，皆於會議紀錄上簽名確認。

二月一日

原訂校長就職日。

二月三日　學生請客於極品軒，晚上發生心臟絞痛現象。

二月八日　感覺眼睛不對（眼前有積水現象）。

二月十二至二十七日　左眼視網膜手術：二月十二日上午檢查，下午手術（二月十六日大年初一），住院至二月二十七日。

二月二十一日　臺大師生遊行，教育部請願。

三月一至五日　眼科回診，第二次手術並住院。

三月十六日　媒體開始指控違法在大陸兼職兼課。

三月二十四日　**臺大臨時校務會議**，物理系主任張顏暉主張：在選舉結果未公布前就討論選舉過程是否適當，是違反民主制度的作法。結果五項提案均遭校務會議表決「擱置」。*

四月十日　**教育部第一次跨部會會議**：「管中閔教授赴大陸地區從事學術交流等活動適法性疑義諮詢會議。」會議重點是根據各項報載問題，討論是否違法（參加者包括：法務部次長蔡碧仲，陸委會副主委邱垂正，副人事長蘇俊榮，學者：吳茂昆、周志宏、賴鼎銘）。

四月十四日　**教育部長潘文忠辭職**。

四月十六日　行政院宣布由吳茂昆繼任教育部長。

四月十八日　臺北地檢署通知暫緩傳訊（四月十七日之前數度致電系辦公室，要求回電安排訊問）。

四月十九日　吳茂昆就任教育部長。

四月二十五日　**教育部第二次跨部會會議**。會議重點轉為遴選程序是否違法。

四月二十七日　**教育部駁回臺大遴選結果**，要求「重新回到校長候選人推薦資格初審階段，並依序完成三階段程序」。

四月二十八日　「中華民國國立大學校院協會」聲明：「基於大學自治精神，政府不應干預遴選結果」。

四月二十八日　臺大學生蕭智鈞等人發起「黃絲帶運動」。

四月二十九日　「中華民國私立大學校院協進會」聲明：「臺大校長遴選爭議的負面發展，

＊作者註：張顏暉表示，選舉後依法公布結果是選舉制度的基石。在選舉結果未公布前，討論選舉過程是否恰當，或是否應組成一個調查委員會，都是極為違反民主制度的作法，此例一開以後臺大任何選舉都有人可以援例聲稱，在某些事未獲得澄清前不得宣布選舉結果，那臺大校園以後將抗爭不斷永無寧日。

是大學自治有史以來最黑暗的時刻。本會對於教育部就本案未能依法行政，不尊重大學自主的舉措，實難認同。」

四月二十九日　清華大學前後四任校長（劉兆玄、劉炯朗、陳力俊、賀陳弘）、清大教師會，以及五位中研院院士清大教授等共同發表「清華宣言」，要求：「撤換教育部長，並收回此次臺大遴選事件的成命。」（宣言後刪除「撤換教育部長」。）

四月二十九日　**第二次記者會（人性空間）**。

四月三十日　臺灣大學系統發表聲明，呼籲教育部尊重校長遴選結果。

四月三十日　手術後恢復上課。

五月四日　**臺大新五四運動**。

五月十二日　**臺大臨時校務會議決議：「教育部應依《大學法》等規定，處理本校之校長遴選結果，盡速發聘。」**（七十六比四十三，空白三票，廢票兩票）

五月十三日　呂秀蓮與張善政共同發布「不是挺管，是挺法治」的聲明，要求教育部盡速依法聘任臺大校長。

五月十三日　再次與媒體聚會，呼籲蔡英文在就職週年前設法弭平這場政治風暴，並呼籲大家捐款支持臺大。

五月二十九日　**吳茂昆辭職，在任僅四十天。**

六月四日　臺灣大學向教育部提起訴願。

六月五日　管中閔向教育部提起訴願。

六月六日　經陳菊安排，蔡英文於官邸密會陳維昭與王金平，**雙方「會談並無交集，不歡而散」**（陳維昭回憶）。

六月十日　臺大畢業典禮，無法出席，但下午在財金系小畢典致詞。

七月三日　中央研究院院士會議討論人文組王德威院士等人提案：「有關國立大學校長遴選制度與遴選結果，請教育部遵照《大學法》規定及精神，執行校長聘任事宜。」會議出席一百三十八人，擱置動議僅得到四十四票被否決，人文組提案最終以八十票通過。

七月六日　「全國大學自主聯盟」成立（包括全臺十四所大學），李嗣涔前校長主持國際記者會。

七月十六日　葉俊榮就任教育部長。

七月二十一日　美國南加州臺大校友會第四十五屆年會（洛杉磯）演講，題目為「臺大新價值，臺灣新意志」。

八月二日　臺大校長遴選委員會聲明：「本會在回顧所有遴選程序並了解教長所關切之議題後，再次籲請教育部應盡速依法聘任管教授為臺大新任校長。」

八月十二至二十日　蔡英文「同慶之旅」訪問巴拉圭與貝里斯，去程過境美國洛杉磯，返程過境休士頓。

八月十二日　美南臺大校友聯誼會演講（休士頓），題目為「變革：從臺大出發」。

八月十三日　美南臺大校友聯誼會演講（奧斯汀），題目為「變革：從臺大出發」。

八月十八日　北美校友會聯合會演講（聖克拉拉），題目為「變革：從臺大出發」。

九月十一日　第十三屆臺港論壇演講，題目為「驅動臺灣：未來經濟策略與未來大學」。

九月二十七至二十八日　眼科手術，再住院一天。

十月一日　臺大中文系演講，題目為「我的文學啟蒙與夢想」。

十月五日　**監察院第一次約談（九月二十五日通知）**，因眼疾請假不出席。

十月八日　嘉義市議會演講，題目為「臺大新價值，臺灣新意志」。

十一月五日　雲林縣議會演講，題目為「臺大新價值，臺灣新意志」。

十一月十日　泰國臺大校友會演講，題目為「變革：從臺大出發」。

十二月十日　出席施明德新書《能夠看到明天的太陽》發表會，並上臺致詞。

十二月二十四日　**葉俊榮主持「臺大校長遴選進度說明記者會」**，宣布「勉予同意」臺大校長聘任案。

十二月二十五日　**葉俊榮辭職**。

十二月二十五日　監察院第二次約談（十二月十九日公文），以此時「不適宜」，請假不出席。

十二月二十八日　行政院訴願審議委員會裁定教育部與管中閔的訴願不成立。

十二月三十一日　李遠哲偕多位院士拜訪蔡英文，對同意聘任管中閔表達不滿。

二〇一九

一月四日　監察院第三次約談（二〇一八年十二月二十五日公文），因即將上任而請假不出席。

一月八日　**就任臺大校長**。

一月十五日　監察院通過彈劾（七比四，贊成者：陳師孟、田秋堇、方萬富、林盛豐、瓦歷斯・貝林、張武修、楊芳婉；反對者：王美玉、劉德勳、章仁香、江明蒼。提案委員：王幼玲、蔡崇義）。

七月二日　司法院公務員懲戒委員會公開審理彈劾案，準備程序庭；合議庭：石木欽（公懲會委員長兼審判長）、廖宏明、吳景源、張清埤、黃梅月。

八月十九日　司法院公務懲戒委員會彈劾案言詞辯論庭。

九月二日　司法院公務懲戒委員會判決「申誡」一次。

二〇二〇

十一月三日　地檢署十月二十六日公文指：管中閔被檢舉共九案，各案「經查均與事實不符，無犯罪嫌疑」，所以全數「簽准結案」。

註釋及參考資料

1. 〈李遠哲暗助中研院院士　對決臺大幫爭校長〉，《鏡傳媒》【臺大校長爭奪戰】系列報導，二〇一七年十一月八日，https://www.mirrormedia.mg/story/20171107inv001/。
2. 同前註。
3. 〈有望當首位女校長　北一女狀元備受矚目〉，《鏡傳媒》【臺大校長爭奪戰】系列報導，二〇一七年十一月八日，https://www.mirrormedia.mg/story/20171107inv002/。
4. 〈大砲爺們　管中閔十大經典語錄〉，《ETtoday 新聞雲》，二〇一五年一月三十日，https://finance.ettoday.net/news/461008。
5. 〈管中閔掌臺大　教部期許當高教領頭羊〉，《中央社》，二〇一八年一月五日，https://www.cna.com.tw/news/ahel/201801050336.aspx。
6. 同前註。
7. 〈臺大創校以來第二位經濟學校長，管中閔為什麼突圍出線？〉，《天下雜誌》網路版，二〇一八年一月五日，https://www.cw.com.tw/article/5087431。為保持引述內容真實性，保存全文如下：

管中閔當選臺大新任校長，打破了過去由醫學院和理工學院輪流擔任校長的慣例，成為第二位出身經濟學者的校長。這次管中閔為何能出線？

臺大校長經過長達兩個月的遴選過程，大爆冷門，由前經建會主委、臺大財務金融系教授，同時也是中研院院士管中閔獲選，成為新的臺大校長，不但打破過去多年由醫學院和理工學院輪流擔任校長的慣例，也成為臺大創校以來繼孫震之外，第二位出身經濟學者的校長。

根據《天下雜誌》所獲得內線消息，五位候選人中經過投票有兩人進入最後決選。除管中閔之外，另外一位為資訊網路與多媒體研究所教授陳銘憲，但因為管中閔獲得關鍵的企業票，包括富邦金控董事長蔡明興、廣達電腦總經理梁次震、元大期貨總經理周筱玲的票，才能在最後決選中脫穎而出。在二十一位遴選委員中，管中閔在二輪投票均獲得關鍵的過半票數十二票。

雖然五日進入遴選最後階段，但似乎管中閔都不抱期待，還到醫院接受白內障手術，晚間八點獲知消息後，他在臉書上表達感謝之意，「我相信，這次遴選所選擇的，並不是我個人，而是臺大與臺灣高教必須變革的起點」。

管中閔同時宣布，為了踐行學術自由與大學自治信念，他將恪遵臺大校長遴選委員會組織及運作要點第十三點的規範；自即日起不參加任何政黨、黨派活動。

打破醫學院和理工學院輪流擔任校長的慣例

前臺大校長楊泮池從去年六月卸任之後，臺大啟動校長遴選機制，共有八人通過資料審查，並獲得遴選委員三分之一委員的推薦票，經過治校理念說明會、訪談等程序後，其中五位候選人達到校務會議推薦門檻，進入最後一關，包括張慶瑞、陳弱水、周美吟、管中閔和陳銘憲等五人。

原本預料分別代表臺大幫和中研院派的張慶瑞、周美吟都有機會，但經過校務推薦投票，陳弱水的不同意票最少，因此被認為呼聲最高，而在學生中不論是臺大學生會或是研究生學會，也都對陳弱水有所期待，不料在最後遴選會議的二輪投票中卻爆出大冷門，竟然由管中閔出線。

至於為何會是管中閔？由於二十一位遴選委員都簽訂保密條款，因此沒有人願意說明，僅由遴選委員會召集人陳維昭對外說明，和管中閔同時進入第二輪投票有另一位候選人。

事實上，根據《天下雜誌》所獲得消息，這和臺大內部的派系鬥爭有關。自一九九三年同樣出身經濟學者的孫震卸任之後，臺大多年來由醫學院和理工學院輪流掌舵，如前校長楊泮池之前為電機系的李嗣涔，而在李嗣涔前為出身醫學院的陳維昭。

管中閔出線，派系平衡的結果？

在楊泮池下臺後，仔細檢視這次參選人背景，卻少了掌握至少十六年臺大校長位置，也是校內實力最雄厚的醫學院，這是繼陳維昭和楊泮池之後第一次出現的「權力真空」，因此外界多以為張慶瑞最有可能接手。管中閔會躍出檯面，最有可能是派系平衡之下的意外結果。

「我也看不出到底出了什麼事，但問題絕對是出在臺大校內。」一位不願具名的遴選委員透露。

另有一位遴選委員則語重心長地說，競爭很激烈，期盼管中閔當選之後要全心做臺大的校長，「畢竟臺大現在搞成這樣，未來的校長很有挑戰，像是國際排名往下、經費不足需要多募款等等，」總而言之，「管中閔不是在順境中當選的校長」。

管中閔在治校理念說明會中，曾經提出「亞洲旗艦計畫」，這樣的願景打動不少學生。他說，國內現在出現每年以平均二十%的速度在增長，高中畢業生到國外念大學，最終將造成臺灣不可逆的階層出走。

管中閔的策略是「亞洲旗艦」，當亞洲的高教需求強勁，國際學生流動增加，這就是臺灣可能有的機會。

針對亞洲高教市場的變動，他認為，許多國家都極力開發或爭取高教市場，他認為應該以國際化方式來回應臺灣高教市場，同時爭取國際名校的深度合作，從學程到合作成立學院到成立分校，成立和時代社會變遷同步的學習機制，從而培養能因應未來的領導和中堅人才。

管中閔也是少數非臺大畢業的校友，卻擔任臺大校長。他畢業於文化大學，在美國加州大學聖地牙哥分校取得經濟學博士學位，曾任國家發展委員會主任委員、經濟建設委員會主任委員、行政院政務委員等職，同時也是中研院士和世界科學院院士，現任臺灣大學財務金融系講座教授。

8. 〈當選臺大校長，管中閔：眼珠子都快掉出來〉，《風傳媒》，二〇一八年一月七日，https://www.storm.mg/article/382241。

9.〈呼聲高的陳弱水被操作成李遠哲派　反綠反李集中投管〉，《自由時報》，二〇一八年一月七日，https://news.ltn.com.tw/news/focus/paper/1166588。報導內容節錄如下：

臺大財金系教授管中閔以黑馬之姿，獲選臺大校長，據知情人士透露，前天校長遴選委員會投票過程中，歷經二輪三次投票，管中閔才勝出，從最後十二比九的票數分析，管掌握到三票企業界代表票數，成為勝出關鍵。

臺大校長選舉分為兩階段，去年底校務會議一百七十三位代表先針對八位候選人進行推薦投票，獲得三分之一（五十八票）推薦者，進入最後一輪。

當時五位跨過五十八票推薦門檻的人選中，管中閔開出的不推薦（反對）票數高，高達六十一票，比中研院副院長周美吟的不推薦卅七票、前文學院院長陳弱水不推薦卅票、前代理校長張慶瑞不推薦四十五票，「多很多」，僅電資學院院長陳銘憲不推薦八十五票比管多。

依規定，五位候選人在第一輪要選出最高票的二位PK，據指出，管中閔在第一輪獲得十二票，前代理校長張慶瑞和前文學院院長陳弱水同獲九票，隨後張和陳進入第一輪第二次投票，陳弱水以二票勝出；最後再由管中閔和陳弱水PK，十二比九，管中閔以三票勝出。

據悉，企業票富邦金控董事長蔡明興、廣達電腦共同創辦人梁次震、元大期貨總經理周筱玲都投給管，因此校務會議投票結果支持度不高的管中閔，最後勝出，成為臺大新校長，跌破一堆人眼鏡。……

此外，校內呼聲非常高的陳弱水，選前被刻意歸為前中研院院長李遠哲人馬，使反綠反李的力量，微妙地集中投給藍營色彩濃厚的管中閔。

有臺大老師表示，管中閔除了曾在馬政府時任官，更因力挺服貿、大力推動自由經濟示範區等政策，政治色彩鮮明，他在臉書中時常「酸」執政者，與歷來臺大校長較少沾政治事務作風大相逕庭，管未來要帶領臺大，的確對不少臺大老師造成衝擊。

10. 〈臺大校長遴選委員會：管中閔須辭獨董才能當校長〉，《自由時報》，二〇一八年一月十一日，https://news.ltn.com.tw/news/life/breakingnews/2308866。

11. 〈管中閔擔任獨董爭議、論文抄襲落幕？臺大終於發聲明力挺〉，《關鍵評論網》，二〇一八年一月二十六日，https://www.thenewslens.com/article/88360/page2。

12. 〈任獨董涉違法兼職？近三百位管爺們請出列！〉，《TVBS新聞網》，二〇一八年五月二日，https://news.tvbs.com.tw/politics/912698。

13. 〈獨董「綠退藍上」張善政領千萬〉，《自由時報》，二〇一七年五月二十日，https://news.ltn.com.tw/news/focus/paper/1103755。

14. 〈民進黨團撤案不再擋「管爺」當校長了，柯建銘：臺大也是國家給錢的〉，《關鍵評論網》，二〇一八年一月二十七日，https://www.thenewslens.com/article/88567。

15. 〈管中閔論文爆抄襲學生　張廖萬堅：有二十多處雷同！〉，《自由時報》，二〇一八年一月二十五日，https://news.ltn.com.tw/news/politics/breakingnews/2322269。

16. 〈爆料者反被爆？張廖萬堅論文被起底涉抄襲〉，《中時新聞網》，二〇一八年一月二十六日，https://www.chinatimes.com/realtimenews/20180126000014-260407?chdtv。

17. 〈管中閔爭議　陳翠蓮：校方答非所問　要臺大聲譽陪葬？〉，《YAHOO 新聞》，二〇一八年一月二十七日，https://tw.news.yahoo.com/-155925834.html。

18. 〈臺大校長爭議，千名師生連署促開校務會議〉，《風傳媒》，二〇一八年二月六日，https://www.storm.mg/article/395865。

19. 國立臺灣大學網站，校園訊息／聲明專區。

20. 為留下歷史見證，茲引用其聲明全文如下：

【新聞稿】台大校長遴選投票無效，教育部應予退回聯合聲明

二〇一八年二月一日

資料來源：林敏聰（台大物理系）、陳其誠（台大數學系）、陳昭如（台大法律系）、陳翠蓮（台大歷史系）、黃青真（台大生技系）、楊信男（台大物理系）、顏厥安（台大法律系）、劉靜

怡（台大國發所）。

針對台大遴選委員會於一月三十一日召開會議確認管中閔教授當選台大校長一事，我們認為，此次會議再次證明遴選委員會的失職與不適任，暴露管中閔教授確實未主動揭露擔任台哥大獨董的事實，以及部分遴選委員知情管中閔教授之獨董身分卻不公開此資訊的重大失職。遴委蔡明興於本此會議中迴避就相關事項討論，更證明其之前未迴避的錯誤。因此，我們主張，基於台大遴選程序的重大瑕疵，教育部應該退回台大遴選結果，要求其重新辦理；台大遴委會一月五日之遴選投票，也因存在程序瑕疵而屬無效，應召開臨時校務會議處理。

我們提出以下四點批評與主張：

一、遴委會遴選程序有重大合法性瑕疵，教育部應予退回

二、遴選委員會一月五日之遴選投票無效

三、遴委無權亦無能認定資訊未揭露之效果，應交臨時校務會議討論

四、再次混淆公開資訊與自我揭露義務，應公開台大同意函與相關公文

我們分敘如下：

一、遴委會遴選程序有重大合法性瑕疵，教育部應予退回

國立大學校長遴選與最後教育部的聘任，是依照法律進行的公權力行為。校長遴選委員會，是受到教育部與大學雙重委託的「作業單位」，其遴選結果並不對外發生直接效力，但是其組織與程序的「合法性」，當然構成教育部最後核定與完成聘任之合法性的一環。

遴委會自稱依法完成遴選，不需重新辦理遴選程序，因此決議遴選結果無誤。由遴委會於遴選程序中未能發現候選人違反自我揭露義務、部分遴委知情獨董資訊卻未揭露、遴委蔡明興未主動揭露並迴避等事證觀之，遴委會對於程序合法性之認定，顯有不當，其一月三十一日之決議亦未能自我糾正。因此，基於台大遴選的程序明顯存在有**資訊不完全、判斷不公正、違反利益迴避之組織不合法**等瑕疵，教育部應退回台大的遴選結果，要求其重新辦理。

二、遴選委員會一月五日之遴選投票無效

遴委蔡明興於一月三十一日所舉行之會議中迴避相關討論，正足以證明其在之前的會議即應迴避卻未能迴避之錯誤。遴選委員蔡明興先生就是台哥大的副董事長，不但負有應主動揭露資訊之責，更應該迴避擔任遴委。基於此重大程序瑕疵，遴選委員會一月五日的校長遴選投票，應屬無效。我們也要特別強調，由於程序瑕疵所造成的該次遴選投票無效，係指**所有的投票均屬無效**，而非特定票無效，亦與票數無關。

三、遴委無權亦無能認定資訊未揭露之效果，應交臨時校務會議討論

「董事」身分原本就是公認「利益衝突」相關的重大事由，也被要求為「重大訊息」之公開事項。教育部來函要求遴委會獨董資訊未揭露一事對於遴選結果是否有影響，遴委會投票決議「難認定有影響」，二者皆屬荒謬。遴委會並無法律授權進行此認定，且遴委會認定的結果明顯違反「一般公認之價值判斷」標準。遴委會事實上也無法確認該資訊是否會構成影響。

管中閔教授未能主動揭露獨董身分以及遴委會失職的結果，不但導致很多遴選委員於整個遴選過程完全不知道此一資訊，校務會議行使校長遴選程序第一輪投票時，多數校務會議代表也不知道此資訊，也沒有進行審酌討論。因此，遴委會與校務會議的判斷，都是基於**不完全的資訊**。欠缺管中閔教授擔任獨董的資訊，即是欠缺判斷候選人適任性的重要資訊。我們認為，應由校務會議討論，並決議後續處理方式。

四、再次混淆公開資訊與自我揭露義務，應公開台大同意函與相關公文

台灣大於二〇一七年四月二十八日即函請台大同意管中閔教授擔任獨董，台大也於五月十七日即回函同意管教授兼任獨董。遴委會雖承認台大於遴選作業開始前即同意其兼任獨董，且管教授的基本資料未揭露獨董資訊，卻又指稱管教授於遴委會收件截止後才收到台大

函覆同意函副本，且獨董訊息為公開資訊。遴委會的看法，無疑繼續混淆了「公開資訊」與「自我揭露義務」兩件不同的事，甚至進一步以形式上的同意函副本收件日期，合理化管教授未自我揭露的事實。

我們要再次強調，公開資訊不能免除當事人自我揭露的義務，此義務亦不能轉嫁他人。管中閔教授於十月二日收到台大函覆同意函副本一事，不能用以證明其在此之前不知擔任獨董一事。事實上，管中閔教授於台大同意其擔任獨董後、收到台大同意函副本前，即**已開始執行獨董職務，並四次參與董事會會議**。為釐清台大同意程序之相關資訊，我們要求，台大應公開與台灣大之間的往返公文，包括二〇一七年五月十七日同意擔任獨立董事、九月二十二日同意管教授兼任審計委員會及薪資報酬委員會委員、九月二十九日所簽訂之產學合作及學術回饋金契約、十月二日校人字第一〇六〇〇五七五七四A號函復台灣大同意兼職並副知管教授等公文，以及台灣大台信秘字第一〇六〇〇〇一三七七號、台信秘字第一〇六〇〇〇二四五六〇號函等公文。

（資料來源：《苦勞網》，https://www.coolloud.org.tw/node/90192。）

21.

〈臺大學生發動連署　籲開臨時校務會議處理校長遴選爭議〉，《蘋果日報》，二〇一八年二月一日 https://www.appledaily.com.tw/life/20180201/ZH6FLF5RL3MR7K3VS2TVR2XQW4/。

22. 《提及小英總統　臺大前校長孫震：她做的事傷害國家很多》，《蘋果日報》，二〇一八年二月二十二日，https://www.appledaily.com.tw/life/20180222/RXS6KLRR5GXXRWHDDWQ3PMVSDA/。

23. 〈【小英學姊，我們要校長】兩百臺大人大罵潘文忠：你風骨何在〉，《上報》，二〇一八年二月二十一日，https://www.upmedia.mg/news_info.php?Type=24&SerialNo=35605。

24. 〈管中閔遭起底　二〇〇五年起在中國多所大學違法兼職〉，《新頭殼 Newtalk》，二〇一八年三月十六日，https://newtalk.tw/news/view/2018-03-16/117563。內容節錄如下：

中國大陸推出惠臺三十一項措施，教育部長潘文忠在立法院答詢時提醒，國內公私立大學專任教師，以專案、專職到大陸任教，或參與大陸國家重點研發計畫都是明顯違法；才因為臺大校長遴選吵得沸沸揚揚的「管中閔爭議」尚未釐清，《新頭殼》今天（十六日）又接到多位臺大教師檢舉並指稱，臺大校長當選人管中閔教授在中國廈門大學、西安交大和華中科技大學的兼職，可能從二〇〇五年就開始了。

《新頭殼》記者根據檢舉人提供的資訊，先到廈門大學網路查詢發現，在「廈門大學國際學生招生網」找到管中閔授課內容，而且在檢舉人提供的二〇一五年管中閔教授的英文資料中，看到他資料中提到：在華中科技大學、西安交通大學等校兼職的訊息。

……

中國大陸公布惠臺三十一項措施，廈大王亞南經濟研究院選在二〇一八年三月五日的敏感時刻，在國際學生招生網公布「二〇一八年英授課博士專業」招生資料，等於替爭議兩個月的「臺大校長遴選爭議」火上加油，也讓臺大部分教師嘩然。

廈大國際學生招生網公布「二〇一八年英授課博士專業」招生網不但大剌剌的提供二十八個學院所開設的專業學門課與授課內容，還在廈大王亞南研究院（WISE）網頁中，強調：「該院師資是分別從海外招聘了二十位全職教師，同時聘請了蕭政、管中閔等享譽國際學界的著名學者為兼職教師。」而在簡介中，連戰則名列廈門大學傑出校友，因為他在二〇〇六年獲得廈門大學頒贈名譽法學博士。

依據教育部在二〇一二年七月十三日公布的臺人（一）字第一〇一〇〇八八七三六號解釋函，《教育人員任用條例》第三十四條規定：「專任教育人員，除法令另有規定外，不得在外兼課或兼職。」教育部並訂定了「公立學校專任教師兼職處理原則」，明確規範公立學校專任教師兼職；而教育部在二〇〇九年十二月二日有赴大陸的解釋函（臺陸字第〇九八〇二〇三四九七號）規定：「現行與大陸地區公立學校交流政策，關於『研究、教學人員交流』部分僅限於一般交流常態之短期客座講學，請勿涉及聘任我方人員擔任教職或研究職務事宜。」有關公立大專校院專任教師赴大陸地區交流要依前項規定辦理，現行並未同意教師得赴大陸地區學校兼職或兼課。

由於教育部長潘文忠已提醒專任教師不得在大陸任教，臺大教師已在臉書和私人群組中傳閱臺大校長當選人在廈門大學兼職傳聞，有老師說：「大家可以進去廈門大學社會學科的各個研究院，多數的研究院都可以進去看，但王亞南經濟高等研究院竟然鎖臺灣IP……」但也有教師譏諷：「這下事情鬧大……，踩到教育部長的底線了，看他辦不辦？」

也有老師批評，「管在中國廈大、西安交大和華中科技大學的兼職，從二〇〇五年就開始了，那選校長時所交的履歷有寫嗎？若又是不完整揭露，是故意還是過失？」

由於臺大校長遴選引發了「管中閔爭議」，臺大教師在網路資訊庫「起底」出管的多份英文履歷表，有老師質疑：「管中閔在中研院所長任內，都涉及違法兼職，履歷都是證據……」

25. 〈陸祭百萬人民幣挖角臺灣教授　學者自嘲「三十一項惠臺領頭羊」〉，《東森財經新聞》，二〇一八年三月十三日，https://fnc.ebc.net.tw/fncnews/politics/29348。

26. 〈首度回應「卡管」風波　管中閔：鋪天蓋地的政治恐攻〉，《上報》，二〇一八年三月二十二日，https://www.upmedia.mg/news_info.php?Type=24&SerialNo=37418。

27. 管中閔臉書，二〇一八年三月二十二日。

28. 〈那場校務會議　那些躲在門後的師生……〉，《聯合報》讀者投書，二〇一八年三月二十八日。

29. 〈【遭控赴中兼課】北檢近日將發傳票　請管中閔到案說明〉，《上報》，二〇一八年三月二十九日，https://www.upmedia.mg/news_info.php?Type=24&SerialNo=37905。

30. 〈拔管案兩次跨部會諮詢會議「密件」曝光　理由一變再變〉，《上報》，二〇一八年五月三十日，https://www.upmedia.mg/news_info.php?Type=1&SerialNo=41802。

31. 文見賀德芬編著《大學之再生．學術自由．校園民主》，一九九〇年三月二十八日出版，時報出版。

32. 〈被爆赴中兼課　葉俊榮親上火線：短期客座講學無違法〉，《上報》，二〇一八年四月十日，https://www.upmedia.mg/news_info.php?Type=24&SerialNo=38531。

33. 〈【管爺助理也很硬】若配合說明才是踐踏大學自治　有辱臺大尊嚴〉，《上報》，二〇一八年四月十三日，https://www.upmedia.mg/news_info.php?Type=24&SerialNo=38757。

34. 〈為「卡管」案走人　教育部長潘文忠請辭獲准〉，《今周刊》，二〇一八年四月十四日，https://www.businesstoday.com.tw/article/category/80392/post/201804140006/。

35. 管中閔臉書，二〇一八年四月八日。
36. 管中閔臉書，二〇一八年四月八日。
37. 〈北檢辦管中閔案　擬安排特定地點就訊〉，《自由時報》，二〇一八年四月十八日，https://news.ltn.com.tw/news/life/paper/1193320。
38. 〈吳茂昆下臺真正原因？六回合攻防全被K.O.〉，《聯合新聞網》，二〇一八年五月三十日，https://www.gvm.com.tw/article/44505?fbclid=IwAR2uOlumOMVLGjpCa8poA3DVsVTLv4xAaKKhKLXlcFfBzt8GSEJweq2A-VM。
39. 見「還我校長　黃絲帶的關懷」臉書專頁，二〇一八年四月二十三日。
40. 同前註。
41. 〈教育部拔管過程　蔡碧仲是幕後最大推手〉，《上報》，二〇一八年五月三十日，https://www.upmedia.mg/news_info.php?Type=1&SerialNo=41857。
42. 教育部網站，上版日期：二〇一八年四月二十七日，https://www.edu.tw/News_Content.aspx?n=9E7AC85F1954DDA8&s=E80B242040C8E9C3。
43. 〈臺大聲明：政治力介入，戕害大學自治〉，《天下雜誌》網路版，二〇一八年四月二十八日，https://www.cw.com.tw/article/5089592。

44. 見「國立臺灣大學聲明專區」。

45. 龍應台臉書，二〇一八年四月二十七日。

46. 同上，二〇一八年四月二十八日。

47. 管中閔臉書，二〇一八年四月二十八日。

48. 〈國立大學校院協會發布聲明：政府不應干預臺大校長遴選結果〉，《新頭殼 Newtalk》，二〇一八年四月二十九日，https://newtalk.tw/news/view/2018-04-29/122581。

49. 〈教部政治凌駕專業　私立大學院校協進會：這是大學自治最黑暗的時刻〉，《上報》，二〇一八年四月二十九日，https://www.upmedia.mg/news_info.php?Type=24&SerialNo=39827。

50. 〈教育部拔管　私大校院協進會：這是大學自治最黑暗時刻〉，《中國時報》，二〇一八年四月二十九日，https://www.chinatimes.com/realtimenews/20180429001449-260405?chdtv。

51. 〈清華學者「四二九宣言」　捍衛學術自由與民主〉，《臺灣好新聞》，二〇一八年四月三十日，https://www.taiwanhot.net/news/570056/%E6%B8%85%E8%8F%AF%E5%AD%B8%E8%80%85%E3%80%8C429%E5%AE%A3%E8%A8%80%E3%80%8D+%E6%8D%8D%E8%A1%9B%E5%AD%B8%E8%A1%93%E8%87%AA%E7%94%B1%E8%88%87%E6%B

0%91%E4%B8%BB。

52. 〈拔管案／郭位：政府帶頭破壞大學自主 奢談國際認可〉，《民意論壇：聯合報。世界日報。udn tv》，二〇一八年四月二十九日。

53. 管中閔臉書。

54. 〈被爆拿東華專利在美國開公司　吳茂昆稱是為了專利應用〉，《ETtoday 新聞雲》，二〇一八年四月二十三日，https://www.ettoday.net/news/20180423/1155611.htm。

55. 〈一年請假一百六十日！　吳茂昆當校長「涉自請自核」遭調查〉，《ETtoday 新聞雲》，二〇一八年五月一日，https://www.ettoday.net/news/20180501/1160910.htm。

56. 見「還我校長　黃絲帶的關懷」臉書專頁，二〇一八年五月一日。

57. 〈大學校長不再沉默　要求教育部退出政治干預〉，《工商時報》，二〇一八年四月三十日，https://ctee.com.tw/livenews/jj/chinatimes/20180430002635-260407。

58. 「學術自由—學術界的自由　政治無權干預」臉書專頁，二〇一八年五月一日。

59. 〈臺大「自掐哥」潘儒鋒臉書改名了！　現在變「史上最長名字」〉，《ETtoday 新聞雲》，二〇一八年五月十四日，https://www.ettoday.net/news/20180514/1169039.htm。

60. 〈管中閔向蔡總統喊話：再過七天就是五二〇，希望七天內弭平風暴「該怎麼做都在總統一念之間」〉，《風傳媒》，二〇一八年五月十三日，https://www.storm.mg/article/437140?fbclid=IwAR0EH_MlqiBH8ECuynMJugvi-lVpHuOS9MKkrG67N-M5CitQf69H_-TBBZI。

61. 〈七天內辦管案　蔡英文：要我政治介入?〉，《臺灣醒報》，二〇一八年五月十四日，https://anntw.com/articles/20180514-clQy。

62. 〈呂秀蓮和張善政共同發聲明：教育部應「依法」聘任管中閔〉，《關鍵評論網》，二〇一八年五月十三日，https://www.thenewslens.com/article/95552。

63. 同前註。

64. 〈管中閔涉四件他案調查　北檢批：有人以不正當手段利用媒體干擾調查〉，《風傳媒》，二〇一八年五月二十三日，https://www.storm.mg/article/440848。

65. 〈非法赴陸被揪出　壓垮吳茂昆〉，《中時新聞網》，二〇一八年五月三十日，https://www.chinatimes.com/newspapers/20180530000540-260118?chdtv。

66. 原文見《臺大校友雙月刊》，第一百二十一期（二〇一九年一月。頁四至六）。

67. 見管中閔臉書。

68. 〈繼續「拔管」?葉俊榮：臺大遴選有否瑕疵不是教育部說了算〉，《工商時報》，二〇一八年七月十八日，https://ctee.com.tw/livenews/ch/chinatimes/20180718004331-260405。

69. 〈【臺大校長遴選委員會聲明全文】請教部盡速聘任管教授為新校長〉，《上報》，二〇一八年八月二日，https://www.upmedia.mg/news_info.php?Type=24&SerialNo=45550。

70. 〈【臺大管不管1】葉俊榮差點讓管爺上位　小英賴神蓋火鍋〉，《壹特報》，二〇一八年九月十三日。

71. 〈反對聘管中閔　臺大校長候選人提假處分〉，《自由時報》，二〇一八年八月二十日，https://news.ltn.com.tw/news/focus/paper/1225904。

72. 〈管案監察院通過糾正　認定教部及臺大皆有明顯重大違失〉，《聯合報》，二〇一八年八月十六日，https://udn.com/news/story/6656/3312817。

73. 〈葉俊榮為何要台大重選校長?完整聲明曝光〉，《聯合新聞網》，二〇一八年九月十二日，https://udn.com/news/story/11744/3364026?utm_source=news&utm_medium=webpush。

74. 陳維昭、毛瓊英，《陳維昭回憶錄：在轉捩點上》，二〇〇九年十月二十三日出版，聯經出版。

75. 〈臺大校長遴選僵局　葉俊榮：處理瑕疵「只有一步之遙」〉，《ETtoday 新聞雲》，二〇一八年十二月十日，https://www.ettoday.net/news/20181210/1326984.htm。

76. 監察院，監察委員新聞稿，二〇一八年十二月十三日。

77. 同上。

78. 〈等了五百多天才有校長！教育部「勉予同意」管中閔擔任臺大校長〉，《關鍵評論網》，二〇一八年十二月二十四日，https://www.thenewslens.com/article/110790。

79. 〈【卡管案劇終內幕】賴清德要求「審慎思考」　葉俊榮不甩仍執意聘管〉，《蘋果新聞網》，二〇一八年十二月二十四日。

80. 〈葉俊榮以官位保管中閔，管爺當臺大校長當定了〉，《遠見雜誌》，二〇一八年十二月二十五日，https://www.gvm.com.tw/article/55399。

81. 〈不滿聘任管中閔當臺大校長　律師告發葉俊榮等三人涉瀆職、圖利〉，《上報》，二〇一八年十二月二十六日，https://www.upmedia.mg/news_info.php?Type=24&SerialNo=54821。

82. 蔡英文臉書，二〇一八年十二月二十六日。

83. 〈記一年前的今天，在總統官邸一場驚駭莫名的會議〉，「李艷秋的新聞夜總會」臉書專頁，二〇一九年十二月三十一日。

84. 〈獨派大老發布給蔡英文的公開信　要求「勿參選連任」〉，《民視新聞網》，二〇一九年一月三日，https://www.ftvnews.com.tw/news/detail/2019103W0001。

85. 〈台大校友傅鐘前「堵管」賀德芬：救台灣必須先救台大，立即撤銷管中閔任命！〉，《風傳媒》，二〇一九年一月五日，https://www.storm.mg/article/791285。

86. 管中閔臉書，二〇一九年一月九日。

87. 監察院全球資訊網，彈劾案文。

88. 同上。

89. 同上。

90. 管中閔臉書，二〇一九年六月二十三日。

91. 同上，二〇一九年七月二日。

92. 公務員懲戒委員會，〈管中閔懲戒案件判決說明新聞稿〉。

93. 管中閔臉書，二〇二〇年十一月三日。

94. 同上，二〇二一年十二月二十六日。

95. 〈卡管案有解！臺大修法要求校長遴委會三個月內解決〉，《聯合報》，二〇二一年十二月二十五日，https://udn.com/news/story/7266/5988383。

96. 〈管中閔宣布不爭取續任臺大校長　因「這理由」提早世代交替〉，《上報》，二〇二一年十月二十三日，https://www.upmedia.mg/news_info.php?Type=24&SerialNo=127817。

97. 〈王鴻薇親赴中華大學找林智堅論文　「相信學校秉公處理」〉，《TVBS新聞網》，二〇二二年七月八日，https://news.tvbs.com.tw/politics/1842134。

98. 〈林智堅論文涉抄襲連環爆〉，《中國時報》，二〇二二年七月六日，https://www.chinatimes.com/newspapers/20220706000384-260118?chdtv。

99. 〈臺大學生會邀六校長候選人舉行座談會　暢談國文必修課存廢問題〉，《上報》，二〇二二年九月十四日，https://www.upmedia.mg/news_info.php?Type=24&SerialNo=154179。

100. 〈學生遴選委員要求辭鴻海獨董　臺大校長候選人郭大維回應了〉，《聯合報》，二〇二二年十月五日，https://udn.com/news/story/6928/6664591。

101. 〈臺大校長遴選今天投票　在臺香港青年要求郭大維回應反送中〉，《自由時報》，二〇二二年十月七日，https://news.ltn.com.tw/news/life/breakingnews/4081925。

102. 〈臺大校長遴選出爐　工學院陳文章當選新任校長〉，《聯合報》，二〇二二年十月七日，https://udn.com/news/story/6928/6670248。

歷史與現場 333

大學的脊梁：
台大校長遴選事件與管中閔心情記事

作　　者　楊渡・管中閔
書名題字　張大春
書封畫作　劉國松（宇宙即我心）
主　　編　湯宗勳
特約編輯　吳衡
美術設計　蘇蒨麗
排　　版　劉昀
企　　劃　鄭家謙

董 事 長　趙政岷
出 版 者　時報文化出版企業股份有限公司
108019 台北市和平西路三段 240 號一至七樓
發行專線—（〇二）二三〇六六八四二
讀者服務專線—〇八〇〇二三一七〇五
（〇二）二三〇四七一〇三
讀者服務傳真—（〇二）二三〇四六八五八
郵撥— 1934-4724 時報文化出版公司
信箱— 10899 台北華江橋郵局第 99 信箱
時報悅讀網　http://www.readingtimes.com.tw
電子郵箱　new@readingtimes.com.tw
法律顧問　理律法律事務所 陳長文律師、李念祖律師
印　　刷　勁達印刷有限公司
一版一刷　二〇二三年三月十日
一版二十刷　二〇二四年二月一日
定　　價　新台幣 560 元

時報文化出版公司成立於1975年，並於1999年股票上櫃公開發行，
於2008年脫離中時集團非屬旺中，以「尊重智慧與創意的文化事業」為信念。

大學的脊梁：台大校長遴選事件與管中閔心情記事 / 楊渡 . 管中閔 著—一版 .--
臺北市：時報文化 , 2023.3;520 面 ;14.8*21*2.4 公分 .--(歷史與現場 ;333)
ISBN 978-626-353-476-6 (平裝)

1. 管中閔 2. 國立臺灣大學 3. 大學自治 4. 校長 5. 選舉
525.68　112000744

ISBN：978-626-353-476-6　Printed in Taiwan

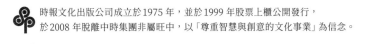